中国与世界丛书

丛书主编：王健

陈永 著

军官团与海军建设

美国海军崛起的过程研究（1882—1922）

上海人民出版社

丛书总序

2018年6月，习近平总书记在中央外事工作会议讲话中指出："当前中国处于近代以来最好的发展时期，世界处于百年未有之大变局，两者同步交织、相互激荡。"

中国处于近代以来最好发展时期的一个重要标志，就是中国特色社会主义建设进入了新时代，中国与世界的关系越来越紧密。首先，我国的综合国力上了一个新台阶，在全球的地位不断上升。2018年，中国的国内生产总值达到13.5万亿美元，居世界第二位，约占全球经济总量的16%。与此同时，中国还是世界第一大货物贸易国、第二大服务贸易国、近130个国家和地区的最大贸易伙伴和最大出口市场、世界第二大对外投资国。特别是中国已经成为世界经济增长的主要引擎，这些年对世界经济增长贡献率每年超过30%。2018年《全球竞争力报告》显示，中国在全球竞争力排行榜列第28位，是最具竞争力的新兴市场国家之一。其次，中国的国际话语权不断得到增强，越来越走近世界舞台中央。目前，中国在世界银行和国际货币基金组织中的投票权仅次于美国和日本，居世界第三。中国在联合国、世界贸易组织、二十国集团、金砖国家合作机制等多边机制发挥越来越重要的作用，是亚太经合组织、亚信、东亚"10+3"等区域性国家组织或机制的重要成员，还积极创建了上海合作组织，创设了亚投行、新开发银行等国际金融机构、在一系列的重要国际活动中，中国提出了一系列新的外交理念和倡议，如全球治理观、正确义利观、发展观、安全观、合作观、全球化观、新型国际关系、人类命运共同体，并积极推动"一带一路"建设。目前，120多个国家和29个国际组织同中方签署了"一带一路"合作协议。"一带一路"倡议提出6年来，中国同共建"一带一路"国家贸易总额超过6万亿美元,中国企业对沿线国家投资超过900多亿美元,承包工程营业额超过4 000亿美元。中国同沿线国家共建的82个境外合作园区为当地创造近30万个就业岗位,给各国带去了满满的发展机遇。最后,中国承担了与自身发展阶段、应负责任相称的国际义务。中国是联合国会费第二大出资国、联合国维和行动经费第二大出资国、安理会五个常任理事国中派出维和人员最多的国家。中国派出维和人员3.9万余人次,参与维和任务区道路修建工程1.3万余千米,运输总里程1 300万千米,接诊病人17万多人次,完成武装护卫巡逻等任务300余次。中国积极参与反恐、打击海盗等国际合作,中国海军在亚丁湾、索马里海域护航行动常态化。中国积极推动朝鲜核问题、伊朗核问题、巴以问题、叙利亚问题、阿富汗问题等地区热点问题的解决,坚定支持《巴黎协定》。党的十八大以来,中国政府援建重大基础设施项目300余个,实施民生援助项目2 000余个,为受援国培训各类人次近40万名,提供紧急人道主义援助177批次(累计受益人口超过500万人)。中国解决了13亿多人民的温饱问题,减少了7亿多贫困人口,仅过去5年就减贫6 800多万人,占全球减贫人口总数的70%以上,率先实现贫困人口减半的联合国千年发展目标。当然,虽然取得了历史性的进步,但我国基本国情和国际地位并没有发生根本性变化。人均国民生产总值虽然超过9 000美元,但仅仅是美国的七分之一,欧盟的四分之一,在世界上排72位,人均自然资源占有量远低于世界平均水平。同时,我们还有相当数量的贫困人口,城乡、地区差距仍然很大,发展水平总体还处在从中低端向中高端过渡阶段。因此,中国既是一个世界性综合实力很强的大国,又是一个人均收入较低的世界上最大的发展中国家。

今天,中国与世界的关系早已超越了以往任何一个时代。中国深刻地影响着世界,百年未有之大变局下的世界也会更深刻地影响到中国的未来发展。如何看待世界正处于百年未有之大变局,学术界有不同的看法。我以为,要跳出百年看百年,从一个较长的历史视角来观察,或许有助于我们正确把握和认识这一判断。所谓百年未有之大变局,是因为我们正处于全球化发展调整期、世界权力结构转移期和科学革命发展孕育期这三个历史长周期的叠加期,所以矛盾深刻、形势复杂。

首先，全球化发展到今天，出现了一些严重失衡问题，亟须调整。例如，在空间发展上的不平衡。1453年是一个人类历史上值得予以高度重视的年份。这一年，君士坦丁堡被奥斯曼土耳其帝国攻陷，拜占庭帝国覆灭。此后，奥斯曼土耳其帝国逐渐控制了欧亚地区，试图独占古代丝绸之路的商业利润。但陆路受阻，却迫使葡萄牙、西班牙等欧洲国家积极开辟新的海上贸易航道，推动了大航海时代的到来，世界开始通过海洋连为一体。据统计，全世界经济总量一大半集中在沿海岸带300千米之内的地区，美国、日本、欧洲等发达经济体皆是如此，中国也不例外。最近英国的中国经济史研究发现，并非中央对内地不重视，而是大航海时代开启后，东部沿海地区越来越多地卷入全球化，而内地因远离海洋而拉开了与东部的发展差距。突出的表现就在于货币白银。沿海地区获得了大多数的美洲白银，而内地则被海洋时代所抛弃。于是，沿海与内地的资本积累差距日益扩大。从2016年美国大选结果和美国各州收入水平相关性来看，沿海地区，特别是西太平洋沿岸地区绝大多数支持全球化，而特朗普和共和党的得票主要来自中西部内陆地区。

又如，文化交往上的不平等。在全球化过程中，很长一段时间是帝国殖民统治下的全球化，而殖民帝国统治下的文化交融不可能是平等的，还往往把宗教作为殖民扩张的工具，这就必然导致文化融合不足，冲突加剧。冷战后，这一文明或文化冲突又伴随着移民流动在全球扩展。其实，就目前全球经济发展来看，一些发达国家和地区如果要维持经济增长，需要大量移民。美国学者布赫霍尔茨提出过一个“25年法则”，即在现代工业化之后的社会，假如一个国家在连续两个25年（也就是两代人）的时间内，国内生产总值的平均增长率超过2.5%，那么这个国家的生育率就会降至人口置换率的水平，即每个妇女有2.5个孩子。如国内生产总值连续增长三代人的时间，那么其生育率通常会降至2.1，该国就需要通过移民来保持稳定的工作人口。但现实问题是，移民并不仅仅是一个移动的生产要素，他还是一个文化载体，一旦文化交融受阻，就会造成冲突，影响社会稳定。里夫金在15年前就撰文指出：移民问题是对“欧洲梦”的根本考验。欧洲每年必须招募至少100万移民，但与此同时，移民潮又将威胁甚至压垮已经十分紧张的政府福利预算和人们自身的文化认同。

再如,受益与责任上的不对等。全球化中,受益最大的是跨国公司。它们不仅在全球配置各种资本、劳动力、技术等资源,甚至还配置了税收。例如,美国有些跨国公司直接将外国赚取的利润留在低税率国家不拿回来,或更有甚者,将美国赚取的利润“转让定价”出去放在国外,以“递延”交税。有些干脆不满足于“递延”交税,直接将总部迁出美国,迁到低税率国家,这样,跨国公司在外国的收入直接避免了在美国的纳税。2004 年至 2013 年,47 家跨国公司总部迁离美国。这就是所谓的母子倒置交易。据美国税收和经济政策研究所分析,截至 2016 年年底,世界 500 强跨国企业中,有 367 家在离岸避税地累计利润约 2.6 万亿美元,这使得美国政府每年损失 1 000 亿美元,相当于政府公司税收入 3 000 亿美元的三分之一。2.6 万亿美元离岸利润里,其中四分之一是来自苹果、辉瑞、微软和通用电气这 4 家公司,离岸利润最高的前 30 家公司合计超过 1.76 万亿美元。而政府主要是靠税收来提供公共服务的,这样就导致了受益和责任的不对等,影响了政府促进科技、教育和公共卫生等的发展。罗德里克在《全球化的悖论》一书中就提出了“全球化不可能三角”理论,即经济全球化、民主制度与国家主权三者不可能兼容。政府是每个国家的政府,市场却是全球性的,这就是全球化的致命弱点。这一弱点,加上事实上全球资源配置中的不平衡、不充分,就产生了全球化的另一个大问题:收入差距拉大。以美国为例,美国收入排名前 1%的人,其财富占比达到居民财富总额的 24%。斯蒂格利茨将这种现象调侃为“百分之一有、百分之一治,百分之一享”。美国布鲁金斯学会发布的一份报告显示,近几十年来美国工人的实际工资增长几乎停滞。1973 年至 2016 年,剔除通胀因素,美国工人实际收入年均增长 0.2 个百分点。报告同时指出,虽然过去 50 年美国经济取得长足进步,但处于中间 60%的中产阶级家庭收入变化很小。这一趋势在与收入最高的 20%的人口相比时更为明显:中产阶级家庭收入自 1979 年至 2014 年的真实增长(剔除通胀因素)仅 28%,而同期收入最高的 20%的人口的增长是 95%。更为重要的是,在过去这几十年中产阶级家庭取得的收入增长,全部都来自家庭中女性开始出门工作的贡献。由此可见,美国中产阶级正在逐渐贫困化,而这些失败人群成为了反全球化的主要力量。

总之，全球化发展到今天，确实存在问题和失衡，目前正进入再平衡过程。但是，全球化是人类发展的必然趋势，如何正确应对和协调，事关全球经济的稳定和繁荣。

其次，世界力量和权力格局又迎来了新一轮的权力转移期。肯尼迪《大国的兴衰》一书从战略角度，以500年的世界政治史为背景，探讨了经济与军事的关系及其对国家兴衰的影响。从中可以看出，世界权力结构大约100年出现一次更替。16世纪是葡萄牙、西班牙称雄的时代，17世纪是荷兰的黄金时代，18世纪中叶到19世纪末是由英国主宰，而19世纪末开始美国逐渐夺取全球霸主地位。正可谓"为见兴衰各有时"。当前，世界力量和权力格局的一个重要变化就是新兴市场和发展中国家的整体崛起。2018年7月，习近平在金砖国家工商论坛上的讲话指出："未来10年，将是国际格局和力量对比加速演变的10年。新兴市场国家和发展中国家对世界经济增长的贡献率已经达到80%。按汇率法计算，这些国家的经济总量占世界的比重接近40%。保持现在的发展速度，10年后将接近世界总量一半。"而其中，最为突出的就是中国的崛起。2000年中国的国内生产总值只有美国的10%多一点，但是目前已经接近美国的70%。特别是中国社会主义现代化的目标越来越清晰，世界社会主义运动在中国特色社会主义的带动下开始走出低谷，中国改革开放以来的发展经验引起越来越多发展中国家的关注，这引发了美国战略界的焦虑，并开始把中国视为美国主导的世界体系的修正者和美国世界领导地位的挑战者。2017年以来，美国多份战略报告明确将中国定位为"战略竞争对手"和"修正主义者"。美国副总统彭斯、国务卿蓬佩奥先后指责中国是与美国争夺世界主导地位的"坏人"(bad actor)。《华盛顿邮报》记者金斯指出：新的对华政策融合了国家安全顾问博尔顿的鹰派观点，国防部长马蒂斯的战略定位，白宫贸易顾问纳瓦罗的经济民族主义立场，以及副总统彭斯以价值观为基础的主张。美国学者白邦瑞在《百年马拉松》一书中强调，中国有一项百年计划，就是通过取得西方技术，发展强大经济，最后取代美国成为世界超级大国。哈佛大学肯尼迪政府学院首任院长艾利森认为，在国际关系研究领域，"修昔底德陷阱"几乎已经被视为国际关系的"铁律"。从

16世纪上半叶到现在的近500年间，在16组有关“崛起大国”与“守成大国”的案例中，其中有12组陷入了战争之中，只有4组成功逃脱了“修昔底德陷阱”。虽然中国一再表明，中国无意改变美国，也不想取代美国，并主动提出构建中美之间“不冲突不对抗，相互尊重，合作共赢”的新型大国关系。但是，美国从维护自身的霸权地位出发，将中国的发展壮大视为对美国的挑战和威胁。其实，在美国的“战略词典”里，哪个国家的实力全球第二，哪个国家威胁到美国地位，哪个国家就是美国最重要的对手，美国就一定要遏制这个国家，以往对苏联、日本等国的打压都是有力的例证。为此，目前，美国对中国的崛起从贸易、科技、教育、文化、军事等方面实施成体系性的总体遏制，甚至不惜与中国“脱钩”，而这也使得全球安全环境发生了新的变化，即传统安全议题复归主导地位，大国地缘政治博弈加剧，民粹主义上升趋势不减，导致了世界局势更加不稳定、不确定。世界经济论坛最新的《全球风险报告》指出，93%的受访者认为大国间的政治或经济对抗将更加激烈。如何避免中美之间的结构性权力冲突，能否跨越“修昔底德陷阱”，不仅关乎中美两国未来的发展，也关乎世界的和平与发展。

最后，科学革命进入了发展孕育期。当前世界正处于新一轮技术创新浪潮引发的新一轮工业革命的开端，全球各主要科技强国都在围绕争夺新一轮科技革命的优势地位进行博弈。新一轮技术革命和产业变革是互联网、大数据、云计算、人工智能与传统的物理、化学和机械等学科的相互结合，是以人工智能、机器人、新能源、新材料、量子信息、虚拟现实等为主的全新技术革命和产业革命，但必须指出，我们现在所有的科技成果都是应用科技的发展，基础理论还停留在20世纪爱因斯坦时代。20世纪初至40年代，人类基础科学理论有了重大突破，代表成果就是量子力学与相对论，这两项成就重建了现代物理学，让人类对自然与宇宙的认识上了一个台阶。在基础理论突破的基础上，带来了第二次世界大战后应用科技的爆炸式繁荣。20世纪七八十年代，美国基于对未来科技发展的乐观前景主动将自己的中低端制造业转移出去，积极推动自由贸易。但是，由于目前新的科学革命尚处于发展孕育期，美国自身处于“科技高原下的经济困境”。教育水平衰落、研发投入停滞、科学家地位下降等又导致美国暂时无力推动出现科学革命的新高峰,继续保持未来发展持续的科技红利。芯片的摩尔定律揭示,基础理论没有突破,应用科技早晚会走到尽头。特别是由于数字经济、人工智能等对于人口基数庞大、交易数据丰富、传统设备缺少的国家形成有利机遇,中国在市场规模、改造成本、应用场景等方面具备"后发优势",在互联网的相关应用(包括社交、电商、移动支付等)和在新一代信息技术上(包括人工智能、大数据、5G、云计算等)取得了显著进步,这就使得美国担心在高科技领域被中国全面超越。目前看来,在新的科学革命没有产生前,现有的科技革命竞争将在存量基础理论框架内展开,会变得越来越激烈和残酷。唯有新的科学革命产生,才有可能改变目前的争夺态势,并最终决定世界力量和权力结构。

百年未有之大变局下中国的发展必然会受到外部国际环境影响,但中国自身的发展也将最终影响并决定世界格局。为此,我们要认真汲取人类发展的有益文明成果,在坚定走中国特色社会主义道路的同时自觉纠正超越阶段的错误观念,集中精力办好自己的事情,以进一步深化改革开放不断壮大我国的综合国力,不断改善人民的生活,不断建设对资本主义具有优越性的社会主义,不断为我们赢得主动、赢得优势、赢得未来打下更加坚实的基础,塑造更加有利于我国发展的外部环境,维护、用好和延长重要战略机遇期。

上海社会科学院国际问题研究所于2015年3月经上海市机构编制委员会批准,由成立于1985年,汪道涵先生创立的上海市人民政府上海国际问题研究中心更名组建,原上海社会科学院国际关系研究所整建制并入,核定编制60人。合并更名之前,吴建民大使和上海市政协原副主席、上海社会科学院原党委书记兼院长王荣华教授曾担任中心的主席,本院著名学者王志平、潘光、黄仁伟等在中心担任过领导。上海社会科学院国际关系研究所的前身东欧中西亚研究所和亚洲太平洋研究所也都是有影响力的国际问题研究机构。作为全国首批25家高端智库试点单位之一上海社会科学院属下的国际问题研究机构,上海社会科学院国际问题研究所面对百年未有之大变局,理应坚持以习近平外交思想为指导,牢固树立正确的历史观、大局观和角色观,坚持理论联系实际,深入探寻世界转型过渡期国际形势的演变规律,准确把握历史交汇期我国外部环境的基本特征,研判分析战略机遇期内涵和条件的变化，有力推动中国与世界的良性互动和合作共赢。为此，我们与上海人民出版社合作，将本所研究人员的一些高质量成果以“中国与世界丛书”的形式集中出版，以期为实现中华民族伟大复兴创造良好外部环境提供理论基础和政策建议。

是为序。

上海社会科学院国际问题研究所所长

2019 年 6 月 16 日

前 言

美国海军在1882—1922年快速崛起。在这40年间，美国海军从世界排名第12位跃升至与英国皇家海军对等，崛起为头等海军。在美国海军崛起的过程中，海军军官团一直是最为积极地推动海军建设的力量。本书研究的核心问题是，在1882—1922年间，为何海军军官团能够推动政府，特别是国会，进行海军建设，使美国海军崛起为头等海军？本研究将在批判既有文献的基础上，运用政军关系理论分析美国海军崛起的历史过程。

美国海军建设是美国海军军政精英为应对外部威胁而共同参与的国内政治过程。以双重文官领导的政军关系结构为基础，本书提出三个解释美国海军建设的推论。这三个推论共同构成对上述核心问题的答案。

推论一：应对外部威胁是美国海军的基本职能。海军军官团协助行政领导预设假想敌。针对主要假想敌的战争计划规定美国海军建设的基本要求。

推论二：海军军官团为了海军事业和职业前途要求国会建设强大的海军力量。海军的行政领导与海军利益集团在海军建设方面与海军军官有一致诉求。海军军官联合行政部门和日益壮大的海军利益集团推动国会持续制定海军建设政策。

推论三：国会具有联邦立法机构和地方代表集合体的双重性。支持建设强大海军的大海军派和反对建设强大海军的小海军派都是国会中的重要力量。国会制定的海军建设政策是国会内外立场和利益平衡的产物。

为了验证以上推论，本书将美国海军崛起过程划分为重建海军

(1882—1893)、建设新海军(1893—1901)、建设次等海军(1901—1913)和建设头等海军(1913—1922)四个阶段，分别考察美国海军军政精英关于海军建设的互动的三种情形。

情形一：在行政领导支持下，海军军官团寻求增加海军预算和扩大海军规模。国会中的大海军派支持行政部门认可的海军军事效能需求，但是小海军派反对投入相应的海军建设资源。指挥军官、技术军官、海军的行政领导和国会中的大海军派一起克服小海军派的反对，推动国会增加预算，扩建海军。

情形二：指挥军官寻求海军组织管理改革和建立独立的指挥机构，以提高他们在海军管理和指挥中的地位。技术军官反对指挥军官的诉求，海军部长、总统和国会中的大海军派与小海军派一般也均反对指挥军官的诉求。指挥军官推动海军部改革，技术军官、海军的行政领导和立法领导联合对指挥军官进行压制。

情形三：技术军官寻求海军组织人事改革，以取得与指挥军官平等的地位和待遇。对此，指挥军官持反对态度。不过，国会对技术军官的海军改革要求相对宽容。海军部长和总统为了制衡指挥军官也支持技术军官的改革要求。海军的行政和立法领导一般会支持技术军官逐步、有限度实现与指挥军官平等的地位和待遇。

通过比较案例研究，本书不仅证明了以上解释性推论，而且对美国海军建设的特征、规律和内在机制有了新的符合历史和理论的认识。美国海军建设是在全球权力竞争加剧和美国进行帝国主义扩张的时代背景下进行的。虽然美国海军预算一再增加，舰队实力迅速增长，但是美国海军的组织管理改革和指挥机构建设却相对滞后，美国海军发展一直也处于失衡状态。重新解释美国海军崛起的历史也有助于增进对美国海军的政军关系、海军如何准备未来的战争和海军建设对权力转移过程的影响等议题的认识。

目　录

第一章
导 论

我们要记住，国家的海上防御是我们的职业，不是国会的职业。

——美国海军少将、海军作战助理 布拉德利·A.菲斯克

海神是上帝，马汉是先知，美国海军则是他们唯一真正的神殿。

——美国第46任国务卿、第45、54任战争部长
亨利·刘易斯·史汀生

1882—1922年是美国海军的快速崛起时期。经过40年左右的发展，美国海军从一支几乎落后于所有对手、陈旧无用的海军，崛起为与英国皇家海军对等的海军力量。应对外部威胁、保护本土安全和海外利益一直是美国海军的基本职能。为了应对外部威胁，美国海军在这个历史时期，经历了由受到强敌刺激、重建海军到主动预设假想敌(imaginary enemy)、有针对性地进行海军建设的转变。这支海军也由发展防御-进攻平衡的海军，到发展进攻型海军，并不断提高海军建设目标，最终实现了崛起。其中，期望海军足以遂行战争任务的美国政府所进行的海军建设为美国海军的崛起提供了坚实的基础。

在这个时期，由宪法确立的行政部门和立法部门双重文官领导的美国海军政军关系结构基本上保持稳定。这是美国海军建设得以顺利进行的保证。海军军官团(naval officer corps)以海军为业，是美国海军的实际管理者和指挥者，也是海军建设的发起者和海军建设政策制定的重要参与者。国会是海军的组织者和赞助者、海军建设政策的制定者。以总统为首的行政部门是海军行政管理者、海军运用政策的制

定者,负责向国会提出海军建设需要。同时,行政部门也是海军军官团与国会在海军建设问题上的主要沟通渠道。海军军官团主要通过行政领导与国会及其议员的军政精英互动推动美国政府进行海军建设。

具体地,双重文官领导下的海军军官团与美国政府的行政和立法分支,尤其是与国会的复杂互动塑造的海军建设政策,推动美国海军不断发展壮大。在这 40 年间,海军军官通过军官团内部的争斗合作与代际更迭,达成了建设强大的进攻型舰队的共识。然后,他们通过发起海军至上主义运动、协助行政领导和直接争取立法领导支持等方式,不遗余力地争取美国政府投入公共资源建设海军力量。美国的海外利益不断扩张,最终成为世界大国,海军军官团不断更新与融合,这些都推动军官团和行政部门持续要求建设强大海军。与此同时,包括军官团在内的海军利益集团及其在国会中的代言人群体也在壮大。在海军军官团的推动下,美国政府,尤其是国会,不但逐渐建设了足以与英国对等的海军力量,而且确立了一直维持头等海军(a navy second to none)的海军建设政策。于是,第一次世界大战后,美国海军虽然再次遭到裁汰,但是却也已经成功实现崛起。

由于美国海军政军关系的稳定性,分析美国海军军官团、政府的行政和立法分支关于海军建设的互动不仅有助于增加对于美国海军崛起历史的认识,也有助于增进对美国海军发展状况和运作机制的了解。在海军军官团推动国会重建海军后,海军军官开始协助行政领导预设假想敌,有针对性地进行海军建设。继而,海军军官团通过海军部长和总统向国会提出海军建设要求。国会及其海军事务专门委员会负责制定海军建设政策,并提供海军建设所需的公共资源。虽然美国当时的战争计划不可能公之于世,但是美国海军建设的情形都是类似的。美国海军的高级将领提出并确立指导海军建设的海军战争学说,并提出海军建设的需求。然后,海军军官团通过行政部门向国会提交海军建设要求。此后,国会审核行政部门的海军建设要求,并制定包括授权法案和预算法案在内的海军建设法案,提供海军建设所需的公共资源。

因而,探究美国海军崛起过程中的海军军官团推动政府建设海军的问题,尤其是海军官团与国会的直接和间接互动,有助于重新认识这支当今世界最强大的海军力量的崛起历程。此外,本研究对于了解美国海军的政军关系基本特征、规律和海军军政精英的互动模式也有助益。

第一节 提出问题

一、研究问题

本书研究的核心问题是，为何在1882—1922年间，美国海军军官团能够推动政府进行海军建设，使美国海军崛起为头等海军？这个问题不但来自对美国海军发展历程的考察，而且来自对美国海军政军关系的认识。

在美国海军的发展史上，1882—1922年是美国海军崛起的关键时期。历史上，美国有贬抑海军的传统，美国海军也长期得不到国内和国际尊重。南北战争结束后，一度颇具实力的美国海军便受到严重忽视，跌入发展停滞的“黑暗年代”(Dark Age)。[1] 1882年，美国国会通过海军法案，授权建造2艘新军舰。这通常被认为是美国海军崛起的起点。经过持续达40年的海军建设，1922年，美国以《限制海军军备条约》(Limitation of Naval Armament，通常简称为《五国海军条约》或“海军条约”)的形式实现了与英国皇家海军名义上的平等。这标志着美国海军的崛起。除了崛起地位需要国际承认外，海军崛起一般包括海军力量的运用和建设两方面的内容。其中，海军建设是海军运用的基础，海军运用为海军建设指明了方向。具体而言，虽然美国海军崛起受国际海军发展形势、海上霸主英国的态度与德国和日本等国海军的发展及表现等诸多因素的影响，但是美国的海军建设为海军崛起提供了坚实的基础。因此，美国的海军建设情况可以作为考察美国海军崛起的基本视角。

本质上，海军建设是在一定的政军关系结构下海军军政精英共同参与的国内政治过程。这些精英在海军建设进程中的作用不尽一致。具体到美国，虽然影响海军建设的因素众多，但是在美国海军建设过程中，海军军官团和国会是推动美国海军发展的两个最为重要因素。海军军官团以海军为职业，是海军实际的管理与指挥者，自始至终参与海军建设过程,一直是海军发展最积极的推动力量。大规模建设海军耗资巨大,需要国家决策层直接和坚定的支持。国会垄断财政权,也对海军有一定的人事、管理和监督权力,是海军建设政策的真正决定者。国会不仅是联邦立法机构,也是地方代表的集合体。这种双重性使得国会成为各种利益的汇聚之地,国会制定的海军政策自然也是联邦与地方、海军与其他相关组织等各方利益博弈的结果。不过,除了海军军官团与国会,总统和海军部长是海军的使用者和管理者,也是在海军建设过程中沟通海军军官与国会的主要途径。因此,考察美国海军建设需要结合总统和海军部长的行为重点分析海军军官团和国会的具体互动情形。

本书是一项历史解释性研究,旨在为美国海军如何在复杂多变的国际和国内环境中实现崛起提供新的解释。这个解释将令人信服地回答海军军官团为何能够推动政府进行海军建设的相关问题,即,海军军官团在争取政府,尤其是国会,建设海军的过程中发挥了怎样的作用,为何能够发挥作用以及如何发挥作用?具体来说,本书将运用政军关系的分析框架,提出海军军官团与国会在海军建设问题上的互动模式,进而运用过程追踪方法考察1882—1922年美国海军的发展历程,展现美国海军军官团争取政府,尤其是国会的支持,不断推动美国建设强大的海军的政策过程。在此基础上,本书将比较研究美国海军崛起的海军建设的特征和规律,揭示其内在机制,并提出若干启示。最后,本书将探讨这项研究的创新与不足,并提出可以进一步研究的议程。

二、研究界定

在开展具体研究之前,本书首先需要对所涉及的主要概念进行简要界定。第一,本书研究的军官团为海军军官团。美国海军军官团是指从事海军管理和指挥工作的专业海军军官团体。现代军官团是具有严格等级结构的专业和官僚组织。[2]不过,军官团这一概念通常被狭义使用,即指从事暴力性管理工作的军事指挥军官团体。从事非暴力性管理工作的军官经常被忽略,如医师和工程师。具体到美国海军,海军军官团一直是指接受海军通识教育、具有"击败舰队"(fight the fleet)

技能和以海军为业的指挥军官(line officer)团体,[3]从事辅助性工作的技术军官(staff officer)则不被包括在军官团内。然而,技术军官是美国海军的重要组成部分,在美国海军发展过程中起着不可或缺的作用。因此,本书所研究的海军军官团广义上包括指挥军官和技术军官。

第二,美国政军关系中的文官(civilian)是指美国政府的行政和立法分支及其领导成员。[4]他们代表美国政府以"文官至上"(civil supremacy over the military)的原则统制军队。具体来说,本书重点研究的海军政军关系中的文官是指海军行政分支领导,如总统、海军部及其部长、助理部长和其他高级文职幕僚。其中,海军部的非军事行动事务岗位曾经大多由文官担任。不过,由于职业前景黯淡,这些海军管理岗位逐渐由军官垄断。[5]海军的立法领导分支主要指国会、海军事务专门委员会和国会议员。本书研究的国会议员主要指大海军派(big navy group)和小海军派(little navy group),前者支持建设大规模海军,后者主张维持小规模的海军,并反对海军过度扩张。

第二,美国海军政策包括海军的建设政策和运用政策。海军建设政策是指海军的规模与组成,运用政策是指战争与和平时期海军力量的运用。[6]海军建设为海军力量运用提供基础,海军力量运用对海军建设提出要求。海军建设主要是指海军的战舰和飞机等武器的数量、种类,人员配备、行政管理以及国家投入资源、工业设施的情况,海军力量运用则主要包括和平时期海军支持外交政策和在战争时期按照预先制定的战略计划,采用各种军事手段,遂行国家安全任务。[7]海军力量的建设和运用政策分别由以海军专门委员会为核心的国会和以总统为首的行政部门决定。一般地,海军建设政策也被称为内部政策,运用政策也被称为外部政策。内部政策规定海军建设,外部政策指导运用海军。

第四,本书研究的海军崛起是海军在全球体系意义上的崛起。一般而言,海军崛起既是海军力量运用与海军力量建设目标相协调的过程,也是海军力量发展得到海上霸权认真回应的过程。同时,海军崛起也是一个客观的国际结果。19 世纪 80 年代开始,虽然美国、德国、日本、法国和沙皇俄国等列强均大力发展海军,但是只有美国和德国在全球体系意义上实现了海军崛起。不同的是,德国海军在一战后被英国摧毁,其崛起是短暂而脆弱的;美国海军崛起不但得到英国承认,而且为美国取代英国、成为新的海上霸权奠定了基础。除以上重要概念外,本书涉及的其他概念的界定将在研究过程中进行。

本书研究的美国海军崛起主要是指美国海军建设的历史过程。美国海军崛起是海军建设政策与运用政策相结合的结果。其中,海军运用是海军建设的方向,海军建设是海军运用的基础。可见,海军建设在海军崛起问题上具有根本性意义。为了深入解释美国海军的初步崛起,本书将分析美国海军建设成就与建设目标相匹配的历史过程,即美国海军走出"黑暗年代",直到英国承认美国海军与皇家海军主力舰吨位对等的现代化海军建设过程。本书将重点研究美国海军建设的国内政治过程。出于研究需要,本书也将辅助性地探讨美国在战争与和平时期的海军力量运用的问题。

三、研究意义

1882—1922 年是美国海军承前启后的发展时期。美国海军在美国独立后的一个世纪内一直较为弱小,南北战争结束后更是陷入了发展停滞的落后状况。然而,经过本书所要考察的大约 40 年,美国海军不但在规模上,如主力舰只的数量和吨位,与英国海军大体相当,而且在海军组织建设和海军组织体系建设等方面也趋于均衡发展。更为重要的是,美国不仅基本上建成了现代化的海军,而且美国海军的国际地位也得到了国际条约的确认。在此基础上,美国海军又经过约 20 年的发展,终于成为世界首强。因此,考察美国海军的崛起过程具有显著的历史意义。

第一,重新认识美国海军的崛起历程。美国海军崛起是一个比较经典的研究议题。学术界一直采用不同的视角,运用不同的分析框架,研究美国海军发展的这个关键时期,以求揭示美国海军崛起的原因,并从中获得启示。[8]一切历史都是当代史。历史事实丰富而生动,历史研究往往契合当代研究者的旨趣和时代需求。[9]不同研究总能对美国海军崛起的历程提出不同解释。并从中得到新启示。本书回顾 100 多年前美国海军崛起过程的最大历史意义也在于从新的特定角度揭示美国海军崛起的内在机制，并得到与时俱进的历史启示。

第二，了解美国海军军官团的历史作用。历史上，美国海军军官团一向不被政府信任，经常沦为政府贬抑海军的牺牲品。南北战争后，被遗忘的美国海军陈旧无用，在国内外都不受尊重，海军军官也前途暗淡。以海军为业的指挥军官和技术军官均出于职业焦虑和海军至上主义(navalism)思想不遗余力地推动美国政府建设海军。随着美国海军实力的提升，海军军官团的独立性、自主性和专业水准都在稳步提高。在海军扩张的过程中，海军军官团不但在国内生活中的地位有很大提高，而且也更多介入美国的外交事务。可以说，以海军为业的现代海军军官团不仅是推动美国海军发展的中坚力量，也是美国对外政策的重要参与者。

第三，把握美国海军的政军关系。海军建设是一个在既有政军关系框架下进行的政治过程。探究海军军官团、行政部门和国会在美国海军建设的行为有助于动态把握美国海军的政军关系，特别是重新认识美国国会在海军建设中的作用。国会是美国海军的组织者、资助者和监督者，海军军官团、海军部和总统的海军建设要求都需要将国会的海军法案转化为海军建设政策。海军建设不但耗费惊人，而且牵涉相关军政各方的利益，海军军官团为推进积极的海军建设政策需要直接或间接地与国会进行复杂互动。除了直接争取国会支持外，海军军官还致力于通过海军部和总统使国会支持海军建设。同时，海军军官团也努力动员海军相关利益集团和社会公众向国会施压。具有联邦立法机关和地方利益代表双重性的国会以法案的形式决定具有指导性和纲领性作用的海军建设政策，并监督行政部门执行海军建设政策。

除了显著的历史意义外，美国海军崛起历程的理论价值也还没有得到充分揭示。关于美国海军崛起的历史描述、诠释和评估成果颇为丰富。这些成果不断完善着美国海军的崛起叙事，持续提炼这一历史过程的历史价值。不过，由于历史学者对理论性研究不感兴趣，政治科学学者又偏爱理论创造和检验[10]，所以有关美国海军崛起的理论性历史解释研究并不常见。虽然本书的主要研究目的是解释美国海军崛起的历史过程，但是这项历史解释性研究也可以带来一些有意义的理论思考。

第一,推动政军关系理论发展。政军关系理论长于提供分析框架,但是这一理论自身缺乏检验。[11]政军关系理论的核心概念一直较为模糊。美国海军是在相对稳定的政军关系背景下崛起的。这不但使运用政军关系框架分析美国海军崛起成为可能,而且也有助于进一步推进美国海军政军关系的理论研究。如,在研究的过程中,使相关的理论概念变得明晰和具备可操作性。军政各方围绕海军建设互动频繁,使得有关政军关系的案例材料相当丰富,且案例之间差异大。美国海军建设的案例研究也为验证和提出新的政军关系理论研究问题提供了可利用的历史材料。不仅如此,通过理论性的案例研究有助于发现美国海军崛起的特征和规律。在此基础上,有关美国海军发展的、更具有理论价值的研究纲领也可能被更为明确地提出。

第二,拓展中层国际安全理论。宏观国际安全理论不适用于具体解释,发展中层国际安全理论以准确解释具体事件一直是理论研究的热点。政军关系对安全政策和安全形势的变化影响巨大,也一直是国际安全研究关注的重点。但是由于政军关系不透明、可靠的研究材料不易获得,基于政军关系的国际安全理论一直难以构建。在海军崛起时期,美国海军不仅经常是美国安全政策的执行者,也积极参与安全政策的制定。本书回溯美国海军军官团在危机、冲突和战争等一系列国际安全事件中的表现,以及在既定的政军关系框架下参与安全事务的活动,有助于发展基于美国海军政军关系的国际安全理论。如,以美国海军发展及与其他海军强国的互动为基础、以美国海军为主要因素的国际安全理论也将得到拓展和深化。

第三,丰富权力转移理论。权力转移是一个漫长而曲折的历史过程。权力转移理论一般是结构理论,这种理论虽然能够从宏观上解释权力转移过程,但是却不足以把握生动而丰富的权力转移的历史事实。在尊重权力转移理论对历史过程的抽象概括的前提下,贴近历史探究权力转移的细节既能弥补结构理论的解释力不足,也有助于推进理论创新,丰富权力转移的理论体系。海军是战略性军种。作为大国较量的重要指标,海军建设和海军力量的运用一直是大国权力转移的重要内容。本书在权力转移的历史背景下追踪美国海军的崛起历程,既有助于解释英国和美国之间的权力转移，也有益于拓展关于权力转移理论的具体思考。

总之，从海军政军关系的角度重新解释美国海军崛起的历史对于增进对美国海军发展史的认识，了解美国海军的政军关系和发展政军关系理论、国际安全和权力转移理论都有显著的意义。尤其是，由于政军关系理论一直被批评过于松散，甚至一般被认为是规范性理论，难以为社会科学研究提供框架，因而提出科学的政军关系分析框架并进行案例研究也将是本书的主要创新点所在。

第二节　文献回顾

美国海军是当今世界最强大的海上力量，也是美国全球霸权地位的重要战略支撑。美国海军的卓越地位和重要作用使美国海军的发展一直是学术研究的热点。尤其是，在长达两个多世纪的发展历程中[12]，美国海军在1882—1922年的崛起过程更是备受关注。除了历史描述性和评估性研究，无论是美国海军专门研究，还是美国研究乃至比较研究，都试图对美国海军的崛起提出新解释。本书拟从海军军官团在海军崛起中发挥的作用入手，解释美国海军为何在这40年间实现崛起，并揭示海军军官团争取政府，尤其是国会支持海军建设的内在机制。为了回答海军军官团为何能够推动政府进行海军建设的核心问题，本书将围绕美国海军为何在这个时期崛起、海军建设政策的制定和海军军官团争取国会支持等三个递进式议题评述既有文献的成就和不足，确定研究突破口，提出研究设想。

一、美国海军崛起的原因

海军发展包括海军建设和海军力量运用两个方面。海军力量运用对海军建设提出了具体要求，海军建设为海军力量运用提供了实力基础。探究美国海军崛起的原因必须兼顾海军力量运用和海军建设两方面的因素。因此，本书将分别回顾对海军力量运用和海军建设有显著影响的因素，以期为重新解释美国海军的崛起奠定基础。

(一) 影响海军力量运用的因素

第一,国际海权竞争的激烈化。一般认为,由于海军技术进步和各主要强国再次展开对殖民地和势力范围的竞争,几乎所有有能力建设海军的国家都在进行海军现代化。[13]其中,保罗·肯尼迪(Paul Kennedy)指出,感受到法国造舰压力的海上霸主英国在1884年开始扩建海军,这意味着由英国维护海上秩序的"廉价海洋霸权时代"的终结,1889年,英国宣布按照法国和俄国海军实力的总和的"两强标准"(Two Power Standard)建设英国皇家海军。[14]这标志着海军强国激烈争夺海权时代的开始。此后,随着德国挑战英国的海上霸权,并试图威胁英国的本土安全,英德进行了激烈的海权竞争。[15]莱尔·A. 罗斯(Lisle A. Rose)等人认为美国建造以战列舰(battleship)为主力的舰队也是顺应了海权竞争时代的要求。[16]不过,这种观点虽然把握了美国海军崛起的外部环境因素,但是忽视了美国一直紧盯英德的海军军备情况,却始终力求置身于英德海军竞赛之外,低调地进行海海军建设的事实。[17]此外,美国重建海军早于海军列强的海军竞赛,甚至早于英国重整海军军备。因此,海权竞争是美国海军崛起的促进因素,而非原动力。

第二,美国的对外利益受到严峻挑战。海军是具有独特军事性质和国际性质的军种。在战争与和平时期,保护海外利益和支持对外政策一直是海军存在的意义。美国海军也不例外。马汉(Alfred Thayer Mahan)认为,美国海军的兴起始于保护贸易利益,其目标逐渐扩大到为政治性对外权益提供军事支持。[18]斯蒂芬·豪沃思(Stephen Howarth)进一步指出,南北战争后,美国海军担负促进外交利益和保护航运的主要使命。[19]然而,由于受到忽视和缺乏革新,美国海军无论在保护海上航运还是展示外交立场方面都已经无力履行保护对外权益的使命,甚至在美国致力于践行门罗主义(Monroe Doctrine)的拉美地区也受到智利的奚落。[20]一般也认为,随着美国对外权益不断拓展,应对新老对手对美国对外权益的可能挑战一直是美国海军发展的动力。[21]由于海外利益受到损害,美国甚至被卷入战争。不过,虽然保护对外权益是美国海军的基本职责之一,但是至少南北战争结束不久,美国的对外利益就受到损害,但美国政府却并没有大力进行海军建设。因此,这种看法并不能解释为何美国海军一直到19世纪80年代才开始重建。

第三，海军强国对美国安全造成的威胁。乔治·贝尔(George W. Baer)认为，南北战争后，由于海外贸易规模小，美国海军的首要目标已经从保护商贸变成了维护国家安全。[22]事实上，正如豪沃思指出的那样，美国政府也正是认为美国不会遭受严重的安全威胁，海军只要在和平时期受到尊重即可，才任由美国海军衰落。[23]然而，随着列强在全球的争夺加剧，美国对和平的预期越来越脱离实际。乔治·T. 戴维斯(George T. Davis)指出，英国、德国和法国加强在被美国视为核心利益的加勒比地区的存在使得美国决策者感到海军力量匮乏，智利对美国西海岸的威胁，更让沿岸州的国会议员和公众感到恐慌。[24]贝尔也指出，支持海军建设的海军军政精英也正是通过提醒公众和平不会持久、国家将陷入危险之中来争取国内支持。[25]此后，美国也将不断壮大的主力舰队部署在东海岸和加勒比地区，防御德国对美国的可能进攻。直到参加世界大战，美国在太平洋方向仍然没有一艘战列舰，也没有适合其长期驻泊的岸上设施。[26]不过，虽然国家安全因素确实在美国海军崛起之初发挥了显著作用，但是进入20世纪以后，由于海军力量已经变得相当强大，美国的国家安全便不再受到实质性威胁。

第四，海军战争理念的变化。麦克·舒尔曼(Mark Russell Shulman)指出，1886年至1893年，美国海军思想从“近岸防御”(coastal defense)和“破坏敌人海上交通线”(guerre de course)转变为“舰队决战”(guerre d'escadre)，思想的变化推动了美国海军的发展。[27]尤其是马汉提出的以“攻势制海”为核心的海权论，解决了美国海军发展的方向性问题。[28]美国海军战争思想理念的转变与世界海军战争思想理念的演变一致，并且在后者的变化过程中起到了引领作用。彼得·卡斯滕(Peter Karsten)更是认为，在海权论的基础上，具有新思想、掌握新技术的年轻军官革新海军战略战术和管理理念，为美国海军发展提供了新的学说指引。美国1890年以后海军思想越来越具有进攻性。[29]罗纳德·斯佩克特(Ronald Spector)认为，美国海军战争学院技术化的新生代海军军官受德国海战科学(Science of Naval Warfare)和商业效率的影响，制定的战争计划脱离了国内和国际政治现实。[30]这些观点虽然大致勾勒了美国海军战争思想的演进，但是海军思想如何具体影响海军建设还需要进一步研究。

第五,海军力量运用因素对美国海军崛起的影响不一。日趋激烈的海权竞争是美国海军崛起的时代背景,起到了客观推动作用。保护对外利益和国家安全正是海军承担国家安全任务、对抗外部敌人的使命要求。一般来说,保护本土安全的重要性高于保护对外利益。不过,外部敌人对美国本土和海外利益的威胁程度是有差别的,美国海军也需要有针对性地进行应对。海军战争理念是美国海军的最重要的指导思想之一,集中体现美国在海权竞争时代应对外部威胁的总体思路。不过,海军力量的运用等海军政策的外部因素需要对海军力量的建设等海军政策的内部因素产生影响。这样,它们才能直接影响到美国海军建设政策的制定。

(二)影响海军力量建设的因素

美国海军落后的压力。南北战争后,美国海军因被严重忽视而陷于有名无实、陈旧无用的落后境地。不少观点认为美国海军陈旧无用的状况是美国海军崛起的直接原因。徐弃郁直言,美国重新发展海军力量的主要动力不是来自拓展海外利益的需求,也不是为了应对现实威胁,而是海军的状况实在"过于糟糕"。[31]因为南北战争刚结束美国政府便着手裁汰海军,所以美国海军实力锐减,很快就衰落到"落后于所有人"(the second to all)的地步。[32]戴维斯也认为,海军的落后状况遭到舆论的猛烈抨击,在社会各界的呼吁下,国会中的亲海军力量得到增强,海军才得以摆脱自生自灭的处境。[33]在谨慎地以"重建"而非建设"新海军"为名得到国会拨款建造新舰只后,[34]实力不足便一直是海军扩张的重要理由之一。美国海军过于衰落曾经是美国重建的重要原因,但是这个原因在美国海军跃居世界前列后便不再成立。正如劳伦斯·巴特利特三世(Laurence Wood Bartlett Ⅲ)所指出的,"到1916年,美国海军仅位于英国和德国之后,却又决心建设头等海军"[35]。可见,美国建设海军并非仅出于防御目的,也是为了寻求海上优势。

应对假想敌威胁的需要。在海权竞争日益激烈的情况下,外部威胁增大,美国海军的战争思想也由守转攻。于是,美国海军通过预设假想敌刺激海军发展。格伦维尔(J. A. S. Grenville)指出,美国海军从1890年就开始根据外部对手的实力和威胁情况,预设假想敌并制定相应的战争计划,以有针对性地准备可能的战争。[36]然而,斯蒂芬·T.罗斯(Steven T. Ross)却认为,美国海军针对所有威胁造成的"战略问题"(strategic problem)几乎都制定战争计划,而只有海军部长甚至总统认可的战争计划才有指导应对未来海战的功用。[37]此外,假想敌只代表美国需要应对的特定威胁,海军准备战争也只是应对手段之一。例如,一些学者指出,在参加一战前,假想敌日本威胁美国的远东和太平洋利益,而总统却一直搁置对日战争计划,采用外交手段维护海外利益。[38]可见,虽然有些海军战争计划会对美国建设海军、进行战争准备起指导作用,但是美国如何预设假想敌和制定战争计划仍需要进一步考察。

海军利益联盟的推动。破败的美国海军不仅无力履行职责,也逐渐使海军相关产业部门不能容忍现状。它们与海军达成复兴美国海军的共识,形成海军利益联盟。首先,海军军官团不遗余力地要求重振海军。卡斯滕指出,美国海军的困顿使海军军官的职业生涯陷入危机。除了一部分人离开美国海军另谋出路,大部分海军军官努力推动海军革新,使海军摆脱落后状况。[39]不过,由于政府的刻意忽视,海军军官的努力一度收效甚微。随着具有新海军思想和掌握新一代技术的海军指挥军官和技术军官成为军中骨干,他们开始有力地推动美国海军不断壮大。[40]其次,海军利益联盟逐渐增大的合力是美国海军不断扩张的强大动力。本杰明·富兰克林·库林(Benjamin Franklin Cooling)等人认为,经过海军重建,海军相关产业"工业主、政治家和海军将领"的"军工复合体"(Military-Industrial Complex)已经形成,推动美国打造"蓝水海军"。[41]不过,这个利益集团并不团结。海军军工复合体不仅被夸大了,在美国海军建设中也并非一直起促进作用。保罗·E.佩迪希奇(Paul E. Pedisich)就指出,国会在1885年就规定军舰的装甲钢板必须由美国公司制造,钢铁企业却一直无法生产合格钢材。国产装甲板质次价高,不仅引起海军部的不满,也使美国海军建设陷入迟滞。[42]

关键人物的决定性作用。研究美国海军崛起的著述大多强调一些杰出人士对美国海军建设的影响。[43]亨利·J.亨德里克斯(Henry J. Hendrix)认为,美国海军在19世纪与20世纪之交开始崛起,这"并非历史潮流的必然结果",而是"一小群人通力合作的成果"。其中,马汉、西奥多·罗斯福(Theodore Roosevelt)和亨利·卡伯特·洛奇

(Henry Cabot Lodge)的贡献最大。[44]罗伯特·格林哈尔希·阿尔比恩(Robert Greenhalgh Albion)也认为正是在杜威(George Dewey)海军上将的领导下，美国海军总委员会(General Board of United States Navy，以下简称"总委员会")才得以发挥超出咨询机构的作用，策划并推动了美国海军建设。其中，杜威强烈的仇德情绪显著影响了美国海军的发展方向。[45]不过，关键人物对美国海军建设的作用显著却不可持续。罗斯福等努力建设强大海军的关键人物对美国海军建设的影响不仅受任期和生命规律限制，他们的立场和主张也可能发生变化。一直为美国海军发展而奔走的洛奇参议员也是华盛顿限制海军军备会议的美国代表团成员，而提出规模空前海军建设要求的总统却是原先反对发展海军的伍德罗·威尔逊(Woodrow Wilson)。

海军力量建设因素未必直接作用于美国海军建设的过程。海军力量运用因素需要作用于海军力量建设因素，如外部威胁成为美国海军的假想敌，影响海军建设。不过，海军力量建设因素也需要直接作用于美国海军建设过程，尤其是美国海军建设政策的制定过程才能显著地影响美国海军建设，进而成为分析美国海军建设的关键因素。通过前述分析可知，美国海军过于落后只能解释美国海军崛起的初始阶段；海军利益集团则一直努力影响美国海军建设政策；激烈的海权竞争、美国海军保护本土安全和对外权益面临的压力直接影响着关键人物对美国海军发展的认知和美国海军如何制定假想敌，而关键人物一般是美国海军政策的重要制定者。总之，由于海军建设主要是海军军政精英应对外部威胁的国内政策过程，本书将探究美国海军政策的制定者和参与者制定海军建设政策的过程。

二、美国海军政策的制定

美国海军军政各方在海军政策制定过程中的角色不同，可以分为参与者和制定者。海军运用政策的制定者为总统与海军部长，参与者为海军军官团；海军建设政策的制定者为国会及其专门委员会，参与者为海军军官团和行政部门。回顾美国海军政策各行为体在海军制定过程中的作用有助于更为准确地把握研究对象。

（一）海军建设政策的参与者

海军军官团和行政首长对于海军建设持有不同的立场。首先，海军军官团希望尽可能地建设海军力量。正如阿尔比恩指出，美国海军建设的制定始于海军军官团调查海军的需求，即海军军官是海军建设的发起者。[46]一般也认为，美国海军军官团秉持军事专业主义，为了海军荣誉、使海军足以承担国家安全使命和自己的职业前途，一直推动海军建设，加强美国的海军力量。[47]然而，在这个共同立场的前提下，美国海军军官团内部的具体诉求却是分裂的。其次，指挥军官与技术军官对于海军和自身发展有不同的期待。亨廷顿（Samuel P. Huntington）等人也指出，从1842年开始，美国海军军官团就分裂为负责军事指挥的指挥军官团和负责支持军事行动的技术军官团，如工程师和军医。这两类海军军官团在职级、待遇、晋升等方面，以及从舰队到海军部的争斗，几乎贯穿美国海军崛起的整个过程。[48]指挥军官与技术军官分别联合支持自己的文官领导更是导致美国舰队不平衡和海军重组缓慢的重要原因。第三，以总统为首的行政部门希望海军力量足以遂行国家安全任务。同海军军官团希望尽可能建设海军不同，总统需要考虑到，公共资源有限且有多种手段应对外部威胁，而运用海军与之对抗仅仅是其中一种。因此，行政部门希望建设足以支持国家安全政策、适度的海军力量。[49]可见，海军军官和总统对于海军建设的立场有很大出入。他们向国会提出的海军建设要求是与行政部门进行较量与妥协的结果。

为了提高海军建设的针对性，海军军官团协助海军部长乃至总统预设假想敌。美国海军在完成重建后就开始以预设假想敌的方式推动自身建设。有研究认为，地缘政治意义上的假想敌是政治行为体针对可能的对手或竞争者采用地缘政治隐喻、想象和陈词滥调等负面话语进行的心理宣传[50]，领导人和其他行为者培育假想敌也可以强化公众的支持，为自己的行为进行辩护。[51]乔纳森·斯坦伯格（Jonathan Steinberg）认为，正是提尔皮茨（Alfred von Tirpitz）等威廉二世（Wilhelm Ⅱ）的海军军官负面重述英国皇家海军袭击丹麦首都哥本哈根并摧毁后者舰队的历史事件，渲染英国冷酷的商业利己主义，引发了德国社会仇英和恐英的“哥本哈根情结”（Copenhagen Complex），德国海军才得以建设“公海舰队”(Hoch see flotte)。[52]不过,为了不引起国内恐慌和外交纠纷,美国政府“从不公开声明敌人是谁”,海军军官也只能退而求其次,对敌人给出“理论上的描述”。[53]可见,美国海军预设假想敌主要不是为了动员公众支持,而是为了提高应对外部威胁的针对性,进而更为明确地进行战争准备。

海军军官团和行政部门的海军建设要求不同。美国海军引入假想敌机制,如吕德宏等人认为,“在战略、战争计划、训练和武器装备发展中系统引入敌对因素”,其主要目的在于提出海军建设要求。美国海军军官制定的战争计划通常会提及遂行战争任务需要的海军力量。[54]不仅如此,斯佩克特指出,1900 年成立的总委员会不但负责指导海军战争计划的制定,而且负责就舰队如何做好战争准备向海军部长提出建议。[55]实际上,这也使得总委员会有责任根据海军战争计划向海军部长和总统提出海军建设要求。不过,与只有总统认可的战争计划才对海军建设有指导意义类似,总委员会提出的海军建设要求只是建议性的,总统最终决定海军建议计划,并将其提交国会。一般认为,信奉海军至上主义的海军军官对待国际政治现实和可能爆发的战争的态度比行政领导悲观,一再提出大规模建造主力舰队的计划。这不仅使得海军军官团内部对舰队发展的态度不一致,也引起剧烈的政军冲突。[56]不过,虽然按照制度,海军军官团对于海军建设的诉求要通过行政部门表达,但是一旦总统和海军部门严重忽视其要求,海军军官会试图直接争取国际支持。

除了要求国家增加资源投入建设海军外,海军部在权限内强化海军力量也是海军建设的重要内容。一般也都认为,海军部在行政管理权限内进行军事演习、巡航和调整部署也是海军建设的重要方式。豪沃思和贝尔均指出,当国会拒绝海军建设要求时,海军部便只能通过临时性或永久性的部署调整和其他行动遂行军事任务。[57]除了不断针对假想敌制定高水平的战争计划、调整部署外,海军加强军事建设还体现为海军部长乃至总统积极提高海军人员尤其是军官的素质、提高海军训练水平和革新海军理念等方面。[58]然而,海军行政当局推动海军军官团素质提高、指挥军官和技术军官平等化以及海军军官团逐渐融合的努力不仅不断刺激海军军官团内部的纷争与和解,也加速了海军军官团的代际更迭。随着海军军官团迭代，思想得到更新的海军军官成为海军骨干，美国海军的建设水平的提高才有了根本性保障。因此，海军军官团的迭代和海军理念变化则被当作本项研究所要考察的初始要素。

可见，海军军官团和行政部门都是美国海军建设的重要参与者。行政部门及其领导在海军军官的协助下负责制定海军力量的运用政策和提出海军建设要求。海军军官和行政领导对海军建设的态度也不尽相同。不过，海军军官团和行政部门只是海军建设的需求者和重要参与者，国会才是美国海军建设政策的制定者。

（二）海军建设政策的制定者

美国国会一直希望高效率地建设海军力量。国会是美国海军的立法领导，通过制定军法军规、预算拨款、任命确认以及调查监督控制军队，防止军队“出轨”。[59]海军难以威胁到美国的社会政治秩序，负责公共资源分配却不直接面对外部威胁的国会与行政部门则不同，国会及议员更关注建设海军的投入与效果。这正如阿尔比恩所指出的，国会愿意使海军有足够的能力，却又想避免超支和浪费。[60]因而，每个海军建设法案都是海军军官团和海军的行政领导向国会努力争取的结果。此外，有研究指出，国会一直信奉“紧急事件时总能临时组建一支海军力量”的传统信条，总是在威胁来临时扩建海军，威胁消失后便拆毁舰队。[61]因此，美国海军军官团和行政领导需要预设假想敌，并说服国会支持建设足以应对外部威胁的海军力量。这种做法也有利于为海军建设赢得国会支持，因为以假想敌的海军力量为参照物也能提高美国海军建设的针对性，有助于降低建设成本。不过，由于国会不仅是联邦立法机构，也是各种利益的代表，国会制定海军政策的具体情形更为复杂。

不同于作为立法机构的国会，国会议员主要基于经济利益考量支持美国海军建设。美国国会具有双重性，国会议员是联邦立法者，更是地方利益的代表。他们的政治命运依赖于其个人的政策立场以及他们与地方的连接，特别是为所代表的选区争取到“猪肉桶”(pork barrel)，即联邦拨款。[62]具体地，一般认为，虽然国会议员会基于爱国主义、海军情节和党派政治等多种原因支持海军建设，但是瓜分海军建设的联邦拨款才是主要原因。如,甚至有议员声称如果不是为了“猪肉桶”,绝对不想闻“海水味”。[63]在本书研究的时间范围内,国会的海军建设政策是由参议院和众议院的海军事务委员会(Naval Affairs Committee)制定的。因而,与海军利益关系密切的州的议员都努力在两院的海军专门委员会赢得一席之地。根据阿尔比恩的研究,在海军事务委员会独立存在的1816—1947年,其成员大约三分之一来自老船厂所在的6个州,另外三分之一来自拥有私营船厂和重要岸上设施的7个州。随着海军产业地域扩大,海军事务委员会成员的来源和所代表的州也在扩大。[64]然而,海军事务委员会的成员在海军建设事务中所占的分量并不一致。卡尔·施密特(Carl H. Schmidt)直言,大权掌握在参众两院海军事务委员会主席、拨款委员会成员和拨款委员会的海军分委员会成员等“六七名”国会资深议员手中。[65]这些追求选区利益的大海军派才是美国海军建设政策的真正制定者。不过,需要指出的是,海军事务委员会的成员相互支持、进行政治分肥对美国海军建设的影响并非总是积极的,对地方利益的过度关注也在阻碍美国海军的总体发展。

国会议员对海军建设的态度有很大差异,并且也会发生变化。以海军事务委员会为中心,许多国会议员对海军持亲近态度,支持进行海军建设。同时,许多研究指出,出于对军队的不信任心理、选区利益、党派政治和反对把海军当作帝国主义工具等考虑,国会中也有不少议员质疑海军建设或者不支持行政部门建设进攻型主力舰队的主张。[66]这些小海军派议员虽然通常无法对美国海军建设起主导作用,但却是国会制定海军建设政策的阻碍力量,他们的行动甚至足以抵消大海军派的努力。不过,小海军派议员和大海军派议员的立场并不是固定的。美西战争后,由于担心海军成为美国帝国主义扩张的工具,一直为美国海军建设奔走的参议院海军事务委员会主席尤金·黑尔(Eugene Hale)的态度转向保守,成为小海军派;西奥多·罗斯福总统的政敌、著名的大海军派参议员本杰明·蒂尔曼(Benjamin Tillman)一度由于个人恩怨拒绝支持罗斯福提出的海军建设要求,而他却在伍德罗·威尔逊就任总统后热情地推动建造主力舰队,甚至指导海军部长如何提出海军建设要求。[67]正是国会议员对海军建设态度的巨大差别和犹疑,才使得海军军官团和行政领导争取国会对海军建设的支持十分必要，也很有可能得到积极回应。

国会及议员希望介入海军行政事务。正如美国政军关系的研究者所指出的，美国宪法规定，总统是“合众国陆海军的总司令”，国会“募集和维持陆军”“配备和保持海军”，并制定有关管理和控制陆海军的各种条例。这就把对军队大部分的指挥和支配权交给了总统，国会则掌握投入公共资源、建设军队的广泛的权力。宪法对统制军队的权力的分置使行政和立法部门一直在争夺统军权。[68]就美国海军而言，这不但意味着国会努力介入海军行政管理事务，而且立法和行政领导均希望争取到海军实际管理者和指挥者海军军官团的支持。除了国会的扩权偏好外，国会积极介入行政事务也是国会议员更迫切的利益需求。虽然参众两院的大海军派会相互支持，甚至跨党派地支持国会通过积极的海军拨款法案，但是在海军建设资源有限时，代表不同地区、政府或私营船厂和其他岸上设施的大海军派议员会进行激烈的资源争夺。因此，研究海军军工复合体的学者指出，如同行政部门努力影响国会制定海军建设政策一样，大海军派议员，如蒂尔曼，也会试图介入本属于行政部门海军行政事务，以便在海军建设的计划环节就占据优势。[69]虽然海军的行政领导会与国会进行周旋，对国会议员言听计从的情形很少发生，但是一旦这种情况出现，海军政军关系的平衡将受到破坏，海军军官会绕过行政领导，通过关系密切的议员向国会提出自身诉求。

以上回顾表明，海军军官团虽然内部矛盾重重，却是协助行政领导、推动海军建设最为积极的力量之一；虽然国会议员对海军建设的态度差异颇大，但是具有双重性的国会却是美国海军建设政策的制定者。其中，专注于选区利益的大海军派议员主导的海军专门委员会是美国海军政策的直接制定者，也是国会中积极推动海军建设的力量。与之相比，虽然负责运用海军的总统及海军部部长也希望建设足以履行国家安全使命的海军力量，同时决定海军建设需求，但是他们却只是海军建设政策的参与者，只能尽可能影响而无权制定海军建设政策。因此，本书主要结合海军行政领导的行为，考察海军军官团争取国会支持海军建设的互动情况。

三、军官团争取国会支持

国会负责制定美国的海军建设政策,也是力求发展壮大美国海军的海军军官们所重点争取的对象。海军军官团与国会的联系愈加密切,海军军官对政治和国会的态度也一直在转变。随着美国海军的壮大,更具有进取精神的海军军官宣扬海军至上主义、扩大海军利益集团,并尽力通过多种方式争取国会支持建设强大的海军力量。

(一)海军军官团与国会的关系

军官团与国会存在"天然联系"。虽然海军部是海军军官团的直接领导,但是海军军官的身份和政军关系制度决定海军军官与国会存在诸多天然联系。由于这种联系过于隐晦,研究成果并不多,相关论述基本上存在于对特定事例的记述中。如佩迪希奇谈及美国航海局局长(Bureau of Navigation)约翰·沃克(John Grimes Walker)竟敢公开抵制海军部长收回海军人事权的命令时谈到了这位海军上校极为深厚的国会背景。[70]不过,除了私人关系,这种天然联系最为典型的有两种。第一,美国的军官不仅是行政首长的军事顾问,也是国会的军事顾问,有责任向文官领导提出"专业建议"。[71]具体到美国海军,国会及议员和其他文官领导为了控制海军可以牢牢抓住海军指挥管理权,在海军建设方面却不能忽视海军军官的专业建议。正如有研究指出,从1812年战争后,国会就不断建立由海军军官组成的委员会就海军建设事宜提供专业建议,而总委员会和海军作战部长(Chief of Naval Operation)本质上也是行政和立法领导的军事顾问。[72]第二,在美国的政军关系中,海军军官与国会的制度性联系日益增多。不但美国海军的军衔晋级和职务晋升需要国会确认,而且正如卡斯滕所指出的,美国海军军官学院(the Naval Academy)成立后,其学员基本上要经由国会议员推荐入学。[73]这样,海军军官在学员阶段就与国会议员产生了联系。不仅如此,随着美国海军的壮大,海军军官同国会及议员的身份性和制度性联系也在增多。

随着海军发展,海军军官对国会的态度也在发生变化。传统上,美国海军军官秉持军事专业主义,对政治不感兴趣,也不愿意参与政治生活。他们虽然对美国海军战略有自己的思考,却默默接受海军衰败的现实。[74]这些海军军官对国会的态度是复杂的。唐纳德·奇泽姆(Donald Chisholm)等人指出,海军军官对国会的压制使得美国海军陈旧无用、自己前途暗淡感到不满,希望“形成某种机制”,向国会集体表达海军的整体意见,但是他们却谴责试图借助立法机关推动通过海军法案的军官,也不满国会介入海军的指挥体系,因为行政部门负责的指挥体系中没有国会的位置。[75]老海军军官可以坚持对政治的保守态度,准备退休,但是年轻的海军军官却需要接近国会,拯救破败不堪的海军和自己暗淡的职业前景。因此,海军军官为了实现个人晋升,可以通过私人关系、通过拜访国会议员或通讯等方式进行游说,或者联名向国会请愿。这正如卡斯滕和戴维斯的评论,他们不仅改变了海军和自己的境遇,也在国会中找到了同盟。这些军官成为海军骨干后,愿意且精于与国会打交道。海军军官和国会议员甚至会联手对付海军的行政首长。[76]海军军官团与国会的亲近自然有助于推动美国海军建设。

海军军官团与亲海军的国会议员结成稳固的联盟关系。愿意接近国会的海军军官赢得了许多国会议员的支持,这些议员基于海军情结、同情和党派等因素支持建设海军。不过,海军建设投入巨大,而国会又是各种利益的联合体,海军建设的相关议案难免遭到反对。对此,海军军官团就联合海军相关产业,如船厂、钢铁厂、维修厂和其他岸上设施,与亲海军的议员结成推动海军建设的联盟。[77]不过,以海军事务委员会为例,国会议员对海军建设最积极的支持是基于联邦财政的“猪肉桶”。所以,美国海军政军关系研究者认为,海军军官努力将海军建设与议员的选区利益挂钩,使他们成为建设强大海军的利益相关者和海军在国会中的代言人,哪怕议员对海军根本不感兴趣。[78]这个以海军建设利益为纽带的军工复合体日益壮大,是推动美国海军崛起重要政军动力。不过,代表不同选区和海军产业利益的国会议员争夺联邦预算,甚至经常弃海军发展乃至国家利益于不顾。这既经常导致海军军官对国会不满,也是前者通常会联合海军行政领导推动海军建设的重要原因。

指挥军官团与技术军官团在与国会联系方面各有优势,但是未必会形成合力。阿尔比恩指出,技术军官的优势在于经常待在岸上,有更多时间与国会议员在一起,甚至利用医疗和会计等专业技能与国会议员结成亲密的个人联系；指挥军官的优势在于掌握海军军事知识，更像一名军人。国会议员也更愿意就海军专业问题倾听他们的“真实想法”。[79]因此，国会组建的海军问题委员会一直是由指挥军官组成或者主导的。不过，虽然指挥军官和技术军官有建设强大海军的共同利益，但是他们也为各自在海军中的地位、待遇和职业前景进行激烈争夺。因此，他们会与各自关系密切的议员联合。在这种情况下，海军军官团不但无法就推动国会支持海军建设形成合力，而且可能会出现两败俱伤的局面。例如，舒尔曼认为，正是1881年技术军官不同意指挥军官拟定的海军建设计划，以少数派的身份单独提出造舰计划，分散了国会的支持。这使得海军在1882年虽然得到造舰授权却没有得到相应的拨款。[80]此外，阿尔比恩也指出，技术军官团一直联合保守派议员反对建立由指挥军官负责的独立的海军指挥机构。[81]因而，直到一战后，技术军官在海军中的势力式微，海军军官团中这股内部势力造成的阻力才基本上消失。

（二）争取国会支持的方式

海军军官团争取国会支持的主要方式是由海军部长代为沟通。正如阿尔比恩所指出的，在美国海军的政军关系结构下，按照程序，海军军官需要将海军建设需求汇报给海军部部长，然后海军部部长报告给总统，再由总统转交给国会，进而进入立法程序。[82]虽然行政领导与海军军官在建设强大的海军力量上有共同利益，也能一起争取国会支持，但是总统和海军部部长都反对海军军官与国会议员发生直接联系。然而，成长于海军重建过程中的新派海军军官习惯于以各种非正式甚至违规的方式与国会议员发生直接联系。为此，阿尔比恩和戴维斯均指出，行政领导在1913—1934年间一方面严禁海军军官与国会的联系“间接或直接影响立法”，一方面加强总统与国会就海军问题的联系。[83]然而，行政部门的禁令和提高行政与立法部门协商海军问题效率的努力对遏制海军军官影响立法收效甚微，其间甚至发生了军官绕过海军部部长创设海军参谋机构的严重事件。在严令达不到预期效果和总统不可能全身心投入海军工作的情况下，有研究注意到，美国海军在1921年增设海军作战部长兼任办公室主任的预算办公室(Budget Office)，第二次世界大战爆发后在军法署长(Judge Advocate General)之下设置立法联络办公室(the Office of Legislative Liaison)，海军军官团得以与国会合法地直接沟通预算与立法问题。[84]不过，这只是规范了海军军官与国会议员的正式联系，却不可能消除各种非正式联系。

无论主动与否，海军军官与国会有众多非正式甚至私人联系。首先，海军军官参加听证会发表倾向性观点。学者都强调，作为海军部人员和国会的军事顾问，海军军官有义务按照国会要求出席有关海军事务的听证会。然而，这些军官可能模糊地发表与海军部不一致的观点，然后在议员的追问下说出“真实的看法”。[85]海军部部长对此感到既不满，又无奈。其次，不少海军军官与重量级的国会议员有千丝万缕的联系。有研究指出，亨利·卡波特·洛奇参议员不仅是马汉海权学说的信奉者，也是马汉的保护者，数次拯救后者的职业生命。[86]事实上，几乎每一位颇具性情、敢于与主管部门甚至海军部部长发生冲突的海军军官背后都有国会大人物支持。最后，不少国会议员曾经在海军服役，他们对海军怀有亲近的态度，也愿意借助海军军官干涉海军的行政事务。佩迪希奇指出，众议院海军事务委员会成员、美西战争时的海军英雄里士满·霍布森(Richmond P. Hobson)一直希望为海军设立独立的指挥机构，菲斯克(Bradley A. Fiske)才得以与其密谋设立海军作战部长。[87]此外，即使不是出于发展海军的考虑，仅仅为了个人升迁，也有许多海军军官愿意接近国会议员。这种非正式的个人联系是不可能杜绝的。

除去个体的联系，海军军官团作为一个群体也一直在通过海军至上主义运动唤起国会对海军建设的响应和支持。几乎所有的美国海军史研究者都注意到，从19世纪80年代起，以马汉为代表的“少壮派”海军军官就以学术著作、政论文章、文学作品、探险等方式展示海军的价值，对海军建造相关行业、依赖航海的工商者、国会议员、其他社会知名人士和普通民众进行教育，不断强调“需要更多军舰”的观点，掌握海军命运的国会议员自然是重点对象。[88]海军军官持续推动的海军至上主义运动不但培养了全社会倡导建设海军的氛围，而且赢得了杜威和黑尔等一大批实力派国会议员的支持。约翰·A.加拉蒂(John A. Garraty)指出，洛奇正是通过其姻亲、一位海军少将认识了马汉，并受马汉的影响成为坚定的大海军派。[89]不过，这种海军至上主义运动并非没有阻力。海军的高官和学者指出,小海军主义者和其他反对者看不惯海军唯我独尊的样子,美国的行政和立法领导都担心海军的“普鲁士化”,并且出现恐惧英国情绪和厌倦战争的民众也担心强大后的美国海军会步德国后尘,与英国进行海军竞赛。[90]因此,海军至上主义运动虽然会掀起海军建设的热潮,影响国会制定海军建设政策,但是不会脱离控制。

为了更为有效地影响国会的政策制定,海军军官团联合海军利益集团成立院外集团,向国会施加压力。卡斯滕指出,美国海军的指挥军官和技术军官在 1890 年前后均成立了没有经过海军部部长批准的军官协会,其目的在于“影响立法”和“促进特定军官的利益”。[91]海军军官毕竟势单力薄。戈登·奥加拉(Gordon Carpenter O'Gara)和章骞均指出,为了增强对国会的影响,退役海军将领们联合退休的海军部部长、亲海军的国会议员和著名海军产业企业家等海军利益集团中的重量级人物,效仿英国、德国等海军强国于 1903 年成立了海军联盟(Navy League)。这个实力雄厚的院外集团不但全面宣传海军至上主义,而且打着“战舰比战争廉价”的旗号推动国会建设强大的海军力量。[92]虽然海军联盟无法直接参与海军建设政策制定,也没有英国和德国的海军联盟发挥的作用大,但是其影响力仍然不容低估。一些研究指出,这是因为其高级将领和政治家成员熟悉海军管理和国会的运作,且有企业界雄厚的经济实力支持。因此,豪沃思和佩迪希奇认为,海军联盟不仅能够推动国会建设大海军,还能影响国会选举。[93]除此之外,海军联盟虽不在海军政军关系的体系之内,但由于与海军的密切联系,熟悉海军建设中的阻力,它总是能够及时且恰到好处地抨击国会甚至海军部的消极海军建设政策,并通过塑造舆论对国会施压。

可见,海军军官团与国会的联系是密切的。在美国海军崛起的过程中,虽然海军与国会交往的官方途径几乎被总统和海军部部长垄断,但是海军军官团利用军事顾问的身份和出席听证会的便利,仍然有机会表达真实的意见。让行政领导及小海军派议员十分反感的海军军官与国会议员的隐晦却有力的私人联系也是海军军官与国会进行沟通的重要渠道。海军军官不仅利用官方、私人、正规和违规的一切方式争取国会支持海军建设,还发起海军至上主义运动并成立海军院外集团,调动社会力量向国会进行施压。总之，一般情况下，海军军官在海军政策制定过程中会对国会施加尽可能大的影响力，推动后者制定积极的海军建设政策。

综上所述，美国海军崛起的原因、美国海军政策的制定和军官团争取国会的支持等相关研究均存在不足之处。国际海权竞争、维护美国海外利益的需要和海军强国对美国的威胁、美国海军过于落后和应对假想敌威胁的战备需要等因素并非贯穿于美国海军崛起的整个过程。海军观念的变化、海军利益集团和关键人物的作用也并非一直持续、有效地对美国海军的崛起产生影响。只有美国海军对付外部威胁的海军建设因素才是美国海军崛起过程中的持久性因素，并始终作用于海军建设的历史过程，其他因素只起到阶段性作用。在海军建设政策方面，虽然美国海军建设的参与者和制定者，如海军军官团和政府的行政和立法部门及其文官领导，都在海军建设过程中持不同立场、起不同的重要作用，但是只有始终参与海军建设全过程的海军军官团和国会的海军事务专门委员会及其资深成员才起着关键性作用。既有研究并没有明确揭示这一点。此外，既有研究侧重于强调总统和海军部部长在海军建设中的作用，也没有系统地考察海军军官团和国会及议员的密切联系和复杂的利益关系。在既有成果的基础上，克服以上不足不但有助于提出关于美国海军崛起的新解释，而且也有助于揭示海军军官团与文官领导互动的基本模式。

总之，海军战争的变化、美国海军的崛起主要是美国海军政策制定者基于运用海军力量的需要，针对外部威胁预设假想敌，进而制定海军建设政策的结果。信奉海军至上主义的海军军官团出于职业发展考虑和对海军荣誉的追求会联合行政领导，调动一切力量，通过各种直接和间接途径推动国会持续制定积极进取的海军建设政策。需要指出的是，海军军官团是海军建设的发起者，国会制定美国的海军建设政策，海军行政领导需要在海军军官团的协助下制定海军力量运用政策、提出海军建设需求。也就是说，行政部门在美国海军建设过程中更多发挥海军军官团与国会的主要沟通者的作用。本书将在这些研究成果的基础上，重点分析美国海军军官团的演变、海军军官团和国会在既定海军政军关系框架下的互动，并辅助性考察海军行政领导的作用及其与军官团和国会的密切互动，研究美国海军崛起的历史过程，为为何在1882—1922年的40年间美国海军军官团能够推动政府建设海军、为何美国海军建设是适度的，以及为何美国海军能够实现崛起等相关问题提供新答案。

第三节　研究设想

通过将外部威胁预设为假想敌推动海军建设是美国海军军政精英共同参与的政治过程。在这个政治过程中，海军军官团受到行政和立法部门的双重领导。其中，海军军官团是美国海军的实际管理者和指挥者，总统及海军部部长负责制定海军运用政策，在海军军官的协助下提出海军建设需求，国会负责海军建设政策的制定。虽然海军军政精英基于不同的立场和利益参与海军建设，但是对付假想敌既是他们的共同目标，也是推动美国海军建设的主要动力。本书将主要依据政军关系理论提出研究设想，为解释美国海军在1882—1922年间的崛起提供基本分析框架。

一、理论基础

本书的理论基础是政军关系理论。政军关系广义上是指关于社会上一般大众和武装力量成员之间相互所持的态度和行为；狭义上是指武装力量和依法建立的国家公共权威之间的从属关系。[94]要解释美国海军军官团争取国会对建设海军的支持，就要理解军队、政府和社会三者之间的关系，其重点又在于分析海军军官团与国会之间的直接和间接的复杂互动。因此，政军关系理论为本书解释美国海军军官团如何能够持续赢得国会的有限支持、初步实现海军崛起提供了恰当的理论基础。

一般来说，西方政军关系的分析框架包括文官统制(civilian control)、军事效能(military effectiveness)和安全机构的效率(the efficiency of the security institution，本书特指美国海军)三个基本要素。[95]第一，民主的文官政府统制军队。从事暴力管理工作的军官团是军队的支柱。政军关系的首要焦点是军官团与国家的关系。[96]文官统制是民主国家赖以维持政治体制的根本。因而,文官统制军队,军人服从文官政府领导。这既是美国政军关系的首要原则,也是美国海军军官团必须遵守的基本行为准则。第二,军队履行职责的效能。国家维持常备军的目的主要是维护国家安全和社会秩序。[97]在文官统制的前提下,军官团的主要工作就是确保军队能够履行法定职责。不过,美国海军的主要职责是维护对外权益和保卫国家安全,其维持社会秩序的职能较弱。因而,本书研究美国海军履行主要职责的效能,尤其是军事效能。[98]

第三,军队的效率,即军队以最低成本履行职责和完成任务。这主要指军事效率(military efficiency)。文官政府既不希望军队会强大到威胁基本政治制度和政治稳定,也不希望军事建设成为巨大的财政负担,低成本维持适当规模的常备军就成为政府通常采取的军事建设政策。文官统制、效能和效率三要素相互依赖,但是却很难同时兼顾。[99]一般而言,在西方民主国家的政军关系中,文官政府坚定捍卫文官统制军队的权威地位,军官团则要求政府增加对军队的关注和投入,以提高军事效能。因此,维持良好的政军关系往往需要文官政府和军官团经过博弈实现折中和平衡。作为关于美国海军建设的研究,本书将根据研究需要和实际情况,研究美国政府建设海军的效率。美国海军军官团要求扩建海军,也是要求美国政府关注美国海军发展,并加大公共资源投入。这在本质上也是要求提高美国海军的军事效能。本书要探究的海军效率主要是指海军以耗费较少资金、资源的方式提高军事效能。这就意味着海军建设一方面要减少耗费公共资源,另一方面要保证海军履行国家安全职责。因此,海军军官团需要在既有政军关系的框架下与文官政府尤其是控制预算的国会努力实现并维持文官统制、海军军事效能和建设效率三者之间的平衡。

相较于行政部门管理和指挥海军,国会是美国海军的组织者、赞助者和监督者。美国宪法虽然规定总统为陆海军总司令,但是国会负责"提供合众国共同防御",并"募集和供养陆军""配备和保持海军"。[100]按照美国宪法,虽然总统是海陆军总司令,与国会共同统制军队,但是国会在军事建设方面起着更为关键的作用。这是因为国会统制军队,拥有垄断性的权力优势。国会通过预算权、规范军队和人事任命确认统制军队。[101]这三项权力均是垄断性权力。由于国会被排除在美国军队指挥体系之外,这些权力既是国会作为军队赞助人和监督者的主要体现,也是国会统制军队的主要方式。其中,预算权更是对美国海军发展起着决定性作用。作为一项关于美国海军建设过程的研究,本书主要考察国会在海军军官团与行政部门的参与下如何行使预算权力,并结合考察其在规范军队和人事确认等权力的运用情况。

国会奉行统制军队优先,兼顾效能和效率的原则。有能力保卫国家安全的军队也足以颠覆政权。面对掌握暴力的军队及其军官团,国会更是通过制定军规、预算授权、军官选拔、批准任命以及各种审查和调查进行全方位控制,以防军队"出轨"。尤其是,一些国会议员更是典型地反对军费开销,认为发展军事是错误的。[102]因此,在国家安全面临严重威胁时会加强军备,提高军队效能,但是威胁一旦消失,便着手裁军。出于军事效率考虑,国会也一向对海军建设持保守态度。国会一直希望能够投入较少的公共资源,提高海军的军事效能。因而,国会总是面临海军军官团要求国会增加预算的压力。具体来说,国会一直在追求海军军事效能与海军建设效率之间的平衡。国会在海军建设方面的决定性作用及其对海军的保守态度使得海军军官团在持续争取国会投入大量资源建设海军的问题上困难重重。

海军军官团服从国会对军队的统制,并努力寻求国会支持建设军队。第一,海军军官团以文官统制军队为职业伦理。在文官的全面监管下,军官团形成了服从文官统制,甚至对政治持淡漠态度的传统。虽然美国陆海军都遵从忠诚于文官政府的基本伦理,但是海军通常是国家安全的第一道防线,在一定程度上也是美国外交政策的执行者。因此,海军军官以顾问的身份更积极地从专业角度向文官领导提出专业意见。这也为海军军官团影响美国海军建设政策创造了条件。第二,海军军官团在专业领域内提升军队的效能符合国会的预期。军官团虽然必须服从文官政府统制,保持政治中立,但是在军事专业领域却享有相当高的自主性。军官团秉持军事专业主义,致力于提升军队履行职责的效能。[103]文官政府也要尊重军官团的专业自主性。而正是在稳定和压抑的政军关系结构下,美国海军军官团不断实现自我迭代和海军建设理念更新，提升美国海军的军事效能，符合国会对美国海军发展的预期。

更为重要的是，海军军官团积极利用一切契机，主动寻求国会加大对海军建设的投入。虽然美国国会和总统共同统制军队，但是立法和行政部门的利益和立场不尽一致。不同的文官政府部门争夺统制军队的权力，均有可能争取到军官团的支持，这为海军军官团争取更多军事开支和更大的自主性提供了契机。[104]事实上，美国海军军官团也经常利用文官体系的不一致性谋取政府的更多关注，增加军费投入。由于海军军官团与负责制定海军运用政策的总统和海军部部长在提高海军军事效能方面更为一致，海军军官团经常联合行政领导，争取负责"配备和维持海军"的国会投入公共资源支持美国海军建设。不过，虽然把握海军军官团与国会的关系是解释美国海军崛起的关键所在，但是国会内部对海军军官团、海军的军事效能和海军建设的效率一直有不同观点，并且在海军建设问题上利益博弈激烈，因此，美国的海军建设政策也是在海军军官团的推动下，国会中的大海军派和小海军派立场和利益平衡的结果。

二、主要推论

综上所述，美国海军建设是美国海军军政精英为应对外部威胁而进行的战争准备活动。美国的外部威胁既来自海权竞争时代列强海军现代化造成的压力，也由于海外利益扩张增加了美国与其他大国发生冲突的可能性。在这种情况下，作为国际性军种，美国海军在面对外部威胁方面首当其冲。美国海军军官团是海军的实际指挥者和管理者，直接面对外部威胁，一直在更新海军理念，推动建设强大海军。以产业利益为纽带的海军利益集团和支持美国海军发展的关键人物也在努力推动海军建设。在内外因素的共同作用下，美国海军发展壮大，最终实现了崛起。不过，无论如何，这些因素只有直接作用于美国海军建设政策的制定过程，才能显著推动美国政府支持海军建设。

美国海军建设政策的制定是由美国海军军政部门共同参与的政治过程。作为其中的关键，海军军官团与国会的系统性复杂互动也是在大体稳定的美国海军政军关系框架下进行的。根据政军关系理论的一般论述,美国的政军关系模式较为成熟和稳定。文官政府独享并坚决捍卫统制军队的权力,注重军事建设的效率。具体来说,海军的行政领导更为注重军事效能,国会更为注重建设的效率。海军军官团服从文官政府领导,必须在职责范围之内提升军队的效能,不过,也面临一定的效率压力。因此,在双重文官领导的政军关系下,美国海军军官团及行政领导和国会围绕海军建设进行激烈博弈,以努力实现并保持军事效能和军事建设的效率之间的平衡。

本书在对美国海军崛起的既有认识和政军关系理论揭示的共同规律的基础上,提出以下解释美国海军建设的推论:

推论一:应对外部威胁是美国海军的基本职能。海军军官团协助行政领导预设假想敌。针对主要假想敌的战争计划规定美国海军建设的基本要求。

海军军官团协助海军部部长和总统根据外部对手的实力和威胁程度预设假想敌。保护对外权益和维护国家安全是美国海军担负的基本使命。然而,美国政府为了避免引起外交争端,从不公开宣布假想敌。因此,具体指挥和管理美国海军的军官只能评估外部威胁,按照马汉的海军学说原则制定针对不同外部对手的战争计划,即这些国家均为美国海军的假想敌。然后,他们协助海军部部长和总统等行政领导基于对手的实力和威胁的程度,确认针对最具威胁的国家的战争计划,将这些国家确立为主要假想敌。美国可能同时有多个假想敌,应对不同假想敌对海军军事效能也有不同需求。美国的海军力量和海军建设资源有限,这些需求可能是相互冲突的。然而,由于主要假想敌的威胁最大,其对美国海军军事效能的需求为基本需求。针对次要假想敌的需求一般低于和服从于针对主要假想敌的军事效能需求。如果应对次要假想敌的军事效能需求与对付主要假想敌的需求冲突且难以协调,美国将暂缓军事回应,甚至暂时牺牲利益。

针对主要假想敌的战争计划指导行政部门在海军军官团的协助下提出美国海军建设的要求。海军的行政领导认可的针对主要假想敌的战争计划确定了海军的基本军事效能需求,也指明了海军建设的方向。海军军官按照这一战争计划制定海军建设方案,并协助海军部长和总统向国会提出海军建设要求。战争计划会根据主要假想敌的威胁状况和实力增长进行调整和更新。尤其是,假想敌主次顺序的变化将促使海军制定并执行不同的战争计划,海军的建设方向也会随之发生变化。于是,美国海军军官团通过行政领导不断提出新的海军建设需求。行政部门提出的海军建设要求是国会制定海军建设政策、投入公共资源的主要依据。一般来说,文官领导愿意依据针对主要假想敌的战争计划投入资源,以确保美国海军力量足以遂行安全任务。不过,当主要假想敌明显弱于美国海军时,总统和国会将反对海军建设。

推论二:为了海军事业和职业前途,海军军官团要求国会建设强大的海军力量。海军的行政领导与海军利益集团在海军建设方面与海军军官有一致诉求。海军军官会联合行政部门和日益壮大的海军利益集团推动国会持续制定积极的海军建设政策。

海军军官团是推动海军建设的骨干力量。海军军官团以海军为业,是推动海军建设的最坚定力量。一方面,作为职业军官,海军军官团有责任确保美国海军的军事效能足以应对外部威胁,保护美国的对外利益和确保国家安全;另一方面,海军军官几乎终生服务于海军,也希望通过海军的发展实现个人军衔、职务和待遇上的提升。此外,美国海军的强大也会使海军军官得到国际同行的认可,受到国内公众的尊重。不过,不同年代的海军军官(指挥军官与技术军官)对海军建设的理念和在海军建设中的利益诉求不同。美国海军军官团既需要在争论中寻求共识,也需要在斗争中进行合作。只有这样,他们才能团结一致,共同推动海军建设。海军军官团是通过新老军官的代际更迭和指挥与技术军官的融合最终形成合力的。

海军的行政领导与海军利益集团同海军军官团一起推动国会支持海军建设。首先,以总统为首的行政部门希望提高海军的军事效能。总统是海军总司令,负责制定海军运用政策,希望建设足以遂行战争任务的海军力量。海军部长既是总统在海军的代表,也是海军建设的第一责任人。无论是出于维护海军部利益,还是贯彻总统意志的考虑,他一般都希望建设强大的海军力量。此外,国务院也希望海军成为支持外交政策的有力工具。因此,行政部门愿意在海军军官团的协助下建设海军力量。其次,海军利益集团要求美国政府制定积极的海军建设政策。美国的公立和私营造船厂、修船厂、钢铁厂和其他岸上设施组成的海军利益集团,出于经济利益考虑,要求政府不断扩充海军。它们不仅支持海军军官团建设海军的诉求,通过在国会的代言人推动制定有利的海军建设政策,而且不断向海军部和国会施压,要求它们持续推进海军建设。

推论三:国会具有联邦立法机构和地方代表集合体的双重性。支持建设强大海军的大海军派和反对建设强大海军的小海军派都是国会中的重要力量。国会制定的海军建设政策是国会内外立场和利益平衡的产物。

作为联邦立法机构,国会在确保文官统军的前提下,秉持军事效能和海军建设的效率适度平衡的原则制定海军建设政策。当美国国家安全和对外利益没有受到严重威胁的情况下,海军的军事效能被忽略,国会停止支持海军建设,甚至裁汰海军。当美国的国家安全面临威胁、对外利益需要保护时,国会要求扩建海军,提高海军的军事效能。但是,国会注重以低成本适度建设海军力量,倾向于制定保守的海军建设政策。鉴于美国政府有抑制军队发展的传统,海军军官团激进的海军建设需求和行政部门提交的大规模海军建设要求都很难轻易得到国会支持。因此,海军军官团和行政领导需要将海军建设要求转变为针对主要假想敌的必要的战争准备需求。即便如此,注重海军建设成本和效果的国会不仅要求美国海军高效地提高军事效能,也防范其追求过剩的军事效能。

国会中的大海军派和小海军派议员不仅是联邦立法者,还是地方利益的代表。国会议员的胜选和连任依赖选区支持。国会议员对海军建设有自己的态度,但同时也代表一定的利益集团或者地方的利益。因此,大海军派议员和小海军派议员关于海军建设政策博弈的实质是他们各自所代表的以海军军官团为核心的海军利益集团和与海军关联不大或者可能受发展海军的负面影响的利益集团及地方之间的博弈。国会制定的海军建设政策要兼顾大海军派和小海军派两种力量的立场和利益,倾向于维持平衡、适度发展海军。此外,国会中议员的构成和立场也随着美国社会发展而变化,大海军派和小海军派均无法长期在制定海军建设政策的国会中占主导地位。虽然这可能会致使海军建设政策经常面临剧烈调整，但是也使得极端失衡的海军建设政策会得到纠正。

三、研究方法

本书主要采用定性研究方法，通过过程追踪来研究美国海军崛起，验证以上推论。作为一项历史解释性研究，本书不是要检验理论，而是考察理论所揭示的共同规律在历史过程和历史事件中的作用。[105]本书是定性案例研究，旨在解释1882—1922年美国海军崛起的历史过程，揭示美国海军适度发展的机制。其他小样本（Small-N）案例研究方法适用于跨案例确定自变量，即初始要素（X）与结果（Y）的因果联系，过程追踪更适合通过单一案例内的推论探究初始要素与结果之间的因果机制。[106]过程追踪方法的这一优势更契合探索美国海军崛起的内在机制，尤其是可能的因果机制的研究主题，因而也是本书的主要研究方法。本书将追踪美国建设海军的历史，揭示海军军官团谋求扩建海军与国会持续支持海军建设之间具体的内在机制。此外，作为一种基本的定性研究方法，对于描述政治和社会现象、评估因果关系，过程追踪都是合适的工具。本书将根据政军关系的共同规律和对美国海军崛起历程的初步认识，提出解释美国海军军官和国会互动关系的描述性推论，并力求实现理论逻辑与历史事实的统一。

历史发展过程一般是系统效应的产物。[107]历史发展的系统效应不缺乏规律性，只是要素间的相互联系和作用并非线性的，即历史过程中的规律不仅仅是因果规律。为了贴合历史地解释美国海军军官团与国会的相互作用，避免简单化思维，本书的研究设想也采用既长于分析因果机制也适用于研究系统效应的过程追踪研究方法。结合研究主题，解释结果（Explaning-Outcome）过程追踪有两种各具优劣性但却是互补的研究路径，分别为理论层面的演绎路径和经验与具体案例层面的归纳路径。[108]第一种路径是用案例的具体事实验证从理论演绎得出的解释性的因果推论。从理论性的因果机制演绎出具体的解释性推论，然后反复接受案例的事实检验，直到结果得到充分解释。第二种路径是用理论的规律验证由归纳案例事实而来的描述性推论。归纳丰富的案例事实,得出若干描述性的推论,然后反复接受理论的逻辑检验,直到历史事实逻辑自洽。[109]本书不是理论构建或者理论检验性研究,而是理论应用的历史解释性研究。具体地,由于美国海军的政军关系结构较为稳定,政军关系理论研究也相当成熟,因此,本书试图通过由理论演绎得来的解释性推论分析美国海军建设的历史,并通过案例比较实现理论与事实的检验和统一。

除了过程追踪研究方法外,本书还将采用受控比较和相符性程序的跨案例研究方法。[110]过程追踪对于解释历史进程有明显优势,但是也可能存在过于关注细节导致因果步骤退化和通过少量甚至单一案例研究多变量的批评。[111]虽然本书旨在揭示系统效应,非因果机制的研究也有必要通过跨案例研究强化初始要素与结果之间的因果性联系,修正过程追踪可能出现的偏差。本书依据海军建设目标,将美国海军的崛起过程分为重建海军(1882—1893)、建设新海军(1893—1901)、建设次等海军(1901—1913)和建设头等海军(1913—1922)等四个阶段。这四个阶段整体上构成美国海军崛起的单一历史过程案例,分别也是各具显著性的历史阶段案例。这既可以通过跨案例研究强化海军军官团的努力与国会制定海军建设政策之间的因果性关联,尤其是凸显国会对海军军官团的制约作用,也在整体研究上符合过程追踪的时间维度分析,以便较有说服力地解释美国海军崛起的历史过程。

本书还将运用实证主义历史研究方法分析大量的历史资料。本书既是历史解释性研究,也是政军关系理论的应用性案例研究。社会科学理论要对研究问题的答案作出合理而且准确的猜测,也要提供可以证明答案正确性的相关证据。[112]政军关系理论提供了解释美国海军崛起过程中军官团与国会互动的一般推论,但是从理论得出的解释性推论则需要充足的历史事实和材料的支撑和验证。这样,理论性的历史解释才能实现理论和历史的统一。过程追踪在描述性历史研究上很有优势,但是这一方法本质上是对历史变化和因果关联进行轨迹性描述,如果在具体环节上的描述不足,过程追踪分析就会出现偏颇。[113]为了使推论得到事实支持、满足过程追踪的事件连续性,即为证明答案的正确性提供充足的历史证据,本书将运用实证主义历史研究思维和方法分析大量的档案、传记和回忆录等一手和原始文献。[114]这有助于以历史材料为基础，验证美国海军军官团的行为与国会制定海军建设政策的内在关系，揭示其内在机制。

本书的文献和研究资料主要包括以下几类。第一，研究主题相关领域的研究成果，比如，美国海军史、政军关系和美国国会研究的成果。第二，政府其他机构的权威文献、档案和相关数据库，主要包括但是不限于白宫、国会、海军部、海军学院和海军战争学院等官方机构的一手文献档案和当时的新闻报道等其他资料。[115]第三，美国海军军官、海军部文官领导、总统和国会议员的自传、回忆录、文稿和非虚构传记。其中，美国海军军官团的代表人物乔治·杜威、马汉和威廉·索登·西姆斯(William Sowden Sims)等人及西奥多·罗斯福和亨利·卡伯特·洛奇等亲海军重量级人物的文稿和纪实性著述对于研究美国海军历史具有较高的史料价值。第四，社会学、经济学等其他学科的相关记述，以及与研究主题相关的文学作品。这些资料虽然难以直接服务于研究目的，但是对于理解美国海军崛起的背景和有史料缺憾的历史细节亦有助益。

第四节 结构安排

除本章外，本书将分六章展开。第二章是本书的理论框架。在这一章，本书将根据上述主要解释性推论，提出美国海军军官团争取国会支持建设海军的互动模式。这个分析海军军官团与国会之间相互作用的模式将呈现海军运用政策与建设政策相统一、海军军事效能和建设效率动态平衡等美国海军建设的特点和原则，为解释美国海军崛起提供分析框架。第三章至第五章则是根据本书提出的军官团与国会的互动模式所进行的历史解释。

第三章分析美国重建海军(1882—1893)的原因。认为美国海军军官团强烈要求重建海军是因为海军长期受到忽视、陈旧无用，海军军官团的职业生涯暗淡。海军军官迫切要求改变现状。同时，国际形势的变化要求美国海军切实维护国家安全和对外权益，军事效能低下的美国海军却难以满足这一需求。于是，国会开始重视并支持海军军官团重建海军的要求。但是,在这一时期,海军重建没有明确目标,海军建设思想混乱,海军建设效率低下。不过,美国海军基本实现了海军重建的目标,其进一步建设方向需要根据海军提升军事效能的目标和海军军官团迭代情况进行设定。

第四章主要分析美国建设新海军(1893—1901)的原因。基本完成迭代的美国海军军官团统一了建设新海军的海军建设理念。建设新海军主要是指使美国海军在技术、战法、管理和理念等方面都符合世界海军发展的新潮流,尤其是建设世界一流的主力战舰。经过不到10年的建设,美国基本上跻身世界海军强国行列。美国海军在第一次委内瑞拉危机和美西战争中的表现表明,虽然海军的军事效能得到显著提升,但是美国海军建设应该有更为明确的目标。国会在美国海军建设方向上也出现了分裂,这影响了美国提高海军军事效能的效率。

第五章分析美国建设次等海军(1901—1913)的原因。美国赶上世界海军建设潮流后,直接面临日本和德国在太平洋和大西洋方向造成的海上威胁。同时,面对各海军强国掀起的海军建设狂潮,美国海军军官团也就美国海军建设的重点进行辩论,海军内部最终形成建设以无畏舰为主力舰的大炮巨舰建设政策的共识。同时,在海军军官团的推动下,一直努力平衡海军军事效能和建设效率的国会确立了建设仅次于英国(the Second to Britain)的次等海军建设目标。这样,不但英美亲近关系不受影响,美国海军力量也足以保护美国的安全和对外利益。不过,民主党占据主导地位的国会反对继续进行海军建设。

第六章分析美国建设头等海军的原因(1913—1922)。威廉德国在欧洲取得胜利的可能性增大后,迫切要求海军提高军事效能的威尔逊总统不再抑制海军军官团要求加速海军建设的呼声,转而提出建设头等海军的目标。面对美国可能随时会卷入战争的危险,国会也几乎全盘接受了海军军官团的海军建设要求。然而,这也激发了小海军派议员和美国社会的反海军情绪。一战后,海军军官团继续要求扩建海军。这最终招致国会的强烈反对。国会拒绝支持海军军官团提出的超过英国海军的建设目标,削减了海军的预算,并要求行政部门避免加入国际海军军备竞赛。军事效能过剩的美国海军因而避免了过度扩张。

在第七章即结论部分,本书将对美国海军建设的历史过程进行比较研究，探讨美国海军建设的特征、规律和内在机制，理论与历史相结合，回答研究问题并提出若干值得深入思考的启示。然后，本书将阐述这项研究的不足、创新之处和未来有待开展的研究。

注释

1. “黑暗年代”是指美国海军在南北战争结束后的发展停滞期。学术界虽然对美国海军走出“黑暗年代”的时间存在争议，如 1890 年还是 1898 年，但是一般认为 1865—1882 年为“黑暗年代”的最黑暗时期。Benjamin L. Apt, Mahan's Forebears, "The Debate over Maritime Strategy, 1868—1883," *Naval War College Review*, 1997, Vol.50, No.3, p.89；[美]斯蒂芬·豪沃思：《驶向阳光灿烂的大海：美国海军史（1775—1991）》，王启明译，北京：世界知识出版社 1997 年版，第 258—259 页。

2. Jacques Van Doorn, "The Officer Corps: A Fusion of Profession and Organization," *European Journal of Sociology*, Vol.6, No.2, 1965, pp.263—264.

3. [美]塞缪尔·亨廷顿：《军人与国家：政军关系的理论与政治》，李晟译，北京：中国政法大学出版社 2017 年版，第 10—16 页。

4. 本书在广义上使用“政府”一词，美国政府亦包括立法、行政和司法等三部门。若涉及政府的具体分支，本书会使用“立法”“行政”等进行标明和区分。

5. Robert G. Albion, "The Administration of the Navy, 1798—1945," *Public Administration Review*, Vol.5, No.4, 1945, p.296.

6. Robert Greenhalgh Albion and Reed Rowena, *Makers of naval policy: 1798—1947*, Naval Institute Press, 1980 p.25.

7. Ibid., pp.25—27.

8. 解释美国海军崛起原因的代表性著述有：George T. Davis, *A Navy Second to None, The Development of Modern American Naval Policy*, New York: Harcourt, Brace and Company, 1940；Harold and Margaret Sprout, *Toward a New Order of Sea Power: American Naval Policy and The World Scene, 1918—1922*, Princeton: Princeton University Press, 1940；Mark Russell Shulman, *Navalism and the Emergence of American Sea Power: 1882—1893*, Annapolis: Naval Institute Press, 1995；Gordon Carpenter O'Gara, *Theodore Roosevelt and the Rise of the Modern Navy*, New York: Greenwood Press, 1943；Paul E. Pedisich, *Congress Buys a Navy: Politics, Economics, and the Rise of American Naval Power*, 1881—1921, Annapolis: Naval Institute Press, 2016；[美]哈罗德·斯普雷特、[美]玛格丽特·斯普雷特：《美国海军的崛起》，王忠奎、曹菁译，上海：上海交通大学出版社 2015 年版；[美]亨利·J. 亨德里克斯：《西奥多·罗斯福的海军外交——美国海军与美国世纪的诞生》，北京：海洋出版社 2015 年版等。

9. [意大利]贝奈戴托·克罗齐：《历史的理论与实际》，傅任敢译，北京：商务印书馆 1982 年版，第 2—4 页。

10. [美]斯蒂芬·范埃弗拉：《政治学研究方法指南》，陈琪译，北京大学出版社 2006 年版，第 89 页。

11. Thomas C. Bruneau, "Impediments to the accurate conceptualization of civil-military relations," in Thomas C. Bruneau and Florina Cristiana Matei, *The Routledge Handbook of Civil-Military Relations*, London & New York: Routledge, 2013,

pp.14—15.

12. 美国海军建军先于美国建国。1775 年 10 月 13 日,大陆会议通过决议购买 2 艘舰船武装对抗英国海军,这标志着美国海军建军。这一天后来被定为美国海军的成立日。"Journal of the Continental Congress, 13 October 1775," in William Bell Clark, ed. *Naval Documents of the American Revolution*, Vol.2, Washington, D.C.: Government Printing Office, 1966, p.442.

13. 参见 J. A. Hobson, *Imperialism: A Study*, New York: Cosimo, Inc., 2005, pp.6—13;Emir Yener, *From the Sail to the Steam, Naval Modernization in the Ottoman, Russian, Chinese and Japanese Empires 1830—1905*, Saarbrucken: Lambert Academic Publishing, 2010, Introduction; Lawren Sondhaus, *Naval Warfare, 1815—1914*, London: Routledge, 2001, pp.139—152。

14. [英]保罗·肯尼迪:《英国海上主导权的兴衰》,沈志雄译,北京:人民出版社 2014 年版,第 192—193 页。

15. 梅然:《德意志帝国的大战略》,北京:北京大学出版社 2016 年版,第 340—348、356—358 页;徐弃郁:《脆弱的崛起:大战略与德意志帝国的命运》,北京:新华出版社 2014 年版,第 229—255 页;Robert K. Massi, *Dreadnought: Britain, Germany, and the Coming of the Great War*, New York: Random Housem, 1991, Introduction。

16. Lisle A. Rose, *The Age of Navalism, 1890—1918*, Columbia: University of Missouri Press, 2007, Preface; Dirk Bönker, "Admiration, Enmity and Cooperation: U.S. Navalism and the British and German Empires before the Great War," *Journal of Colonialism and Colonial History*, Vol.2, No.1, 2001.

17. 美国虽然一度成为英国"两强标准"的参考目标之一,但是在英美和解的大背景下,德国才是英国海军建设的针对目标。Phillips O. Brien, *British and American Naval Power: Politics and Policy, 1900—1936*, Santa Barbara: ABC-CLIO, 1998, pp.38—40.

18. [美]艾·塞·马汉:《海军战略》,蔡鸿翰、田常吉译,北京:商务印书馆 2017 年版,第 417—418 页。

19. [美]斯蒂芬·豪沃思:《驶向阳光灿烂的大海:美国海军史(1775—1991)》,第 259 页。

20. George T. Davis, *A Navy Second to None, The Development of Modern American Naval Policy*, pp.28—29, 32;王华:《萨摩亚争端与大国外交:1871—1900》,北京:中国社会科学出版社 2008 年版,第 121—123 页。

21. A. T. Mahan, "The United States Looking Outward," *The Atlantic Monthly*, Vol.66, No.12, 1890, pp.817—823; Paolo E. Coletta, *A Survey of U.S. Naval Affairs, 1865—1917*, Lanham: University Press of America, 1987, pp.188—191;[美]阿伦·米利特、彼得·马斯洛斯基和威廉·费斯:《美国军事史(1607—2012)》,张淑静等译,北京:解放军出版社 2014 年版,第 262—268 页。

22. [美]乔治·贝尔:《美国海权百年:1890—1990 年的美国海军》,吴征宇译,北京:人民出版社 2014 年版,第 5 页。

23. [美]斯蒂芬·豪沃思:《驶向阳光灿烂的大海:美国海军史(1775—1991)》,第 270—271 页。

24. George T. Davis, *A Navy Second to None, The Development of Modern American Naval Policy*, pp.27—33.

25. [美]乔治·贝尔:《美国海权百年:1890—1990 年的美国海军》,第 6—8 页。

26. J. A. S. Grenville, "Diplomacy and War Plans in the United States, 1890—1917," *Transactions of the Royal Historical Society*, Vol.11, 1961, p.17.

27. Mark Russell Shulman, *Navalism and the Emergence of American Sea Power: 1882—1893*, p.117.

28. [美]A.T.马汉:《海权对历史的影响:1660—1783》,张志云、卜德云译,北京:解放军出版社 1998 年版,第 106—114 页;[美]乔治·贝尔:《美国海权百年:1890—1990 年的美国海军》,第 7—10 页。

29. Peter Karsten, *The Naval Aristocracy: The Golden Age of Annapolis and the Emergence of Modern American Navalism*, Annapolis: Naval Institute Press, 2008, pp.345—345.

30. Ronald Spector, *Professors of War: The Naval War College and the Development of the Naval Profession*, Newport: Naval War College Press, 1977, pp.131—134.

31. 徐弃郁:《帝国定制:美国的 1890—1900》,桂林:广西师范大学出版社 2014 年版,第 39 页。

32. Laurence Wood Bartlett III, *Not Merely for Defense: The Creation of the New American Navy, 1865—1914*, Ph.D. dissertation, Texas Christian University, 2011, pp.42—57;[美]哈罗德·斯普雷特、[美]玛格丽特·斯普雷特:《美国海军的崛起》,第 152—153 页。

33. George T. Davis, *A Navy Second to None, The Development of Modern American Naval Policy*, pp.19—27.

34. Mark Russell Shulman, *Navalism and the Emergence of American Sea Power: 1882—1893*, pp.109—110.

35. Laurence Wood Bartlett Ⅲ, *Not Merely for Defense: The Creation of the New American Navy, 1865—1914*, p.1.

36. J. A. S. Grenville, "Diplomacy and War Plans in the United States, 1890—1917," pp.3—17.

37. Steven T. Ross, *American War Plans: 1890—1939*, Portland: Frank Cass, 2002, pp.30—31.

38. Raymond A. Esthus, *Theodore Roosevelt and the International Rivalries*, Waltham: Ginn-Blaisdell, A Xerox Company, 1970, pp.137—150; Roy Watson Curry, *Woodrow Wilson and Far Eastern policy, 1913—1921*, New York: Octagon Books. Inc., 1968, pp.131—156.

39. Peter Karsten, *The Naval Aristocracy: The Golden Age of Annapolis and the Emergence of Modern American Navalism*, pp.277—300.

40. W. D. Puleston, *Annapolis: Gangway to the Quarterdeck*, New York: D. Appleton-Century Company, 1943, pp. 117—127; William M. McBride, *Technological Change and the United States Navy, 1865—1945*, Baltimore: the John Hopkins University Press, 2000, pp.38—40.

41. Benjamin Franklin Cooling, *Gray Steel and Blue Water Navy: Formative Years of America's Military-industrial Complex, 1881—1917*, Hamden: Archon Books, 1979, pp. 10—13; George T. Davis, *A Navy Second to None, The Development of Modern American Naval Policy*, pp.45—48;[美]内森·米勒:《美国海军史》,卢如春译,北京:海洋出版社 1985 年版,第 166—168 页。

42. Paul E. Pedisich, *Congress Buys a Navy: Politics, Economics, and the Rise of American Naval Power*, 1881—1921, pp.100—101.

43. 如,Elting E. Morison, *Admiral Sims and the Modern American Navy*, Boston: Houghton Mifflin Company, 1942; Ronald Spector, Admiral of the New Empire, *The*

Life and Career of George Dewey, Columbia: University of South Carolina Press, 1974; Robert Greenhalgh Albion and Reed Rowena, *Makers of naval policy, 1798—1947*, pp.39—40。

44. [美]亨利·J.亨德里克斯:《西奥多·罗斯福的海军外交》,王小可、章放维、郝辰璞译,北京:海洋出版社 2015 年版,第 184 页。另,下文"罗斯福"均指西奥多·罗斯福。

45. Robert Greenhalgh Albion and Reed Rowena, *Makers of naval policy, 1798—1947*, pp.78—80.

46. Ibid., p.629.

47. 参见洪陆训、段复初主编:《军队与社会关系》,台北:时英出版社 2002 年版,第 21—25 页;[美]塞缪尔·亨廷顿:《军人与国家:政军关系的理论与政治》,第 234—326 页;Peter Karsten, *The Naval Aristocracy: The Golden Age of Annapolis and the Emergence of Modern American Navalism*, pp.194—203。

48. [美]塞缪尔·亨廷顿:《军人与国家:政军关系的理论与政治》,第 220—222 页;Robert G. Albion, "The Administration of the Navy, 1798—1945," pp.298—301。

49. 陈永:《假想敌与美国海军建设》,载《世界经济与政治》2017 年第 12 期,第 58 页。

50. Zahra Ahmadypour, Mohammad Reza Hafeznia and Reza Juneidi, "Representing Imaginary Enemy: A Geopolitical Discourse," *Geopolitics Quarterly*, Vol. 6, No. 4, 2010, pp.8—9.

51. Rodney Barker, *Making Enemies*, New York: Palgrave Macmillan, 2007, p.61.

52. Jonathan Steinberg, *Yesterday's Deterrent Tirpitz and the Birth of the German Battle Fleet*, New York: The Macmillan Company, 1965, p.19.

53. Keith T. Ressa, *U.S. vs. The World: America's Color Coded War Plans and the Evolution of Rainbow Five*, M.A. Dissertation, Liberty University, 2010, pp.3—7; Vincent Davis, *The Admirals Lobby*, Chapel Hill: University of North Carolina Press, 1967, p.113.

54. 吕德宏:《从思想到行动:美军战略研究》,北京:长征出版社 2012 年版,第 45 页;Steven T. Ross, *American War Plans: 1890—1939*, pp.59—60。

55. Ronald Spector, *Admiral of the New Empire: The Life and Career of George Dewey*, pp.126—128.

56. Ibid., pp.128—131; Ronald Spector, *Professors of War: The Naval War College and the Development of the Naval Profession*, pp.144—151;[美]乔治·贝尔:《美国海权百年:1890—1990 年的美国海军》,第 53—54 页。

57. 参见[美]斯蒂芬·豪沃思:《驶向阳光灿烂的大海:美国海军史(1775—1991)》,第 333—334 页;[美]乔治·贝尔:《美国海权百年:1890—1990 年的美国海军》,第 100 页。

58. 参见[美]亨利·J.亨德里克斯:《西奥多·罗斯福的海军外交》,第 190—208 页;William M. McBride, *Technological Change and the United States Navy, 1865—1945*, pp.21—35; A. T. Mahan, "The Naval War College," *The North American Review*, Vol.196, No.680, 1912, pp.72—84。

59. Colton C. Campbell and David P. Auerswald, eds., *Congress and Civil-Military Relations*, Washington, DC: Georgetown University Press, 2015, pp.1—2.

60. Robert Greenhalgh Albion and Reed Rowena, *Makers of naval policy, 1798—1947*, pp.23—46.

61. [美]哈罗德·斯普雷特、[美]玛格丽特·斯普雷特:《美国海军的崛起》,第 140—141 页;Kurt Hackember, *the U.S. Navy and the Origins of the Military-Indus-*

trial Complex, *1847—1883*, Annapolis: Naval Institute Press, 2001, pp.119—120.

62. [美]罗杰·H.戴维森等:《美国国会:代议制政治与议员行为》(第14版),刁大明译,北京:社会科学文献出版社2016年版,第6、138—139页。

63. George T. Davis, *A Navy Second to None*, *The Development of Modern American Naval Policy*, p.393;[美]哈罗德·斯普雷特、[美]玛格丽特·斯普雷特:《美国海军的崛起》,第5页;Robert Greenhalgh Albion and Reed Rowena, *Makers of naval policy*, *1798—1947*, p.35。

64. Robert Greenhalgh Albion, "The Naval Affairs Committees, 1816—1947," *U.S Naval Institute Proceedings*, Vol.78, No.11, 1952, pp.1230—1233.

65. 两院海军事务委员会和拨款委员会的资深议员经常互相兼任。Carl H. Schmidt, "The Navy: Its Contact with Congress," *U.S Naval Institute Proceedings*, Vol. 59, No.2, 1933, pp.241—243.

66. 关于国会中小海军派的研究,参见George T. Davis, *A Navy Second to None*, *The Development of Modern American Naval Policy*, pp. 83, 108—109; William S. Peterson, "Congressional Politics: Building the New Navy 1876—1886," *Armed Force and Society*, Vol.14, No.4, 1988, pp.503—504; Arthur A. Ekirch Jr., *The Civilian and the Military*: *A History of the American Anti-Militarist Tradition*, Oakland: Independent Institute, 2010, pp.131—132。

67. Robert Greenhalgh Albion and Reed Rowena, *Makers of naval policy*, *1798—1947*, p.36; Paul E. Pedisich, *Congress Buys a Navy*: *Politics*, *Economics*, *and the Rise of American Naval Power*, *1881—1921*, pp.171, 202.

68. 关于宪法将控制军队的权力分置于政府的立法和行政分支及由此引起的双重领导争夺控制军队权力的研究,参见刘永涛:《美国国会和总统的关系》,上海:上海人民出版社2010年版,第11—13页;高民政等:《军事政治学导论》,北京:时事出版社2010年版,第59页;[美]塞缪尔·亨廷顿:《军人与国家:政军关系的理论与政治》,第220—222页;Colton C. Campbell and David P. Auerswald, eds., *Congress and Civil-Military Relations*, pp.2—6, 17—18。

69. Paul E. Pedisich, *Congress Buys a Navy*: *Politics*, *Economics*, *and the Rise of American Naval Power*, *1881—1921*, p.202; Benjamin Franklin Cooling, *Gray Steel and Blue Water Navy*. *Formative Years of America's Military-industrial Complex*, *1881—1917*, pp.195—196.

70. 沃克的叔叔是爱荷华州的参议员,妹夫是参议院拨款委员会主席,密友是参议院海军事务委员会主席。Paul E. Pedisich, *Congress Buys a Navy*: *Politics*, *Economics*, *and the Rise of American Naval Power*, *1881—1921*, p.30.

71. 由于这种顾问身份过于模糊,军官们的"专业建议"一直是政军隔阂的重要问题,也是政军关系研究的重点。参见[美]塞缪尔·亨廷顿:《军人与国家:政军关系的理论与政治》,第64、233页;Peter D. Feaver and Richard H. Kohn, eds., *Soldiers and Civilians*: *The Civil-Military Gap and American National Security*, Cambridge: MIT Press, 2001, pp. 416—418; Mackubin Thomas Owens, *US Civil-Military Relations after 911*: *Renegotiating the Civil-Military Bargain*, New York: The Continuum International Publishing Group, 2011, pp. 31—32, 62—80; Suzanne C. Nielsen and Don M. Snider, *American Civil-Military Relations*: *The Soldier and the State in a New Era*, Baltimore: The Johns Hopkins University Press, 2009。

72. John T. Kuehn, *America's First General Staff*: *A Short History of the Rise and Fall of the General Board of the U.S. Navy*, *1900—1950*, Annapolis: Naval Insti-

tute Press, 2017, pp.9—32; Robert Greenhalgh Albion and Reed Rowena, *Makers of naval policy, 1798—1947*, pp.68—69.

73. 总统仅掌握10名军人子女的推荐入学权。Peter Karsten, The *Naval Aristocracy: The Golden Age of Annapolis and the Emergence of Modern American Navalism*, p.5.

74. Ibid., pp.203—213; Mark Russell Shulman, *Navalism and the Emergence of American Sea Power, 1882—1893*, pp.110—116.

75. Donald Chisholm, *Waiting for Dead Men's Shoes: Origins and Development of the U.S. Navy's Officer Personnel System, 1793—1941*, Stanford: Stanford University Press, 2001, pp.319—320;[美]塞缪尔・亨廷顿:《军人与国家:政军关系的理论与政治》,第230—231页。

76. Peter Karsten, The *Naval Aristocracy: The Golden Age of Annapolis and the Emergence of Modern American Navalism*, pp. 287—288; Vincent Davis, *The Admirals Lobby*, pp.17—23.

77. Peter Karsten, The *Naval Aristocracy: The Golden Age of Annapolis and the Emergence of Modern American Navalism*, pp.362—379; Timothy S. Wolters, "Recapitalizing the Fleet: A Material Analysis of Late-Nineteenth-Century U.S. Naval Power," *Technology and Culture*, Vol.52, No.1, 2011, pp.110—118.

78. Kurt Hackemer, *The U.S. Navy and the Origins of the Military-Industrial Complex: 1847—1883*, 2001, p.37; Robert Greenhalgh Albion and Reed Rowena, *Makers of naval policy, 1798—1947*, pp.140—142.

79. Robert Greenhalgh Albion, "The Naval Affairs Committees, 1816—1947," pp.1235—1236.

80. Mark Russell Shulman, *Navalism and the Emergence of American Sea Power: 1882—1893*, pp.103—104.

81. Robert G. Albion, "The Administration of the Navy, 1798—1945," pp.294—298.

82. Robert Greenhalgh Albion and Reed Rowena, *Makers of naval policy, 1798—1947*, pp.123—126.

83. Ibid., pp.171—172; Vincent Davis, *The Admirals Lobby*, pp.252—254.

84. Vincent Davis, *The Admirals Lobby*, pp.80—255.

85. Bradley A. Fiske, *From Midshipman to Rear Admiral*, New York: Century Co., 1919, p.81; Robert Greenhalgh Albion and Reed Rowena, *Makers of naval policy, 1798—1947*, p.162; Ronald Spector, *Admiral of the New Empire: The Life and Career of George Dewey*, pp.198—199.

86. [美]罗伯特・西格:《马汉》,刘学成等译,北京:解放军出版社1998年版,第235—236页。

87. Paul E. Pedisich, *Congress Buys a Navy: Politics, Economics, and the Rise of American Naval Power, 1881—1921*, pp.171, 202.

88. 参见 Peter Karsten, *The Naval Aristocracy: The Golden Age of Annapolis and the Emergence of Modern American Navalism*, pp.303—316; Mark Russell Shulman, *Navalism and the Emergence of American Sea Power: 1882—1893*, pp.46—57; Mark Russell Shulman, "The Influence of History Upon Sea Power: The Navalist Reinterpretation of the War of 1812," *The Journal of Military History*, Vol.56, No.2, 1992, pp.183—205;徐弃郁:《帝国定型:美国的1890—1900》,桂林:广西师范大学出版社2014

年版,第 39 页。

89. John A. Garraty, *Henry Cabot Lodge: A Biography*, New York: Alfred A. Knopf, 1953, pp.147—148.

90. Josephus Daniels, *the Wilson Era: Years of Peace, 1910—1917*, Chapel Hill: University of North Carolina Press, 1944, p.243; John E. Moser, *Twisting the Lion's Tail: Anglophobia in the United States, 1921—48*, London: Palgrave Macmillan, 1999, p.5; George T. Davis, *A Navy Second to None: The Development of Modern American Naval Policy*, pp.270—272.

91. Peter Karsten, *The Naval Aristocracy: The Golden Age of Annapolis and the Emergence of Modern American Navalism*, p.355.

92. Gordon Carpenter O'Gara, *Theodore Roosevelt and the Rise of the Modern Navy*, p.9;章骞:《不列颠太阳下的美国海权之路》,上海:上海交通大学出版社 2016 年版,第 245 页。

93. [美]斯蒂芬·豪沃思:《驶向阳光灿烂的大海:美国海军史(1775—1991)》,第 354—355 页;Paul E. Pedisich, *Congress Buys a Navy: Politics, Economics, and the Rise of American Naval Power, 1881—1921*, p.143。

94. 洪陆训、段复初主编:《军队与社会关系》,第 4 页。

95. Thomas C. Bruneau and Florina Cristiana Matei, eds., *The Routledge Handbook of Civil-military Relations*, p.1.

96. 据统计,美国政军关系研究的权威期刊《武装力量与社会》在 1989—2007 年间发表了大约 530 篇文章,其中 103 篇的主题是政军关系,后者中又有 70 余篇主要在探讨文官统制军队。José A. Olmeda, "Escape from Huntington's labyrinth," in Thomas C. Bruneau and Florina Cristiana Matei, eds., *The Routledge Handbook of Civil-Military Relations*, p.68.

97. 军队维护社会秩序职责,即贾诺威茨所提出的军队的保安警察力量(constabulary force)身份。参见 Morris Janowitz, *The Professional Soldier: A Social and Political Portrait*, New York: The Free Press, 1971, pp.418—419。

98. 进一步说,军事效能是指军队执行政府交付的既定政策,并取得预期结果的能力。参见 Kenneth M. Pollack, *Arabs at War: Military Effectiveness, 1948—1991*, Lincoln: University of Nebraska Press, 2004, pp.4,13; Juan J. Linz, *The Breakdown of Democratic Regimes: Crisis, Breakdown, and Reequilibration*, Baltimore: Johns Hopkins University Press, 1978, pp.22—23。既有文献存在混用军事效能(Military Effectiveness)和军事效能相关的行动、战斗效能(operational/combat/war Effectiveness)等相关概念的现象。此外,政军关系研究主要关注军队执行战争任务的能力,但是由于军队的任务多样化,研究议题也随之变得分散。这种概念混用容易产生理解混乱。本书研究美国海军在崛起时期遂行战斗任务的能力,因此下文将统一使用"军事效能"这个术语。

99. Florina Cristiana Matei, "A New Conceptualization of Civil-Military Relations," in Thomas C. Bruneau and Florina Cristiana Matei, eds., *The Routledge Handbook of Civil-Military Relations*, pp.33—35.

100. *The Declaration of Independence & The Constitution of the United States*, New York: Bantam Dell, 1998, pp.65, 70.

101. Colton C. Campbell and David P. Auerswald, eds., *Congress and Civil-Military Relations*, pp.6—8.

102. Ibid., pp.1—6; Morris Janowitz, *The Professional Soldier: A Social and Political Portrait*, pp.354—355.

103. 洪陆训、段复初主编:《军队与社会关系》,第19—30页。

104. 同上书,第5页。

105. [美]斯蒂芬·范埃弗拉:《政治学研究方法指南》,第71页。

106. Derek Beach and Rasmus Brun Pedersen, *Process-Tracing Methods: Foundations and Guidelines*, Ann Arbor: University of Michigan Press, 2013, pp.4—5; David Collier, "Understanding Process Tracing," *Political Science & Politics*, Vol.44, No.4, 2011, pp.823—824.

107. [美]罗伯特·杰维斯:《系统效应:政治与社会生活中的复杂性》,李少军、杨少华、官志雄译,上海:上海人民出版社2008年版,第一章和第二章。

108. Derek Beach and Rasmus Brun Pedersen, *Process-Tracing Methods: Foundations and Guidelines*, pp.18—21.

109. 关于描述性推论和因果推论的进一步论述,参见[美]加里·金、[美]罗伯特·基欧汉和[美]悉尼·维巴:《社会科学中的研究设计》,陈硕译,上海:格致出版社2014年版,第二章和第三章。

110. [美]斯蒂芬·范埃弗拉:《政治学研究方法指南》,第53—60页。由于历史过程通常是系统效应的产物,其中的因果机制可能并不显著,本书以因果逻辑提出解释性的描述性推论,可以为演绎因果机制提供基础的因果性推论则有待在进一步研究中提出。

111. Andrew Bennett, "Process Tracing and Causal Inference," in Henry Brady and David Collier, eds, *Rethinking Social Inquiry: Diverse Tools, Shared Standards*, Lanham: Rowman and Littlefield, 2010, p.209.

112. [美]加里·金、[美]罗伯特·基欧汉和[美]悉尼·维巴:《社会科学中的研究设计》,陈硕译,第17页。

113. David Collier, *Understanding Process Tracing*, p.823.

114. 朱本源:《历史学理论与方法》(修订本),北京:人民出版社2012年版,第440—444页;[英]柯林伍德著、扬·冯·德·杜森编:《历史的观念(增补版)》,何兆武、张文杰、陈新译,北京:北京大学出版社2010年版,第126—132页。

115. 有关美国海军发展的北京大学购买、可以公开获取的数据库以及个人购买的相关资料数据有:美国政府相关的官方网站、美国国会文献集(U.S. Congressional Serial Set), The American Presidency Project (APP)、Biographical Directory of the United States、Hathi Trust's digital library、Library of Congress、Naval History and Heritage Command(NHHC)、NAVAL-HISTORY.NET、Proceedings Archive 和 U.S. Naval Institute(UNI)等。

第二章

解释美国海军建设的基本框架

国会募集和维持陆军……配备和保持海军……制定管理和控制陆海军的各种条例。

——《美国宪法》第一条第八款

总统是合众国陆军和海军的总司令。

——《美国宪法》第二条第二款

海军建设是战争与和平时期运用海军的基础。美国政府进行的海军建设是一项为捍卫国家安全和对外利益而进行战争准备的政治活动。制定和执行海军建设政策则是在特定的政军关系框架下进行的政治过程,海军军官团和国会在这个政治过程中密切互动。成熟而稳定的政军关系结构既为美国持续推动海军建设提供了必要条件,也抑制了海军的过度扩张。因此,考察美国海军军官团和国会在既有政军关系框架下关于海军建设政策的复杂互动是理解美国海军迅速而适度发展,并最终实现海军崛起的关键。

本章的主要任务是以政军关系理论为基础,提出一个解释美国海军在海军崛起时期进行海军建设的基本框架。这一框架包括三部分:美国海军的政军关系结构;行政和立法双重文官领导下的海军建设模式;美国海军建设中的军事效能与建设效率问题。

第一节 美国海军的基本政军关系

西方政军关系理论的分析框架包含文官统制军队、军队的军事效能、遂行任务的效率等三个基本要素。但是,关于美国政军关系的研究大多致力于确保文官统制军队,而对于军队的效能和效率关注不够。只有在确保文官统制的前提下,军政各方追求并试图保持军队的军事效能和军事建设效率的平衡,才能维持良好的政军关系,使军队胜任国家安全保卫者的角色。具体到美国海军,海军军官团对文官统制的威胁较小,国会建设海军更要关注军事效能和建设效率平衡的问题。

一、文官统制军队

文官统制军队是西方政军关系理论的核心部分,也是美国政军关系的基本原则。政军关系的首要问题是军官团与国家的关系。任何一支强大到足以保卫国家的武装力量都有能力接管这个国家。[1]一旦军人接管政府,民主制度将遭到根本破坏。因此,减少军人干政的可能性、消除这个颠覆性的社会威胁是西方政军关系研究最重要的理论任务之一。拉斯韦尔(Harold D. Lasswell)率先警告美国有可能变成“卫戍国家”(Garrison State)之后,确保文官控制日益强大且介入社会生活的军队便一直是美国政军关系研究的核心议题。[2]亨廷顿在总结西方军事专业崛起历程的基础上,主张通过以扩大军事专业主义为主要特征的文官“客观统制军队”(objective control)的方式保持政府与军官团之间权力与态度的平衡和关系的稳定。[3]

不过,半个多世纪以来,亨廷顿的客观文官统制军队的观点不断受到批评。从莫里斯·贾诺威茨(Morris Janowitz)批评亨廷顿提出的军人应该严守军事专家本分的观点并转而提倡军人应该积极参与政治事务开始[4],美国文官统制军队学说在批判客观文官统制军队观点的基础上,因美军政军关系的变化得到了持续发展。[5]虽然亨廷顿的客观文官统军学说有理论不足,但是它因其首创性、解释力和得到文官和军官团的接受而一直是美国政军关系理论的主流范式。[6]除了进行学术研究之外,美国不少著名的政军关系专家,如亨廷顿、贾诺威茨、彼得·菲弗(Peter D. Feaver),还是美国政府的政军关系顾问。

虽然美国学术界一直为落实文官统制军队贡献思想,但是美国以文官至上为基本特征的政军关系的形成和长期稳定主要还是美国政府长期致力于贯彻文官统制军队原则的结果。

首先，宪法为美国政军关系提供了制度基础和根本保证。美国宪法将统制军队的权力分置于总统和国会。总统是武装部队总司令，对军队拥有最高指挥权，国会负责组织、建设和监督军队。美国宪法的这种制度性规定既赋予了文官统制军队的地位，又通过权力制衡实现了行政和立法部门统制军权的相互制约。[7]这客观上也防止了行政和立法任何一方与军队联合，威胁美国的根本政治制度。

其次，美国军队的组织结构是宪法确立的文官统制和权力制衡原则的具体体现。在行政部门，军队的行政首长是总统的代表，直接对总统负责，军事首长的地位虽然一再提高，但是也没有超出文官顾问的范畴[8]；在立法部门，国会及其专门委员会通过预算授权、规范军队、确认任命等广泛的权力统制军队。虽然美国军事组织结构在不断演变，但是这种立法、行政双重文官统制的制度框架是稳定的。[9]

第三，军事专业主义和服从文官是美国军人的军事伦理。美国的文官和军官团一般都接受亨廷顿提出的政军分工、军人服从文官等观点，并使之成为军人的职业伦理。[10]美国政府也通过教育、考核和人事等方式强化文官至上的意识形态，使服从文官领导成为美军的传统和基本伦理。[11]

最后，政军关系的学术探索不断为文官统制军队的实践提供新思路。随着时代发展，军事专业主义、政军差异(civil-military gap)等现象都呈现出新的特点，这为落实文官统制军队提出了新挑战。政军关系研究学术界对这些新现象和新特点进行着持续跟踪和探索，其理论成果也一直在为美国处理政军关系提供知识支撑。

二、军队的军事效能

美国政府需要军队履行职责。在宪法确定的政军关系框架下，美国政府一直捍卫文官至上原则，牢牢掌握着统制军队的权力，美国社会对于军人干政的担心从没有成为现实。但是，美国政府对于军队的要求不仅仅是服从，还要求军队履行日益多样化的职责。按照弗洛里娜・马泰的界定，武装力量有战争、内战、反恐、打击犯罪、人道主义援助与和平行动六大职责[12]，其中，美军需要承担除内战外的五项职责。

虽然美军不是履行这些对内和对外职责的唯一力量,但是它在涉及武力使用方面仍然最具专业性,主导履行安全职责的活动,也为警方和情报部门等提供支持。虽然对军人干政怀有隐忧,但是美国政府和公众要求军队足以履行所有使用武力的安全职责,这也是美国组建常备军的初衷。也就是说,军队要能够通过使用武力履行安全职责,就是要求其保持很高的军事效能。

此外,军事效能一直是政军关系研究持续关注的话题之一,只是关于军事效能的探讨通常是作为论证文官控制军队的依据或补充,[13]比如,军事效能是军事专业主义的重要内容之一,军官团在职责之内提高执行军事政策的能力的实质就是在提高军事效能。不过,军事效能的提高更依赖于美国政府投入公共资源加强军队的软硬件建设,这是军队遂行战争任务的基础。当然,在文官统制军队的原则不受威胁的情况下,美国政府确实会适度进行军事建设,提高军队的军事效能以增强其执行国家安全政策的能力。

军事效能仍是衡量美军履行职责的能力的主要指标。虽然美军承担日益多元的安全任务,但是打赢战争仍是其主要任务。因此,军事效能仍然是衡量美军军事能力的主要标准,而衡量军事效能的主要依据就是能够完成文官决策者和上级赋予的作战任务。即使在准备战争的阶段,军事效能也能通过装备、训练和演习等战备情况得到检验,乃至科学评估。提高军事效能则是将资源转化为战斗力的过程。[14]虽然是文化和社会的因素还是物质和经济的因素决定军队的军事效能尚存在争议[15],但是军事建设是提高军事效能的基础。实现高水平的军事效能需要同时满足三个条件:以战略或学说呈现的战争计划;提出和执行战争计划的结构和过程(structure and process);国家以政治资本、资金和人力等方式投入资源,确保军队装备精良、训练有素和其他条件良好,足以发挥作用和遂行任务。[16]这些条件融合了社会文化和物质经济要素,也要求政军合作,将资源转化为可靠的战斗力。就美军而言,满足这些条件需要军队、行政和立法部门的共同努力,因此,美军军事效能的提高是军官团和文官领导合作的结果。但是,美国的政军差异和反军事主义的文化与传统等不利因素经常成为军事效能提高的障碍[17],因此,美军的军事效能的提高往往是在奉行军事专业主义的军官团的推动下军队、行政部门和立法部门进行复杂博弈的结果。

美军提高军事效能需要有假想敌。国家和社会要求军队具有相当高水平的军事效能，以应对国内外安全威胁，但是军队不能等到敌人出现才进行战争准备，它在和平时期就需要进行有针对性的军事建设，才能在战时遂行作战任务、履行国家安全职责。但是，美国政府和公众一向不信任军队，也认为在和平时期进行军事建设是一种浪费行为，因此美军在和平时期的发展通常受到抑制。美国政军关系稳定，美军是外向型军队，当美国面临的外部威胁程度高时，美国军政各方容易团结一致，政府也会积极调动资源，支持美军的对外作战行动。[18]在和平时期或者外部威胁程度不高的情况下，美国军官团和军事利益集团为了进行军队建设，就要通过制造假想敌[19]、渲染外部威胁以赢得文官政府支持，进而提供提高军队军事效能所需要的人力、财力和其他资源。除了有利于赢得行政和立法部门的支持外，制造假想敌还有助于动员社会公众，获得舆论和行动支持。除去国内政治的考量，制造假想敌在军事建设方面也是必要的。国家用于军事建设的资源是有限的，也承受不了误判外部威胁的代价，所以进行军事建设必须要有针对性。美国军队的军官团在文官政府的指导下，综合考察外部威胁的来源及其程度准确确立假想敌，这既是精确制定战争计划的前提，也是用低成本提高军事效能的必要举措。

三、美军的建设效率

军事建设效率并非军队遂行现实任务的效率。虽然效率一般被界定为以效用最大化的方式遂行任务，即投入给定资源，实现最大效能，[20]军队遂行任务时的效率却很难测量。这主要因为军队执行潜在任务和扮演相应角色的效能以及投入的成本难以统一测量，军队执行任务和发挥作用提供的是公共产品，并不符合效用最大化的要求，并且一国的各政府部门通常也不会为提高效率而进行竞争。[21]除了测量难题，军队以最低成本遂行任务和履行职责的说法本身是难以成立的。虽然一般经济原则要求用最小的手段、最少的资源达到最大的效果，但是军队遂行任务的对手、环境都具有极大的不确定性，且受情报欺骗、战争迷雾和自身条件限制等因素制约,军事效率的不确定性几乎无法克服。这就要求国家动用巨量的人力、物力和其他资源为军队行动提供充分保障,而非提供恰好够用的资源。[22]这表明,军队执行国家安全任务具有优先性,国家调动各种资源也服务于军队执行的国家安全任务的具体需要,因此成本与收益核算的逻辑很难适用于分析军事建设的效率。

鉴于考察军队遂行任务效率的缺点,本书将探讨的军事建设效率是指军队为遂行任务和担负职责而进行的准备工作的资源投入与军事效能产出比。第一,军事建设与军事效能要求的匹配度。军事建设的主要目标是为了提高军队的军事效能,因此,军事建设的成果满足军队遂行作战任务和履行职责的需求是军事建设效率的基本衡量标准。第二,军事建设的成本。虽然成本难以测量且难以最低化,但是决策者还是会努力降低军事建设可能付出的财力、物力和制度等代价。成本体现为军事建设政策,是军政各方博弈的结果。在美国的政军关系结构下,国会是军事建设政策的最终制定者。国会综合文官统制军队、提高军队军事效能、节约公共资源的考虑,兼顾联邦与州利益等因素决定军事建设支出。这是一个军政各方博弈的政治过程。因此,军官团需要努力从国会争取尽可能多的公共资源进行军事建设。第三,建设效率与军事效能的平衡情况。作为军事建设政策的结果,军事建设的效果才是提高军事效能的物质保证。受政治因素影响,美国国会很难按照立法初衷进行军事建设。因此,建设效率与军事效能的平衡情况就成为衡量军事效能和军事建设效率的重要指标之一。总之,军事建设本质上是为军队遂行未来的军事任务而进行的资源投入,高效率进行军事建设的关键在于与军事效能的需求相匹配,公共资源投入少,且确保军队的军事效能足以应对潜在对手。

需要指出的是,美国的军事建设由军事机构和文官领导部门共同完成。具体来说,在文官双重领导的政军关系结构下,美国军事建设的直接参与者一般有军官团、行政部门和立法部门。军官团是军队的骨干,直接指挥军队,负责在职责范围内按照国家安全政策的要求通过教育、训练和演习等方式提高军队的战斗力,并要求文官部门以人力、物力、财力和其他方式提供资源支持。以总统为首的行政部门是军队的指挥者,既是国家安全政策的主要制定者,也是军事建设的直接责任人,负责审查军队对于资源的需求并将审查后的需求传给立法部门。按照美国宪法的规定,国会不直接指挥军队,却是军队的组织者、赞助者。国会及其下属委员会负责募集和装备军队,为军队提供规范,这主要通过国会决定军队结构和规章制度、预算授权和人事任命等方式实现。尤其是,国会及其专门委员会垄断性地掌握着预算授权的权力,这是军事建设顺利进行的关键所在。此外,国会还是军队的监督者,它通过行使调查权对军队的建设和行动进行监督,并监督国家安全政策的执行情况。可见,国会对军队的领导不仅主要体现在军事建设方面,还体现为它是军队建设政策的最终决定者。军官团推动文官部门制定积极的军事建设政策,国会及其下属的专门委员会就是军队的主要争取对象。

美军建设效率取决于军官团和文官领导部门之间的复杂互动。首先,军事预算授权是军官团、行政部门和立法部门博弈的结果。在军事预算授权的过程中[23],军官团是预算需求的最初发起者。他们以军事为职业,会极力争取扩大军事力量以维护国家的安全,主要体现为要求拨发更多的军事预算。[24]具有联邦立法机关和地方代表双重性的国会及国会议员是地方、部门、企业的利益代表,也代表着对军事政策的不同观点。因此,国会决定军事预算则更多基于诸多非军事因素[25],如选区利益和地区经济利益的平衡。其次,国会尽量保持军事效能与建设效率的平衡。[26]国会希望军队有足够的能力执行国家安全政策,但是却不希望军队实力过于强大。军队实力强大可能威胁文官对军队的统治地位,也会激起美国社会的反军事主义情绪。不过,以总统为领导的行政部门往往希望其指挥的军事部门壮大,在预算问题上通常站在军官团一边,这有利于军官团争取充足的军事预算。然而,行政部门在军事组织改革方面通常反对军官团的扩权要求,后者则可能直接寻求国会的支持。此外,行政和立法部门对军队的人事任免和国家安全政策没有明显偏好,军官团倾向于根据具体情况寻求不同部门的支持。

总之,美国的军事建设效率是军官团、行政部门、立法部门之间复杂博弈的结果,代表了政军各部门之间的利益平衡。军政精英在稳定政军关系之下的这种可预期的竞争与合作既使得军官团按制度争取国会的资源投入成为可能，也为研究美国军队的军事建设提供了初步的制度性分析框架。

四、海军的特殊性

在美国的政军关系结构中，海军具有较高的自由度。虽然美国宪法规定国会负责募集和装备陆军和海军，并将军队置于双重文官领导的体制之下，但是相较于陆军，美国海军有其显著的特点和相当高的自由度。第一，最明显地，美国海军在本土的军事存在远没有陆军强大。美国陆军遍布全国，且相对其他形式的武装力量，如空军、海岸警卫队和国民警卫队等，具有使用暴力的优势。比较而言，美国海军的舰只在本土只能存在于军港，海军陆战队由总统直接指挥，只是行政上隶属于海军部。第二，美国海军军事介入国内政治事务的能力不足。美国陆军在本土的军事存在实力强大，虽然顺从文官部门的统制，但是仍然有能力介入国内政治事务。相比之下，主要存在于美国沿岸地区和海外的海军根本没有能力使用武力干涉国内政治事务。第三，相较于陆军多元的国内任务，美国海军主要执行对外任务。在美国国内，军队的救灾、支援执法部门和反暴乱等非战争职能基本上是由陆军承担[27]，海军的主要职能在于在海外显示或者使用武力。

因此，美国文官部门和社会公众忧虑军人干政主要是针对陆军。虽然美国政军关系长期稳定，但是文官政府和公众均对以陆军为主体的军人干政持疑虑态度，国会不仅采取支持国民警卫队和严格军事法规等方式制约陆军的国内作用，[28]也一直探索强化文官对军队的统制之道。相较而言，行政和立法机构对海军的疑虑较轻，更允许海军军官团对军事专业保持独立的态度，也更容忍其与文官领导者的意见冲突。这也为海军军官们联合行政领导争取国会投入公共资源建设海军提供了便利。

不过，美国海军建设因军种性质而不易获得支持。首先，海军建设耗费巨大。海军是一个技术和人才密集型军种，军事装备、人员培训和后勤保障等都需要国家投入巨量的人力、财力和物资等资源。对任何国家来说，建设一支强大的海军都不是一件易事。美国经济繁荣，却也危机不断，海军建设对国民经济造成的压力很沉重。其次，美国海军是国际性军种，其主要任务是以使用武力和威胁使用武力的方式在海外宣示外交政策，保护对外利益。对于美国来说，近岸防御基本上不依靠海军。海军在保卫国家安全方面的职责就是尽可能让强敌远离美国海岸，甚至谋求一定范围的制海权。由于美国海军的以上特性，虽然海军军官团经常认为海军的实力不足以承担繁重的任务，要求扩建海军，但是赋予海军任务的文官领导对海军的压力却缺乏直接认识，公众也不易切身感觉到远离视线的海军的重要性。由于政府和公众习惯于对海军发展持消极态度，海军军官团和文官领导，尤其是国会在争取海军建设的资源特别是造舰预算方面经常产生严重的政军矛盾。[29]由于主要执行远离本土的任务，海军在争夺建设资源和争取公众支持方面往往也不占优势。

虽然文官至上一直是美国政府处理政军关系的首要原则，巩固文官对军队的统制也一直是学界研究的重点，但是美国的政军关系长期稳定，军队并没有构成对美国的基本政治制度和社会秩序的挑战。在保证文官统制军队的前提下，美国政府也在进行军事建设，以提高军队的军事效能。尽管面临诸多不利条件，海军军官团还是要尽力从国会争取海军建设所需要的政策和资源，特别是充足的预算和对海军组织结构和指挥体系改革的支持。只有这样，美国海军才能有效进行海军建设，提高军事效能，进而有能力执行国家安全政策。摒除复杂的国内政治因素，立法和行政部门也正是意识到这一点，才愿意经过博弈适度支持海军军官团的海军建设需要求。在各种海军相关利益和观点的影响下，海军军政精英不断进行复杂互动。

第二节　海军的军事效能与建设效率

美国海军自建立以来几经兴衰。其间，虽然海军的隶属关系因美国军事体制变革而发生改变，但是总统和国会对海军的双重统制体制并没有发生根本变化。在稳定的政军关系结构下，在保证对海军的统制地位的前提下，行政和立法部门保持军事效能和建设效率平衡的基本原则也没有改变。由于文官领导者对海军态度的变化决定了海军的发展状况，了解美国海军政军关系的基本结构和具体分析保持海军军事效能和建设效率平衡的历史情形是解释美国海军崛起的基础。本节的任务就是明确美国海军在特定的政军关系结构下军事效能与建设效率的关系。

一、政军关系的结构

美国海军崛起时期的政军关系结构是双重领导下的海军部长负责制。行政方面，美国总统是海军总司令，享有海军指挥权，直接指挥海军陆战队。然而，总统身为国家行政首脑，不可能全身心投入海军事务。因此，作为内阁成员，海军部长代表总统在行政上领导海军和海军陆战队并指挥海军。立法方面，美国国会通过规范、赞助和监督等方式管理海军，并指派参议院和众议院的海军事务委员会等专门委员会处理海军相关事务。具体到海军管理事务方面，海军部长是海军部的最高领导，也是海军事务的主要负责人。海军部长作为管理海军事务的文官，大多不具备丰富的海军专门知识，因此需要海军军官辅助，甚至需要海军事务资深国会议员的指导。从 1890 年开始，海军部长之下重设文职助理海军部长一名，协助部长开展工作。当海军部长不在时，助理部长代行部长职责。[30]助理海军部长只是协助海军部部长开展工作，并没有分割后者的行政管理权。可以说，美国海军是在行政部门和立法部门的双重领导下运行的。

在海军部部长的领导下，海军事务原则上分为军事行动事务和非军事(civil)行动事务两部分。军事行动事务主要包括在战争与和平时期指挥舰队行动，非军事行动事务主要包括各种为舰队活动提供采购、供应、军械、医疗等各种物资制造和储备，以及其他辅助性工作。[31]海军部长单独指挥舰队行动，通过海军部下属的各局和部长直属办公室处理海军管理事务。实际上，功能上为舰队活动提供支持的各事务局和办公室在海军部内是凌驾于舰队之上的行政管理部门的。不过，由于海军的军事行动事务和非军事行动事务并非截然分开，各事务局的工作也没有清晰划分。例如，主要负责海军人事管理工作的航海局长期以海军部长的名义负责舰队的指挥工作。1915 年设立的直接负责舰队指挥的海军作战部长办公室不仅以部长的名义指挥舰队，也协调各局、办完成与作战有关的工作。[32]除了下属行政部门，海军部部长还需要就海军建设和战争计划等议题听取军官、临时或常设委员会的意见和建议。

海军部长代表总统领导海军。美国总统虽然是海军总司令，但是通过内阁成员海军部长来指挥和管理海军。海军部长领导海军的权力来自总统，其对海军的领导虽有个人特色，却更体现总统的意志。海军领导工作需要海军的专业知识和能力，但是基于地域和忠诚等政治而非专业因素选择出来的海军部长大多没有海军背景，也不熟悉海军事务。海军部长倚重指挥军官去领导与军事行动有关的行政部门，却从不允许指挥军官单独负责舰队指挥，而是尽可能地自己指挥舰队。可见，虽然海军管理和指挥事务由海军军官团具体负责，但是海军部长对海军的兴趣、个人品质、政治水平和与国会的关系等因素将直接影响海军的发展状况。杰出的海军部长，如约瑟夫·丹尼尔斯(Josephus Deniels)，既压得住跃跃欲试的海军军官团，也深得总统信任，更善于同国会周旋，为美国海军发展打上了个人烙印，而弱势的海军部长不仅无力在行政和立法层面代表海军利益，也为僚属"架空"，在海军发展史上基本上没有存在感。

海军军官团是海军管理和指挥的骨干力量。虽然海军部长作为"总统的人"，是海军部的负责人，但是绝大多数总统喜欢越级直接插手海军具体事务。为了便于直接掌控海军，总统倾向于选择没有海军背景的人士出任海军部长，并经常更换海军部长及其高级僚属。[33]如西奥多·罗斯福总统不仅全面指导海军事务，而且在七年任期换了五位海军部长。地位不稳固和权力受到掣肘使得海军部长并不是一个有诱惑力的岗位，不少被提名人拒绝出任这一职位。不仅如此，文官职位动荡不定，聪明的年轻文官不愿意加入海军部，这使得海军各部门岗位基本均由军官垄断。海军军官们不仅是舰队的指挥者与海军部的骨干力量，还是总统、海军部长和国会的顾问，对海军政策有全方位的影响力。因此，海军部长经常只是总统在海军事务方面的代表，是沟通行政、立法领导与海军的"工具"[34]，处于从属地位的海军军官团才是海军的实际管理者和指挥者。

二、海军的军事效能

衡量军队是否具有高水平军事效能的三个条件也可以作为衡量提高美国海军军事效能的三个客观标准。第一，体现先进海军学说、贴合实际的战争计划。海军建设的主要目标是针对潜在对手准备未来的战争。先进的海军学说可以为海军力量运用和海军建设指明正确的方向。尤其是，在先进海军学说的指导下制定的、贴合实际的战争计划不仅容易得到行政领导的认可，也有助于有针对性地准备未来的战争。这样的战争计划确定的海军建设要求也容易得到立法领导的支持。第二，制定海军战争计划的机构和执行战争计划的舰队的实力水平。高水平的战争计划依赖于极具专业水准的制定者。美国海军战争计划的制定机构不断提高参谋军官的海军思想、技术和相关的知识水平，后者才能不断制定出可以指导战争准备和为海军建设指明方向的战争计划。舰队是海军力量的集中体现，美国不断通过海军建设，提高舰队的装备水平、人员素质和指挥管理水平，海军才能遂行战争计划规定的任务。第三，国家愿意持续投入经济、政治和社会资源进行海军建设。美国政府，尤其是国会不断克服阻力，向海军投入"政治资本、资金和人力"等公共资源，海军建设才有基本的保障，美国海军才能够进而将公共资源转化为遂行战争任务的战斗力。

除了较为客观的衡量指标外，作为遂行作战任务的能力，美国海军的军事效能还取决于作战对象的选择。美国海军恰当选择作战对象面临三重困难。第一，美国海军基础薄弱且战斗力低下时，几乎无法与任何现代化的海上对手相匹敌。美国海军一度处于破旧无用的状态，在英国、德国、西班牙乃至智利海军面前备受屈辱即为此种状况。第二，总统与国务卿等文官为海军指定作战对象。总统经常越过海军部长指挥舰队，国务卿要求海军为美国外交政策提供支持，但是他们往往不了解海军的作战能力。因此，他们要求海军显示或使用武力的对象的实力可能远在美国海军之上。这就使得海军基本上不可能遂行作战任务，如"第一次委内瑞拉危机"期间，国务卿在向英国发出战争威胁前根本没有咨询海军，受命显示武力的美国海军险些被英国皇家海军全歼。[35]第三，美国海军在执行任务时也可能遭遇强大的潜在作战对象。

美国海军崛起的时期也是其他列强拓展全球利益和势力范围的时期，美国海军执行作战任务时可能因意外遭遇强大的对手，从而使遂行任务充满变数。美西战争期间，实力强过杜威率领的亚洲分舰队(Asiatic Squadron)的德国舰队多次冲破美国对马尼拉的封锁，并公然同情和支持西班牙，给美国击败西班牙舰队造成不小阻碍。[36]美西战争后，美国则面临着来自德国和日本的两洋防务压力。

不过，预设假想敌可以减小作战对象的不确定性，为美国提高军事效能指明方向。虽然在大多数情况下，美国海军无法选择作战对象，也有可能与实力更强的对手交战，但是为了能够遂行作战任务，海军需要选择假想敌，以有针对性地提高军事效能。传统上，美国海军在本土奉行近岸防御思想，面对强敌通常执行反封锁和破坏对方交通线的任务，在海外几乎没有需要用武力捍卫的殖民利益，仅承担宣示政策立场、保护美国商业利益和科学探险等任务。因此，美国海军一向假想敌意识淡薄，不针对特定国家进行军事效能建设。19 世纪 90 年代，海上列强掀起激烈的海权争夺，面对来自太平洋和大西洋两个方向的压力，美国海军的假想敌意识逐渐清晰。美西战争后，美国海外利益迅速扩张，摆脱沿岸防御思维的美国海军开始针对威胁最大的对手提高军事效能，即根据假想敌制定作战方案，有针对性地进行作战能力建设。1904 年 10 月底，美国陆海军联合委员会(Joint board of Army and Navy)制定一系列不断修订的、用颜色表示假想敌的战争计划，比如英国是红色、德国是黑色、日本是橙色。[37]此后，美国一直在评估威胁的优先性的变化而制定和修改“黑色战争计划”(War Plan Black)、“橙色战争计划”(War Plan Orange)、“橙色-红色战争计划”(War Plan Orange-Red)等。

然而，小心谨慎的美国政府从来没有公开宣称过敌人是谁，海军只能推断假想敌。海军将领公开发表针对一国的敌对性言论或者渲染战争计划便会遭到海军部长甚至总统的批评。不过，美国海军军官针对各种外部威胁制定战争计划，海军部长和总统会有选择性地进行批准，甚至授意海军军官制定针对特定对手的战争计划。这些行为无疑在明确美国的假想敌。美国政府这种明确而非明示假想敌的审慎行为使美国有了更大的国际空间，尤其是避免被拖入海军军备竞赛。例如，美国不但成功地避免成为一度将其视为“两强标准”参照目标之一的英国的打击对象，而且还成了后者的盟友。同时，这种做法也使得美国的海军建设既具有针对性，又减轻了来自公众和国会中的小海军派的巨大阻力。

综上分析来看，高水平的美国海军军事效能需要满足拥有清晰的假想敌、先进的海军学说、贴合实际的海军战争计划、强大的舰队、高效的海军管理和指挥体系，以及国家有意愿持续投入海军建设等条件。这些条件为衡量美国海军的军事效能提供了参考，也是考察美国海军建设效率的重要切入点。

三、海军的建设效率

以提高海军军事效能为目标，海军建设效率可以通过海军建设的内容来衡量。虽然海军军官团会协助行政领导预设假想敌，但是提高海军军事效能的根本办法是进行海军建设。也就是说，高效率的海军建设也是美国海军遂行作战任务的根本保障。根据假想敌制定战争计划可以减少作战对象的不确定性，进而提高海军建设成果与军事效能的匹配度，降低建设成本。作为海军的内部政策，海军建设包括海军的规模、舰船的种类、新技术的应用情况，以及美国政府对海军投入的资源、生产能力和海军管理水平等基本问题。[38]鉴于当时美国海军的政军关系和发展水平，海军建设的这些内容可以划分为海军预算、舰艇建造与其他物质设施建设、作战指挥体系建设、海军组织人事建设等四个方面。预算是海军建设的资源基础，舰艇和物质设施是海军军事效能的物质基础，作战指挥体系是海军军事效能生成的保障，组织和人事变革则是海军管理水平的体现。因此，本书将结合美国海军的战争准备需求，以海军建设目标为关键，考察增加海军预算、扩大海军规模、海军组织人事改革和作战指挥体系等四个方面的海军建设政策，构建美国海军建设的解释性框架。政府"以政治资本、资金和人力等方式投入资源"是提高海军军事效能的根本保证，因此也可以将公共资源投入情况作为衡量建设效率的关键性指标。尤其是，预算是考察公共资源投入情况的主要指标。本书考察的海军建设效率是指低成本地投入公共资源，并使海军建设在以上方面取得显著效果，使海军军事效能得到明显提高。

海军建设的主要目的是提高海军的军事效能，但是海军建设效率却深受政治因素影响。具体来讲，美国海军建设从来都不是一个单纯的军事问题，它还是海军军政各方出于不同利益和立场积极参与的政治过程。首先，海军军官团以海军为业，不遗余力推动积极的海军建设政策。海军军官出于职业前景和海军事业考虑，均希望海军强大，并积极参与制定扩张型海军政策。其次，美国总统是海军总司令，他对海军的态度和选任的海军部长决定了海军建设的趋向。总统从全局出发，确定海军可能承担的作战任务，并提出海军建设总要求，甚至直接插手海军建设事宜。在总统的强力推动下，源源不断的公共资源投入是保证海军建设效率的基本条件。第三，海军部长是文官领导体系中海军的代表，是海军建设的直接责任人。海军部长的品质、才干和对海军发展的态度直接影响海军建设的效率，其中尤为重要的是海军部长与国会的交往能力。最后，国会及其海军专门委员会制定的海军建设政策直接影响海军建设效率。军官团和海军行政部门提出旨在提高海军军事效能的建设要求后，国会及其专门委员会制定的预算授权、拨款、海军的组织人事改革等公共资源投入政策并非一定符合提高军事效能的需要。总之，这些海军建设政策深受国会政治的影响。

美国海军建设效率取决于海军建设政策参与者和制定者之间的复杂互动。海军建设政策是各方利益平衡的结果，并深受美国国内政治的影响。尤其是，海军军政各方积极参与海军建设政策的制定，很大程度上是因为与海军发展相关的利益再分配息息相关，如海军预算流向，而非实现以最低成本进行海军建设。他们围绕海军建设的基本问题进行复杂的互动，并将共识性的利益分配具体化为海军建设政策。海军军官团要求文官领导者制定扩张型的海军建设政策，扩大海军规模，尤其是要求更多更先进的战舰。总统和海军部长通常支持海军建设的物质性要求，但是不愿意提高军官团的政治地位。国会及其议员既代表联邦负责装备和维持海军，又是各州海军利益在联邦的代表。此外，海军建设政策还受党派政治、海军院外利益集团、社会舆论等海军建设决策机制以外的国内政治因素的影响。比如，虽然海军和陆军除了共同防御美国海岸外，分别主要担负维护海外利益和维护本土安全的职责，海军和陆军预算体系也相互独立，各自发展甚至不构成竞争关系，[39]但是这两个军种的代言人在国会中既可能联合争取公共资源，也可能因资源分配而发生激烈冲突。可见，海军建设以提高海军的军事效能为目标，却不仅难以追求军事效能的最大化，且受诸多非军事因素影响，仅仅能尽力高效率地进行海军建设。

由于海军建设受非诸多军事因素的影响，衡量海军建设效率需要以公共资源投入情况为依据，进一步结合整体上衡量美国军事建设效率的标准。具体来说，无论从建设目标还是从建设效果来看，海军建设既需要节约公共资源，又要提高军事效能以遂行可能的军事任务。第一，海军建设目标与海军军事效能要求的匹配度。美国的海军力量足以保护本土安全对外利益的最佳状况是军事效能超越其所有潜在对手。然而，现实中没有哪个国家可以建设如此强大的海军力量。因此，海军建设目标在多大程度上与海军军事效能相匹配就变得尤为关键。第二，海军建设的成本。美国海军的军官和行政领导希望海军足以对付潜在对手，但是国会从公共资源的支配者角度出发却更想节省开支，国会议员也在为选区争取海军建设的"猪肉桶"。因此，海军建设资源投入既不可能恰好支持军事效能的提高，也不会挥霍无度，海军建设成本就成了衡量海军建设水平、资源投入意愿的重要标准。第三，海军军事效能与建设效率的平衡情况。海军建设效率最终要看海军建设的结果是否以低成本显著地提高海军军事效能。军事效能持续提高是美国海军崛起的指标性特征，也表明了美国政府持续建设海军的意愿，海军在预算、规模、组织改革和指挥体系方面的均衡发展情况则也是衡量美国海军建设效率及海军整体发展水平的重要依据。

四、政军的偏好差异

美国海军的军政精英对待海军建设的立场不尽一致，对海军军事效能和建设效率的偏好也是不同的。海军军官团、海军部长、总统和国会共同参与和推动美国海军建设。虽然他们在政策制定方面的作用不同，但是海军军政各方均希望贯彻自己的海军建设意图。不同类型、不同年代的海军军官对海军军事效能的态度、对海军建设内容的侧重有所不同，对海军建设效率的认知水平也有差异。总统和海军部长对美国海军的个人情感、对海军在国家安全事务中的作用的看法，直接关系到他们带领海军军官团争取国会提供建设资源的力度。国会是联邦立法机构和地方利益的集合体，国会议员是联邦立法者、选区利益的代表，也是对海军怀有一定看法和海军专业水平不一的个人。这些因素使得军政精英对美国海军的发展状况和海军的作用、建设海军的必要性的看法和投入资源建设海军的意愿都存在很大差异。海军军政精英对待海军建设的不同立场一般表现为他们对海军军事效能和建设效率的不同偏好。有差异的海军建设偏好既被特定身份和部门利益固化，也可能在海军建设过程中发生偏移。

海军军官团希望军事效能最大化，对建设效率不敏感。首先，海军军官团希望国会投入尽可能多的资源进行海军建设。海军军官作为职业军官，悲观而保守地看待美国面临的外部威胁。他们针对几乎所有假想敌制定战争计划，并向文官领导提出尽可能高的海军军事效能需求。这意味着海军军官要求公共资源投入与过于虚高的军事效能相匹配。同时，更多的军舰、更强大的海军力量也会拓展海军军官的职业生涯，提高他们在国际同行中和国内社会上的认可度。其次，海军军官团对海军建设成本没有强烈的感触。他们制定针对假想敌的战争计划、节省建设成本是为了便于争取文官领导，尤其是国会的支持。他们抨击造船厂和钢铁厂等企业混乱低效也主要是由于这些岸上设施影响了海军军事效能的提高。第三，海军军官团重视提高海军军事效能的结果，而非建设效率是否与之平衡。海军军官为得到海军建设需要的公共资源而欢呼，为得到更多的资源而努力，一般不关心资源是否被合理使用。他们为了得到需要的公共资源，甚至愿意冒政治风险，与国会中的特定利益集团做交易，这也是海军军官团与国会议员联系的重要纽带。

行政部门希望追求适度的海军军事效能，并使之与海军建设效率相平衡。首先，行政部门希望投入满足需要的资源进行海军建设。以总统为首的行政部门是美国国家安全政策和对外政策的制定者，也是美国海军力量的使用者。行政官员希望海军力量足以为特定的战争与和平政策提供支持，但是由于可以采用外交手段应对国际对手，他们只追求适度的海军军事效能。总统需要用有限的公共资源解决各种国内外问题,会严格约束海军军官团的海军建设资源需求。其次,总统和海军部长对海军建设成本非常敏感。他们是海军军事效能的需求者,也是海军建设政策的执行者,负责用有限的资源提高海军军事效能,并接受国会的监督。因此,他们希望尽量节约地实现海军建设目标,并难以容忍海军建设部门尤其是岸上设施的低效无能。第三,总统和海军部长力求海军军事效能与建设效率的平衡。除了海军建设的主要执行者因素外,这还由于他们是海军军官团与国会沟通的主要途径。一旦海军的军事效能与建设效率严重失衡,不仅海军建设难以为继,海军军官和国会议员也可能联合起来,危及行政部门对美国海军的行政管理权威。

国会较为关注海军建设效率,尤其是成本,并且经常不顾海军军事效能的需求。首先,国会希望投入尽可能少的资源实现海军建设目标。国会是公共资源的分配者,追求少花钱、多办事。然而,国会议员们争夺"猪肉桶"使得国会的这个愿望很难实现。其次,国会相当在意海军建设的成本。作为联邦立法机关,国会不但是公共资源的支配者,而且负责监督海军建设过程。因此,无论出于监督职能,还是争夺统制海军的权力的角度,国会都会严格监管海军部的海军建设订单,并调查行政部门与企业可能存在的腐败行为。不过,角色在海军建设成本方面,国会扮演的地方利益集合体与其立法者身份相冲突,亲海军议员只想为选区争夺联邦预算,资源投入的成本并非其最重要的考虑因素。一些议员反对海军建设也很少出于对纳税人负责的考虑,而是同样出于选区利益或者对强大海军力量的反感。不过,反海军议员与亲海军议员的博弈客观上有助于降低海军建设成本。第三,国会很难实现海军军事效能与建设效率的平衡。国会愿意提高海军的军事效能,但是不愿意支持海军追求过剩的军事效能。这客观上有助于实现并保持效能与效率的平衡。然而,在威胁迫切的情况下,国会则只能满足海军军官团和行政部门的公共资源要求;在海军建设资源紧张的情况下,国会则可能优先满足议员的选区利益,牺牲海军的军事效能。因此,海军军事效能与海军建设效率很难达到理想的平衡状态。

总之,美国海军军官团、行政领导、立法领导在海军建设过程中的作用是不同的,对海军军事效能和建设效率的关注各有侧重。作为美国海军的实际管理者和指挥者，海军军官团是海军建设的发起者，通过预设假想敌提出提高海军军事效能的需求。国会制定海军建设政策，并要求高效率地进行海军建设。总统和海军部长等行政领导将海军建设需求提交给国会，并尽量追求和维持海军效能与海军建设效率的动态平衡。因此，在充分考察行政部门作用的前提下，海军军官团与国会在美国海军建设中围绕海军军事效能与建设效率的互动是本书研究的重点。

第三节 双重文官领导下的海军建设

在双重文官领导的政军关系结构下，美国在1882—1922年的海军建设政策是在海军军官团、以总统为首的行政部门的参与下由国会制定的。其中，海军军官团是海军管理和舰队指挥的骨干力量，是扩张型海军建设政策最积极的推动者。不过，负责指挥舰队航行与作战的指挥军官和负责提供支持性的非军事行动事务的技术军官推动海军建设的动机和利益诉求不尽一致。美国国会是海军的组织和赞助者、海军建设政策的最终制定者，也负责监督具体政策的执行情况。总统是海军力量的使用者，是沟通军官团与国会的主要渠道。海军部长代表总统管理海军，既需要贯彻总统的意志，也需要代表海军的利益。因此，本书将结合美国海军行政部门的作用，着重分析美国海军军官团和国会在海军建设政策制定和执行过程中的作用和行为，并依据美国海军军政精英的互动模式，构建解释美国海军崛起时期的海军建设的基本框架。

一、美国海军军官团

到海军崛起时期，美国海军的指挥军官团已经是职业化程度较高的现代海军军官团了。军官接受正规军校教育是现代军官团的基本特征。海军指挥军官团从军校毕业生中选拔候补军官(midshipman)，开启了美国海军军官团的现代化进程。早期，美国海军指挥官主要由商船或者曾在英国皇家海军服役的水手担任。1798年后，这种穿“油布服”(tarpaulin)的军官减少，有前途的海军候补军官几乎全部来自美国上层社会。这些未来的海军军官大多在航海的过程中接受操舵和指挥教育，他们接受的海军教育很不系统。1845 年，美国海军学院在安那波利斯成立，联邦政府规定只能从海军军官学校招募海军候补军官。[40] 南北战争结束后，随着传统海军军官陆续退役，到 19 世纪 80 年代初，大多出身于中产以上家庭、毕业于海军学院的新派军官成为海军指挥军官团的骨干。这些新海军军官接受过正规海军教育，知识完备、训练有素，且愿意接受新思想。美国这种“兄弟连”式的现代海军指挥军官团形成后，其内部一直在迭代。海军军官团的迭代是推动海军新技术和新思想的应用与发展的重要动力。

美国海军的技术军官的职业化晚于指挥军官，程度也低于后者。美国海军的会计、医生、工程师和建造师等军事行动支持人员最早都来自民间。这些技术专家长期服务于海军，技术型军官由此诞生。随着海军的文职岗位被军官垄断，技术军官的类别也在增多。虽然同为海军军官，但是技术军官的待遇和地位都不如指挥军官，比如技术军官长期没有军衔，只能冠以“外科医师”“工程师”等称谓，也只能在所属的技术军官团内部进行晋升。[41] 在美国海军崛起时期，指挥军官基本上均来自海军学院，除了继续吸收民间人士加入技术军官团外，大部分技术军官毕业于医疗、技术和其他专业院校，并通过竞争性考试获得任命。不过，随着支持性事务在现代海军中的地位上升，工程师和建造师等越来越多的技术军官也在海军学院接受教育。[42] 这表明随着现代海军的技术含量增高、专业复合程度提高，技术军官团的职业化程度在提高，也走上了现代化道路。

指挥军官和技术军官之间一直存在激烈的斗争。技术军官为了争取平等的地位和待遇，一直与指挥军官进行激烈斗争，尤其是在制服和军衔方面。在舰队中，指挥军官具有绝对权威，倾力打压技术军官的不满和反抗。在海军部，情况则大不相同。除了船坞局(the Bureau of Yards and Docks)由文职工程师领导，海军部其他负责军事行动(船务、军械、人事、航空等)和支持性工作(采购、医疗等)的局和办公室分别由一般由指挥军官和技术军官分别领导。因此，在海军部中，技术军官与指挥军官因部门分工不同而基本上势均力敌。不过，分别由指挥军官和技术军官负责的事务局分工并不明确，两者不仅缺乏协调，而且经常为争夺权力而争斗。[43]海军部长缺乏海军专业知识，难以督导和协调下属机构的工作，指挥军官和技术军官负责的各事务局的权力分工就变成了权力分隔。虽然负责人事和舰队指挥的航海局有权对指挥军官和技术军官下达命令[44]，但是各局的级别是一样的，因而前者只是享有一定的优先权，并没有权力协调各事务局的工作，以高效地提高军事效能。1915 年设立的、由指挥军官担任的海军作战部长并没有得到充分授权[45]，也难以有效协调技术军官负责的掌握实权的事务局。可见，海军组织的人事改革不仅是指挥军官与技术军官斗争的焦点，也是提高海军建设效率的关键之一。例如，海军预算就不是按照建设项目，而是以各局为单位立项的。

指挥军官与技术军官为了建设强大的美国海军力量，也一直在密切合作。虽然指挥军官与技术军官围绕地位、权力和待遇一直争斗不断，但是他们也在通力合作，推进美国海军建设。首先，研发和应用新技术。美国海军崛起时期也是全球海军技术大发展的时期，信奉海军至上主义的新派指挥军官和技术军官一直推动海军实现蒸汽化和装甲化，并赶超英国和德国等海军强国的装备技术，使美国海军的实力增强有了技术和装备基础。其次，促使海军军官团迭代。海军技术和作战任务的变化要求海军军官的知识结构和作战理念与时俱进。知识落后、思想僵化的老派军官拒绝进行海军技术革命和管理变革，这就阻碍了海军的发展。因此，知识先进、思想灵活的新派海军军官成为海军骨干，这种代际更迭使美国海军现代化有了源源不断的人才基础。[46]第三，推动国会制定积极的海军政策。指挥军官和技术军官均以海军为业，他们均希望在发展海军事业和追求海军荣耀的过程中实现职业抱负。作为一个整体，海军军官团一直在各尽所能，推动国会制定积极扩张的海军政策，尤其是争取国会拨付更多海军预算。需要指出的是，相对于技术军官，指挥军官的专业能力更为全面，胜任各种管理工作，他们也更为积极地推进海军组织人事和指挥体系的改革。

美国海军军官团全方位参与海军建设政策制定。海军军官是海军专业人士，也是管理和指挥海军的骨干力量。虽然在海军的政军关系结构下，海军建设政策是由文官领导者尤其是国会制定的，但是军官团在各个环节都可以发挥作用。首先,海军军官是海军部长、总统和国会的专业顾问。文官虽然统制海军,但是缺乏专业知识,海军军官一直在以个人或委员会的形式就海军的内外政策提出专业建议,他们的立场和利益自然蕴含其中。其次,海军军官不仅是海军运用政策的执行者,还是建设政策的发起者。作为海军事务的具体管理者,尤其是舰队的直接指挥者,海军军官了解海军的建设需要。他们按照程序将海军建设需求报告给海军部,这些需求最终会送达国会。第三,海军军官推动海军部长和总统提出扩张性的海军建设需求。海军军官在提高海军军事效能,尤其是物质性能力方面,与行政领导有诸多共同利益,因此他们会推动海军部长和总统向国会提出以增加预算为核心的海军建设需求。第四,海军军官团影响国会对海军政策的制定。国会是海军建设政策的决定者,海军军官可以通过听证、游说与舆论等多种方式影响海军法案的出台。同时,海军军官团也愿意与觊觎海军行政领导权的国会联合,改革海军的组织人事和指挥体系。例如,对海军部长感到不满的指挥军官绕过海军部长,在国会的支持下发起设置海军作战部长一职的行动。

二、国会及其专门委员会

国会中的海军事务一般由专门委员会处理。总统、海军部和国务院主导海军的外部政策,负责"装备和维持"陆海军的国会则决定海军建设政策。作为立法领导者,国会对海军的立法统制包括一般性立法(general legislation)、预算(授权和拨款)、人事确认和调查等方式。国会一般指派参议院和众议院的海军事务委员会、拨款委员会等专门委员会具体处理海军事务,再由大会通过相关法案。其中,预算授权和拨款由众议院海军事务委员会发起[47],经参议院海军事务委员会修改后,两院协商通过;人事任命确认由参议院海军事务委员会单独负责。国会的海军事务委员会与海军部处理的海军事务大部分是重合的。南北战争后,海军事务委员会委员的任期变长,并且权力不受掣肘,其在海军事务方面的权威逐渐超过了海军部。在双重文官领导的海军政军关系结构下,两者合力控制海军军官团,巩固文官统制,国会也试图通过海军军官干涉海军行政事务。这为海军军官厕身其间、实现自身发展和推动海军建设政策制定提供了空间和便利条件。

虽然参众两院的专门委员会众多,议员均身处多个委员会之中,但是海军事务委员是名列前茅的常设委员会,很少有“新手”议员。[48]其中,参议院海军事务委员会的委员往往有在众议院海军事务委员会任职的经历。国会大部分海军事务由两院的海军事务委员会处理,所以其委员对海军的热情和能力对海军建设有莫大影响。需要指出的是,两院拨款委员会的海军分委员会委员通常也由各自的海军事务委员会成员兼任。海军事务委员会的委员大体上可以分为三类,第一类,全身心投入海军事务,其在海军建设方面的知识水平甚至高于许多职业海军军官;第二类,参与海军事务,对这类成员来说,海军建设仅仅是所在选区的“面包和黄油”(bread and butter);第三类,极少的议员,对海军事务持消极的态度,甚至可能阻碍海军建设。[49]不过,一般来说,海军事务由包括两院海军事务委员会主席在内的四分之一到三分之一的积极成员主导,其他成员只需要表态。海军建设是重要的国内政治事务,民主党和共和党对海军事务委员会的构成均很关心。一般来说,多数党在海军事务委员会中的议员要略多于少数党,其中,来自选情稳定的州的资深委员出任海军事务委员会主席。这就使得参众两院海军事务委员会主席的任期都很长,并且精通海军事务,在海军建设中享有巨大权威。比如缅因州参议员尤金·黑尔在此委员会任职长达 28 年,担任海军事务委员会主席 12 年。

美国国会既是联邦立法机构,也是州在联邦的代表。这一点在海军事务委员会中也得到集中体现。海军事务委员会代表联邦处理海军建设事宜,尤其是代表纳税人的利益,以最低成本进行海军建设。不过,它也是地方利益的汇聚之处,需要分配海军建设的巨大好处。在美国海军崛起时期,其成员有大约三分之一来自造船厂所在的 6 个州,另三分之一来自拥有私营船厂和重要岸上设施的 7 个州。[50]这些国会议员既是联邦立法者,赞助、组织和监督海军,又要不遗余力为自己的选区争取海军的“面包和黄油”。需要指出的是,大西洋沿岸州在海军事务委员会中的代表性一直在下降。随着海军发展,太平洋沿岸州和内陆州议员加入海军事务委员会,美国的海军建设更为均衡,在国会中遭到的反对也在减弱。海军事务委员会及其委员的双重代表性也表明,海军建设很难仅以符合联邦利益的方式用最低成本进行建设，海军建设政策的出台还是海军建设相关各州利益平衡的结果，海军建设效率自然也就要兼顾提高军事效能的需要与满足地方利益的需求。

国会中存在大海军派和小海军派。按照对海军发展的态度，参众两院议员可以分为大海军派和小海军派。大海军派大多集中在海军事务委员会中，他们或是出于对海军事业的热爱，或是希望为选区谋取海军发展的利益，积极支持增加对海军拨款和扩大海军规模。此外，外交事务委员会和拨款委员会的大海军派也可能兼任海军事务委员成员，如亨利·卡波特·洛奇。小海军派大多来自海军利益淡薄的内陆州，分散在其他委员会，但由于可能是拨款、财政、司法等重要委员会的委员，他们也会进入海军事务委员会。他们或秉持警惕常备军的传统观点，或忧虑海军成为帝国主义扩张的工具，对增加海军拨款和扩大海军规模持消极态度。需要指出的是，国会议员中大海军派与小海军派的立场并非一成不变，比如，参议员亨利·卡波特·洛奇因受到担任海军将领的姻亲和马汉的影响而变成大海军派，而参议院海军事务委员会主席黑尔在美西战争后因担心美国海军成为扩张工具而转变为小海军派。不过，无论是大海军派还是小海军派，都坚守文官统制海军的原则，对军官团组织人事和指挥体系改革持消极态度。

三、军官团与国会的互动

美国海军军官团与国会对待海军建设的态度有很大差别(见表2.1)。海军军官团均积极要求增加海军预算，扩大包括舰只、员额和岸上设施等在内的海军规模。指挥军官积极要求进行组织人事改革，提高指挥军官在海军决策中的地位，并要求进行指挥体系改革，设立海军总参谋部之类的高级指挥机构，以独立指挥舰队作战，协调海军各事务局。然而，技术军官积极要求组织人事改革的目的在于谋求与指挥军官平等的地位和待遇，反对设置由指挥军官负责的高级机构，并反对后者获得独立的舰队指挥权。与之对应，出于对海军事业的支持或者选区利益等因素，国会中的大海军派也积极支持增加海军预算和扩大海军规模；小海军派则对增加海军预算和扩大海军规模持消极态度，是海军扩张的约束力量。不过,除非军事效能亟待提高,国会议员一般均对组织人事和指挥体系改革持消极态度,因为军官团地位和作用的提高可能动摇文官统制军队的原则。

表 2.1　海军军官团与国会对海军建设的态度差别

海军建设/参与者	指挥军官	技术军官	国会中的大海军派	国会中的小海军派
增加海军预算	积极	积极	积极	消极
扩大海军规模	积极	积极	积极	消极
组织人事改革	积极	积极	消极	消极
指挥体系改革	积极	消极	消极	消极

资料来源:作者自制。

因此,海军军官团与国会基于不同的诉求进行密切互动。军官团一起推动国会增加海军预算和扩大海军规模,集中在两院海军事务委员会的大海军派积极呼应军官团的诉求,并克服小海军派议员的干扰和反对。不过,当海军可能过度扩张时,小海军派对海军建设的反对将有可能引起国会和公众的共鸣。指挥军官艰难地寻求国会进行海军组织人事和指挥体系改革,以提高其在海军管理和指挥中的地位,提高海军军事效能,但是国会通常对此持消极态度,甚至联合总统、海军部长压制指挥军官寻求相应组织人事改革的努力。尽管如此,当海军军事效能亟待提高时,国会中的大海军派也会与指挥军官联合,推动海军管理和指挥改革。与之相对,国会对技术军官要求进行组织人事改革、实现与指挥军官平等的要求比较慷慨,因为提高技术军官的地位既能提高海军军事效能,也能制衡指挥军官团。

海军军官团与国会通过间接、直接、官方和非官方的路径进行互动。在美国海军的基本政军关系结构下,海军军官团的要求一般要通过海军部送达国会,海军部长代表海军官方联系国会,因此海军军官团与国会的官方联系长期是间接的,如海军军官以海军部长僚属的身份去参加国会听证。不过,海军军官与国会有许多非官方的、直接联系的路径,比如海军军官可能与国会议员有同乡、姻亲和战友等私人关系,国会议员也可能诱导海军军官在听证程序之外表达“个人见解”。海军军官也通常利用非官方途径寻求国会中大海军派的支持,这种做法使得国会和海军部禁止海军部官员和军官以任何形式影响立法,并规定他们与国会的一切接触都要经过海军部的官方途径或者得到部长允许。[51]虽然规定严格,但是海军军官与国会议员的密切互动并没有受到有效限制,海军部也在1921年后陆续建立了由指挥军官负责的立法机关联络机制,与国会直接沟通海军事务。此后,海军军官团与国会的直接官方联系路径不断拓展。此外,海军军官团还一直在动员院外集团和社会舆论间接地对国会施压,推动其制定积极的海军建设政策。

海军军官团与国会的复杂互动是海军运用政策与海军建设政策相统一的过程。[52]美国海军保护对外利益和维护国家安全,这就需要国会持续投入资源进行海军建设,海军建设的主要目的也是将来能够在战争与和平时期运用海军力量。因此,海军建设政策制定的起点并非国会收到总统的海军建设要求,而是海军军官团评估外部威胁,并制定出相应的战争计划。美国海军建设是海军运用与建设相统一的政治过程,因此,对于海军军官团与国会的互动,需要置于海军军官团、海军部长、总统与海军部长等海军军政精英的整体互动之中进行有重点的考察。第一,海军军官团既是海军力量的实际使用者,也是海军建设的发起者和最积极的推动者。海军军官团对外部威胁的认知、自身演变和对海军建设的看法应进行重点考察。第二,以总统为首的行政首脑是海军的行政领导和海军建设的重要推动者。海军的行政部门负责制定海军力量运用政策,在军官团的协助下确立针对主要假想敌的海军建设目标,并以行政领导的身份推动立法领导制定海军建设政策。这种确定海军建设方向性的关键作用也是考察的重点。第三,国会中的重要人物是海军建设政策的决定者。国会制定海军建设政策,需要经过复杂流程和旷日持久的辩论。其中,海军事务资深人士决定海军建设政策,也决定海军发展命运。他们是考察海军建设中的国会政治时的重点对象。只有重点考察美国海军军政精英互动的整体过程,才能清晰揭示海军军官团与国会互动的历史情形。

四、政军互动的基本模式

在双重文官领导的基本政军关系结构下,海军军官团与国会的互动基本上是围绕海军军事效能与建设效率之间的动态平衡进行的。为击败假想敌,海军军官希望美国海军军事效能最大化,即足以战胜任何对手;国会却仅希望海军的军事效能恰好足够,即基本满足击败特定的作战对象或者假想敌的需求。与之对应,为实现军事效能最大化,海军军官希望尽可能增加海军预算,以不受限制地扩大海军规模、满足自身要求,即忽视海军建设效率,而具有双重代表性的国会则希望尽量以低成本建设海军,即努力实现建设效率最大化。事实上,经过行政领导转达的海军建设需求必然会受到国会的压缩,尤其是小海军派的抵制,海军军官团对军事效能和公共资源的预期都不可能达到理想状态。为未来战争做准备的军事效能不可能刚好满足需要,海军建设更是议员为选区争取利益的过程,所以海军建设也基本上不可能实现联邦立法者所追求的建设效率最大化。这意味着,美国海军的军事效能和建设效率只是趋向于平衡,即在建设成本可接受的情况下,海军建设成果基本满足针对主要假想敌的战争需要。这恰恰符合行政部门对海军建设的期望,因此总统和海军部长也愿意在海军建设问题上协调海军军官团与国会的关系。

海军军官团与国会以总统和海军部长为主要媒介的海军建设政策的制定是海军军政精英追求和维持海军军事效能与建设效率动态平衡的过程。具体来说,海军军官团和国会在双重文官领导的政军关系结构下围绕制定海军建设政策进行的互动大致可以分为三个具体情形。

情形一:在行政领导的支持下,海军军官团寻求增加海军预算、扩大海军规模。国会中的大海军派支持行政部门认可的海军军事效能需求,但是小海军派反对投入相应的海军建设资源。指挥军官、技术军官、海军的行政领导和国会中的大海军派会一起克服小海军派的反对,推动国会增加预算,扩建海军。

指挥军官和技术军官通过海军部的间接路径,或者直接向国会表达增加预算和扩大海军规模的诉求。海军事务委员会通过听证会和咨询等方式向总统、海军部长、海军军官等海军人士了解海军相应需求的具体情形。虽然国会较为注重海军建设效率,但是大海军派一般支持海军军官团的建设需求,小海军派则质疑和反对相应的海军建设需求。一般而言,大海军派在国会及其海军事务专门委员会中一直处于优势,但是对于海军可能的过度建设,势力上升的小海军派会动员各种力量进行反对,从而抑制海军的过度扩张。因此,指挥军官、技术军官和大海军派议员要一起克服小海军派议员的反对,推进积极的海军建设政策。但小海军派的态度不能被忽视,他们在一定情形下甚至也可能主导海军建设政策的制定。

情形二:指挥军官寻求海军组织管理改革和建立独立的指挥机构,以提高他们在海军管理和指挥中的地位。技术军官反对指挥军官们的诉求,海军部长、总统和国会中的大海军派与小海军派一般也均反对指挥军官的诉求。指挥军官推动海军部改革,技术军官、海军的行政领导和立法领导会联合对指挥军官进行压制。

指挥军官一直不遗余力地寻求海军组织人事改革和建立独立的指挥体系,以提升自身在海军管理和指挥中的地位。然而,指挥军官改革海军行政管理体制的努力一直受到不甘处于下风的技术军官的反对。坚持文官至上原则的国会一向反对指挥军官寻求提升其在海军决策中地位的努力。捍卫对海军的管理权与指挥权的行政部门也一直拒绝提升指挥军官在海军政策制定中的地位。因此,技术军官、海军部长、总统和国会议员通常会联合起来压制指挥军官的诉求。不过,在现有组织人事和作战指挥体系严重阻碍海军军事效能的提高时,国会中的大海军派不仅会有限支持指挥军官的改革诉求,而且会协助其克服技术军官和海军行政领导可能带来的阻力,以确保海军有足够的军事效能。

情形三:技术军官寻求海军组织人事改革,以取得与指挥军官平等的地位和待遇。对此,指挥军官持反对态度。不过,国会对技术军官的海军改革要求相对宽容。海军部长和总统为了制衡指挥军官也支持技术军官的改革要求。海军的行政和立法领导一般会支持技术军官逐步、有限度地实现与指挥军官平等的地位和待遇。

职业化程度相对较低的技术军官团在地位和待遇上一向不如指挥军官。技术军官不懈地要求与指挥军官平等,指挥军官对此表示坚决反对,并打压他们的诉求。但是,海军部长、总统和国会议员认为技术军官的要求不会威胁文官至上原则,提高其地位和待遇不仅会制约指挥军官,还有助于提高海军军事效能。因此,海军的行政和立法领导通常会支持技术军官的改革要求。不过，为了避免海军政军关系结构发生剧烈变化，技术军官诉求的满足是一个渐进的过程。此外，虽然技术军官与指挥军官逐步平等，但是国会出于保证海军军事效能的考虑，并非简单赋予其完全平等的地位，而是让技术军官逐渐融入指挥军官。

在美国海军崛起的过程中，以上三种情形构成美国海军军官团和国会在稳定的政军关系结构下制定海军建设政策的互动的基本模式。在每一种情形中，指挥军官或技术军官的海军建设诉求都会在国会面临阻力。海军军官团要联合行政领导和国会中的大海军派，克服小海军派的阻碍作用，以推进符合自身诉求的、积极的海军建设政策。具体来说，寻求增加预算和海军规模的物质性建设遇到的阻力较小，军官团较容易在国会中找到联合力量；寻求改变组织人事的制度改革面临的阻力较大，军官团不易在国会中找到联合力量，尤其是指挥军官的诉求面临的阻力最大，国会的反对最为强烈。与较为积极支持海军建设的大海军派不同，小海军派不仅是美国海军建设的坚决阻碍力量，也是防止美国海军过度扩张的有效抑制力量。

在以海军军官团与国会的互动为核心的美国海军建设基本解释框架下，本书将分阶段研究美国政府重建海军、建设新海军、建设次等海军、建设头等海军的具体情况，以验证本书的主要解释性推论，令人信服地解释美国海崛起的历史过程。第一，本书将结合美国海军的基本状况与执行外部政策面临的挑战和压力，指出美国海军军事效能的不足。美国海军的军事效能不足使海军建设的基本目标得以明确。第二，本书将分析海军军官团的演变、海军军官对海军建设的不同立场和态度。海军军官团的变化和对海军建设的认知与需求既奠定了海军建设的起点，也导向性地影响海军建设。第三，本书将追踪在双重文官领导下，海军军官团主要通过行政领导与国会进行的关于海军建设的复杂互动。这个追求军事效能和建设效率平衡的系统性互动塑造了美国的海军建设政策。最后，本书将分别评价美国各阶段的海军建设情况。海军建设的主要目标是提高海军军事效能，因此，按照前述衡量海军军事效能的标准去评价海军建设是本书考察的重点，辅助性地考察海军建设效率也有助于增加对美国海军建设得失的理解。

第四节　小　　结

由美国政府的行政和立法分支进行双重文官领导是美国政军关系的基本结构。在文官统制军队的地位不受威胁的情况下，秉持文官至上原则的文官领导也会加强军队建设以确保军队遂行国家安全任务，并努力实现和维持军队军事效能与军事建设效率的平衡。虽然美国海军难以威胁美国的基本政治制度，但是因为其耗费巨大、远离公众视野等军种特性而不易获得文官部门的支持。在双重文官领导的政军关系结构下，美国国会是美国海军的组织者、资助者和监督者，也是美国海军建设政策的制定者、海军建设过程的监督者，更是美国海军军官团推进海军建设的主要争取对象。作为海军管理和指挥的骨干力量，出于对个人职业前景的期待和对海军事业的追求，海军军官一直在不遗余力地推动国会制定积极的海军建设政策。在文官至上原则不受挑战的情况下，美国国会也愿意适度进行海军建设，以提高海军军事效能。

美国海军建设政策的制定和执行是海军军政各方参与利益博弈的政治过程。其中，海军军官团中的指挥军官和技术军官、国会中的大海军派和小海军派主要以海军部长和总统为媒介，基于不同的立场和需求进行互动，努力实现海军军事效能与建设效率的平衡，确保美国海军建设持续进行。具体来说，以海军军官团和国会为主的海军建设政策的参与者和制定者在增加海军预算、扩大海军规模、海军组织人事改革和海军作战体系改革四个方面进行复杂互动。稳定的海军政军互动塑造了美国适度发展海军的建设政策，并最终促使美国海军实现崛起。因此，本书就美国海军军官团、行政领导和立法领导关于海军建设互动的三种情形提出的基本互动模式，也将为以海军预算和规模迅速扩大、组织和人事建设却相对滞后、作战指挥体系改革最为缓慢为特征的美国海军崛起过程提供基本解释框架。

注释

1. Thomas C. Bruneau, "Impediments to the Accurate Conceptualization of Civil-military Relations," in Thomas C. Bruneau and Florina Cristiana Matei, eds., *The Rout-*

ledge Handbook of Civil-Military Relations, p.30.

2. 按照拉斯韦尔的论述,卫戍国家是指从事暴力管理的专家(军人)是最有权势的社会阶层,由这一阶层对社会进行政治高压统治的军事国家。Harold D. Lasswell, "The Garrison State," *The American Journal of Sociology*, Vol.46, No.4, 1941, pp.455—467。另外,据统计,美国政军关系研究的权威期刊《武装力量与社会》在1989—2007年间发表了大约530篇文章,其中103篇的主题是政军关系,后者中又有70余篇主要在探讨文官统制军队。José A.Olmeda, "Escape from Huntington's Labyrinth," in Thomas C. Bruneau and Florina Cristiana Matei, eds., *The Routledge Handbook of Civil-Military Relations*, p.68.另参见,Thomas C. Bruneau, "Impediments to the Accurate Conceptualization of Civil-military Relations," in Thomas C. Bruneau and Florina Cristiana Matei, eds., *The Routledge Handbook of Civil-Military Relations*, pp.17—18。

3. [美]塞缪尔·亨廷顿:《军人与国家:政军关系的理论与政治》,第83—84页。

4. Morris Janowitz, *The Professional Soldier: A Social and Political Portrait*, p.343.

5. 代表性的论著还有:Samuel E. Finer, *The Man on Horseback: The Role of the Military in Politics*, New Brunswick: Transaction Publishers, 2002;Michael C. Desch, *Civilian Control of the Military: The Changing Security Environment*, Baltimore: The Johns Hopkins University Press, 1999; Peter D. Feaver, *Armed Servants: Agency, Oversight, and Civil-Military Relations*, Cambridge: Harvard university press, 2003; Christopher P. Gibson, *Securing the State, Reforming the National Security Decision-making Process at the Civil-Military Nexus*, Burlington: Ashgate Publishing Company, 2008; Donald S. Travis, "Saving Samuel Huntington and the Need for Pragmatic Civil-Military Relations," *Armed Forces & Society*, 2017, Vol.43, No.3, pp.2—15。

6. Peter D. Feaver, *Armed Servants: Agency, Oversight, and Civil Military Relations*, p.7; Thomas C. Bruneau, "Impediments to the accurate conceptualization of civil-military relations" in Thomas C. Bruneau and Florina Cristiana Matei, eds., *The Routledge Handbook of Civil-Military Relations*, p.19.

7. 高民政等:《军事政治学导论》,北京:时事出版社2010年版,第59页。

8. 左希迎:《美国军事制度变迁的逻辑》,北京:社会科学文献出版社2015年版,第137—139页。

9. 高民政等:《军事政治学导论》,第83—84页。

10. [美]塞缪尔·亨廷顿:《军人与国家:政军关系的理论与政治》,第226—239页;洪陆训、段复初主编:《军队与社会关系》,第31—44页。

11. Thomas C. Bruneau, "*Reforms in Professional Military Education: the United States*," in Thomas C. Bruneau and Florina Cristiana Matei, eds., *The Routledge Handbook of Civil-Military Relations*, pp.196—197;另如,美军士兵和军官的宣誓词均要求支持和捍卫宪法,士兵的宣誓词更强调服从总统和上级指挥,见"The oath of enlistment and oath for commissioned officers," U. S. Army Center of Military History, http://www.history.army.mil/html/faq/oaths.html。

12. Florina Cristiana Matei, "A New Conceptualization of Civil-Military Relations," in Thomas C. Bruneau and Florina Cristiana Matei, eds., *The Routledge Handbook of Civil-Military Relations*, p.31.

13. James Burk, "Theories of Democratic Civil-Military Relations," *Armed Forces & Society*, Vol.29, No.1, 2002, pp.9—23; Michael C. Desch, *Civilian Control of the Military: The Changing Security Environment*, p.13; Deborah Avant, "Political Insti-

tutions and Military Effectiveness: Contemporary United States and United Kingdom," in Risa A. Brooks and Elizabeth S. Stanley, eds., *Creating Military Power: The Sources of Military Effectiveness*, Palo Alto: Stanford University Press, 2007, pp.81—89.

14. Elizabeth A. Stanley, *Creating Military Power: The Sources of Military Effectiveness*, p.228; Williamson Murray, Kenneth H. Watman, Allan R. Millett, "the Effectiveness of Military Organizations," *International Security*, 1986, p.37.

15. Michael Beckley, Economic Development and Military Effectiveness, *Journal of Strategic Studies*, Vol.33, No.1, 2010, pp.46—63; Stephen Peter Rosen, "Military Effectiveness: Why Society Matters," *International Security*, Vol. 19, No. 4, 1995, pp.5—7.

16. Florina Cristiana Matei, "A New Conceptualization of Civil-Military Relations," in Thomas C. Bruneau and Florina Cristiana Matei, eds., *The Routledge Handbook of Civil-Military Relations*, p.32.

17. Peter D. Feaver and Richard H. Kohn, eds., *Soldiers and Civilians: The Civil-Military Gap and American National Security*, pp.2—5; Arthur A. Ekirch Jr, *The Civilian and the Military: A History of the American Anti-Militarist Tradition*, Introduction.

18. Michael C. Desch, *Civilian Control of the Military: The Changing Security Environment*, pp.13—14.

19. Rodney Barker, *Making Enemies*, pp.1—14.

20. Thomas C. Bruneau, "Efficiency in the Use of Resources," in Thomas C. Bruneau and Florina Cristiana Matei, eds., *The Routledge Handbook of Civil-Military Relations*, p.39.

21. Ibid., 39—40;[英]罗恩·史密斯:《军事经济学:力量与金钱的相互作用》,孙建中译,北京:新华出版社 2010 年版,第 38—48 页。

22. [英]罗恩·史密斯:《军事经济学:力量与金钱的相互作用》,第 5—8 页;董问樵:《国防经济论》,北京:北京理工大学出版社 2007 年版,第 27—29、132—134 页。

23. 美国军事预算的一般流程,参见朱成虎、赵子聿等:《当代美国军事》,北京:社会科学文献出版社,第 224—228 页。

24. [美]塞缪尔·亨廷顿:《军人与国家:政军关系的理论与政治》,第 59—60 页。

25. Thomas C. Bruneau, "Efficiency in the Use of Resources," in Thomas C. Bruneau and Florina Cristiana Matei, eds., *The Routledge Handbook of Civil-Military Relations*, pp.40—41.

26. [英]罗恩·史密斯:《军事经济学:力量与金钱的相互作用》,第 31—38 页。

27. William C. Banks and Stephen Dycus, *Soldiers on the Home Front The Domestic Role of the American Military*, Cambridge: Harvard University Press, 2016, pp.1—2.

28. 美国宪法第一条第十款规定,未经国会同意,任何州在和平时期均不得保有战舰,所以美国并没有海军国民警卫队。参见 *The Declaration of Independence & The Constitution of the United States*, New York: Bantam Dell, 1998, p.67。陆军国民警卫队虽然是陆军的一部分,但是同时隶属于联邦和州,被称为"帝国中的帝国"。[美]塞缪尔·亨廷顿:《军人与国家:政军关系的理论与政治》,第 153—160 页;William C. Banks and Stephen Dycus, *Soldiers on the Home Front The Domestic Role of the American Military*, p.4。

29. Linton F. Brooks, "Naval Power and National Security: The Case for the Mari-

time Strategy," *International Security*, Vol.11, No.2, 1986, pp.85—87.

30. Paul E. Pedisich, *Congress Buys a Navy: Politics, Economics, and the Rise of American Naval Power, 1881—1921*, pp.79—80.

31. Robert W. Neeser, "The Department of the Navy," The *American Political Science Review*, Vol.11, No.1, 1917, p.71.

32. Henry P. Beers, "The Bureau of Navigation, 1862—1942," *The American Archivist*, Vol.6, No.4, 1943, pp.220—221.

33. Robert G. Albion, "The Administration of the Navy, 1798—1945," pp.294—295.

34. Bradley A. Fiske, *From Midshipman to Rear Admiral*, p.88.

35. Robert Greenhalgh Albion and Reed Rowena, *Makers of Naval Policy: 1798—1947*, p.260.

36. George T. Davis, *A Navy Second to None, The Development of Modern American Naval Policy*, p.115.

37. 章骞:《不列颠太阳下的美国海权之路》,第 245 页;"US Color Coded War Plans (1904—1939)," 12 February 2009, http://www.alternatewars.com/Interwar/American_Color_Codes.htm。

38. 海军建设不仅是装备水平提高,各管理和指挥部门协调一致,海军建设才能高效率进行,军事效能才能提高。当时美国海军组织管理存在的问题,参见 Eliting E. Morison, "Naval Administration in the United States," *U.S Naval Institute Proceedings*, Vol.72, No.10, 1946, pp.1304—1305; Robert W. Neeser, "The Department of the Navy," pp.65—66。

39. 美西战争后,美国海外利益拓展,海陆军共同担负的军事任务增多,联合行动也随之增多。参见 Robert Greenhalgh Albion and Reed Rowena, *Makers of Naval Policy*: 1798—1947, pp.347—353。

40. Peter Karsten, *The Naval Aristocracy: The Golden Age of Annapolis and the Emergence of Modern American Navalism*, pp.4—5; W. D. Puleston, *Annapolis: gangway to the Quarterdeck*, pp.5—24.

41. Robert G. Albion, "The Administration of the Navy, 1798—1945," pp.293—294; Peter Karsten, *The Naval Aristocracy: The Golden Age of Annapolis and the Emergence of Modern American Navalism*, pp.65—69.

42. Ralph Earle, *Life at the U.S. Naval Academy: The Making of the American Naval Officer*, The Nickerbocker Press, 1917, pp.25—26.

43. Robert G. Albion, "The Administration of the Navy, 1798—1945," pp.298—299.

44. Henry P. Beers, "The Bureau of Navigation, 1862—1942," p.220.

45. 直到珍珠港事件后,海军作战部长以海军部长的名义发布命令的规定才被总统的行政命令废除。参见 Franklin D. Roosevelt, "Reorganization of the Navy Department and the Naval Service Affecting the Office of the Chief of Naval Operations and the Commander in Chief, United States Fleet(Executive Order 9096)," *Federal Register*, Tuesday, March 17, 1942, p.2075。

46. Peter Karsten, *The Naval Aristocracy: The Golden Age of Annapolis and the Emergence of Modern American Navalism*, pp.342—346.

47. 在本书研究范围内,海军预算一般由海军事务委员会处理。不过,1881—1884 年和 1921—1922 年海军拨款案由众议院拨款委员会发起,1881—1898 年由参议院拨款委员会修改众议院通过的海军预算案。Robert Greenhalgh Albion and Reed Rowena, *Makers of Naval Policy: 1798—1947*, pp.124—127.

48. 1875—1946 年间,参议院海军事务委员会委员的平均任期为 18.5 年,众议院海军事务委员会委员的平均任期为 15.1 年。Robert Greenhalgh Albion,“The Naval Affairs Committees,1816—1947,” p.1231.

49. Robert Greenhalgh Albion and Reed Rowena, *Makers of Naval Policy*: *1798—1947*, p.136.

50. Robert Greenhalgh Albion, “The Naval Affairs Committees, 1816—1947,” pp.1231—1232.

51. The White House, *United States Navy Regulations*, *1920*, Art.92, 94, 95, Washington: Government Printing Office, 1920, pp.31—32.

52. 1882—1922 年美国海军预算的流程,参见附录三。

第三章

重建海军(1882—1893)

在舰只和火炮方面,全世界没有一支海军不领先于我们。

——戴维·迪克逊·波特　美国海军上将

国家安全、经济和荣誉的方方面面都要求彻底恢复海军力量。

——切斯特·艾伦·阿瑟　美国第21任总统

南北战争结束后,美国海军陷入发展停滞的“黑暗年代”。一度颇具实力的美国海军遭到大幅裁减。现役军舰逐渐老化退役,舰队却得不到补充。美国的海军力量远远落后于世界海军发展潮流,几乎无法承担任何作战任务。不仅如此,美国海军的管理体系也一直混乱低效,饱受诟病。这支过时的海军不但已经沦为国内舆论和外国海军的取笑对象,而且也使美国的海军军官感到屈辱和绝望。鉴于海军的糟糕状况,19世纪80年代初,以海军为业的美国海军军官团千方百计推动国会制定海军重建政策,恢复海军实力。到1893年,海军重建基本结束,攻防平衡的海军力量初步成形。美国海军军事效能大为提高,进入新的发展阶段。

第一节　军事效能低下的海军

美国海军停滞的时期正是世界海军大发展的时期。遭到政府冷落的美国海军迅速落后于全球海军的发展潮流。经过近20年的衰落,美国的舰队处于老旧无用的状态。虽然美国政府忽视海军发展有偿还战争债务、战后重建和发展西部等诸多原因[1],但是美国海军发展停滞的原因还是根植于其政军关系结构。因此,美国海军走出困境,胜任维护美国本土安全和海外利益的重任,有赖于海军军官团与行政和立法领导根据海军可能的战争需要,明确海军重建的基本目标,持续更新舰队,进行海军改革。

一、落后时代的海军

19 世纪中叶是全球海军技术迅速革新的时期。新一轮工业革命产生的新技术催化了一场海军技术革命。“优质装甲钢板、自带动力的鱼雷、复式发动机”和远程线膛舰炮等新技术和新武器纷纷被用来装备海军。[2]钢铁军舰迅速淘汰木质船只,蒸汽动力也在取代风帆航行。工业革命促使有能力的国家,无论是英国、法国和俄国这样的海军强国,还是奥斯曼土耳其、日本和中国等海军较落后的国家,都纷纷建造或购买新式军舰,努力建造现代化海军。处于维多利亚繁盛时期的英国海军牢牢掌握世界海上霸权,维护海洋秩序并引领世界海军发展潮流。[3]基础薄弱的德国海军也在陆军上将施托施(Albrecht von Stosch)的领导下迅速扩张。[4]甚至在美国有意推行门罗主义的拉美地区,有能力的地区大国也都在欧洲海军强国的帮助下,建设现代化的海军。如在英国的帮助下,在 19 世纪 80 年代前期,智利拥有太平洋地区最强大的海军力量。[5]

与国际上海军现代化的潮流相反,美国海军经历了舰队遭到裁减和“去现代化”的艰难过程。南北战争结束后,美国政府再次拆毁了其颇为强大的舰队。1864 年底,美国有近 700 艘舰只,总吨位大约 50 万吨,装备 5 000 门火炮。[6]同时,海军的岸上设施也大量遭到裁撤。到 1878 年,美国海军战时能动员 91 艘舰只,但仅有 34 艘现役舰只,其中还有 1 艘待修。现役舰船之外的舰只大都处于修理或者废弃状态。[7]除了海军规模锐减外,美国海军还规定除非特别需要,军舰尽量不使用蒸汽动力。[8]原有的蒸汽动力战舰要么被改装成风帆动力和混合动力舰,要么被出售、废弃或者拆毁。这种与海军发展潮流相违背、让海军重回风帆时代的保守举动,加上美国军舰的布局、装甲和火炮等均没有运用海军新技术,使得美国海军处于严重落后的状态。到 1880 年,处于“黑暗年代”的美国海军的舰只数量减少到 48 艘,世界排名第 12 位,位于丹麦、中国、日本和智利之后。美国已经不是海军强国了。[9]

美国海军不但没有赶上国际海军技术潮流,而且其海洋理念也没有跟上时代发展。1812 年战争之后,优越的地缘环境和英国的海上霸权保护着美国沿岸安全和在西半球的利益。弱小的美国海军虽然仍在全球部署各分舰队,并展开远洋巡航(sea-going cruise)、打击海盗和访问异邦等活动,但是其基本的海外职责在于保护美国的海外商业利益和宣示外交政策。美国海军无力也无意像英国和法国海军那样为占领殖民地提供武力支持。从这支海军成长起来的海军军官视海洋为英雄的舞台和商业的平台,对海上竞争持绅士的、温和的态度。他们对占领岛屿不感兴趣,倾向于与其他国家合作一起维护海上安全,并不认为为了商业利益和保护侨民值得与其他海上强国一战。[10]然而,第二次工业革命即将掀起列强瓜分世界的狂潮,海军新技术也使得海洋"缩小",远离大陆的岛屿对海军具有前所未有的巨大战略价值,如加煤站。海军列强开始视海洋为大国博弈的舞台,不少弱国也开始通过海军现代化实现自保。因此,技术落后的美国海军及其海洋观念落后的海军军官团即将面临严峻考验。

二、陈旧无用的海军

经过大规模裁撤,美国海军破败不堪。美国政府变卖和拆解了在南北战争中立下功劳的主力战舰,然后建造了少量不具备远海航行能力的低舷铁甲舰(monitor)和小型舰只。[11]侥幸得以保留的快速战舰(frigate)和铁甲舰也得不到维护。在 19 世纪 70 年代末,美国海军约三分之二的舰只无法航行,能够远航的军舰不但屈指可数,而且破旧失修。不仅如此,在这些"老爷船"上服役的官兵的状况更使美国海军雪上加霜。1865 年,美国海军有军官 6 759 人,候补军官 455 人,士兵 51 082 人;1866 年,军官减少为 2 297 人,候补军官 443 人,士兵 13 600 人;而到了 1878 年,军官人数则跌到 1 582 人,候补军官 370 人,士兵 6 135 人。[12]由于军舰数量锐减,海军军官晋升缓慢,对职业前景感到焦虑,[13]士兵质量也在下降。有调查显示,1876 年,亚洲分舰队一艘 120 人的军舰只有 47 人是美国人,中国人 21 人,意大利人 20 人,英国 9

人,其余人员来自 22 个国家。[14]在这样的军舰上,语言沟通都成问题,进行海战则更难以想象。

破旧的军舰和良莠不齐的海军人员使美国海军成为政治家和公众嘲讽的对象,也为国际同行所轻视。当时美国的媒体喜欢挖掘美国海军的负面新闻,甚至作为笑料进行报道。后来的海军部长、时任马萨诸塞州议会众议员的约翰·D.朗(John D. Long)将海军舰只比喻成"按字母表排列的漂浮的洗衣盆",伊利诺伊州议会众议员约翰·托马斯(John R. Tomas)揶揄海军军舰"破旧、速度慢,别说进攻,逃跑都费劲",美国公众更是将海军视为"福斯塔夫式的诙谐剧",并将"塔拉普萨"(Tallapoosa)号当成一个残酷的笑话。[15]公众不愿意投身海军事业。更为严重的是,公众和舆论轻视海军的社会氛围更不利于美国海军建设。不仅在国内,美国海军还成了国际同行取笑的对象。比如,法国海军参谋长参观马汉所指挥的"沃楚西特"(Wachusett)号时,嘲笑船上"古老的大炮"和美国海军"古老的体制"。[16]这种来自国内外的屈辱深深刺痛了海军军官的自尊心。

不过,对美国海军而言,遭遇强敌是比冷嘲热讽更严峻的考验。1873 年,美国海军中一支由"老朽的破船"组成的"处于可笑状态"的舰队应对"弗吉尼厄斯"(Viginius)号事件引发的危机时,美国舰队受到西班牙舰队"可怕的遏制"。舰上的美国海军军官说:"只要有两艘现代化的军舰,在 30 分钟内就可以把我们都搞沉,自己却不会受多大损害。"[17]如果说与西班牙走向战争边缘的危机得以用外交手段解决,掩盖了美国海军的陈旧无用,8 年后,美国舰队遭到的来自智利的羞辱则使美国上下警醒。在智利对秘鲁和玻利维亚的南美太平洋战争爆发两年后,1881 年,秘鲁和玻利维亚的败局已经显现。出于保护在秘鲁的经济利益考虑,美国派出使团调停战争,并指示乔治·B.鲍尔奇(George B. Balch)海军少将指挥的太平洋分舰队(Pacific Squadron)提供必要的支持。然而,节节胜利的智利人对美国的横加干涉大为光火。他们直率地告诉鲍尔奇将军,并通过他转告美国政府,"如果要多管闲事,他们就把鲍尔奇和他的舰队送到海底"。[18]这段话经一位国会议员之口在美国流传开来,美国海军颜面尽失。

这表明,即使不考虑美国的沿岸防御问题,破败不堪的美国海军已经不足以保护美国的海外利益,为外交政策提供支持。19 世纪 70 年代以来,随着帝国主义掀起新一轮扩张浪潮,海洋逐渐成为海军列强的竞技场。美国与英国和德国在太平洋也开始进行较量。美国海军在“弗吉尼厄斯”号事件和调停南美太平洋战争中的糟糕表现更使得海军行政和立法领导者意识到美国海军的军事效能极其低下,在将来与海洋强国的竞争中难堪大用。这就要求美国政府必须重建海军力量。

三、海军停滞的原因

美国海军在南北战争后的遭遇是由海军的政军关系状况决定的。美国政府在实现统一后拆解了经过战火考验的强大舰队且长期忽视舰队发展,符合其对待海军的一贯态度。虽然海军难以威胁美国国内政治秩序,但是出于对常备军的警惕和成本考虑,美国政府并不愿意维持规模庞大的舰队。因此,美国政府才一直在需要海军使用武力时进行海军建设,在目的达到后便拆毁、储存或变卖舰只,遣散海军人员。击败南方军队后,除了地缘优势外,美国一方面享受英国提供的海上安全秩序,另一方面也没有需要用武力保护的海外殖民利益,当时的美国政府和海军将领们都不认为需要一直维持军事效能很高的进攻型舰队。[19]因此,美国国会迅速裁减舰队规模,仅保留了一些近岸防御舰只。虽然政府恢复了保护美国商业利益和支持外交政策的全球性海军部署,但是限制建造具有远洋作战能力的舰只,并压缩海军预算,长期忽视海军发展。[20]这样一支低成本的“显示美国存在”(show flag)的、陈旧无用的海军力量并不能遂行针对其他海军现代化国家的作战或对抗任务。

海军管理体制的割裂和混乱加剧了美国海军的衰落。海军部长是海军的文官首长,但是要通过下属的由指挥军官负责的负责军事行动的事务局与由技术军官负责的负责支持性工作的事务局来处理海军事务。各事务局分工模糊,需要海军部长协调它们的工作。然而,由于部长既缺乏海军知识,也无精力协调僚属工作,这种出于制衡考虑的制度设计,变成现实中的权力分隔。各局优先考虑部门利益,而非海军整体利益。更为重要的是,国会对海军建设的拨款不是划拨到项目,而是下拨到各局。这就要求各事务局共同推进海军事务处理,以降低各局权力分割和争斗产生的负面影响。[21]海军部所辖的各造船厂和维修厂均设有各局的分支机构,由它们共同负责船只建造和维修。[22]然而,这种"和稀泥"式的海军管理方式却使得各局的矛盾溢出海军部,尤其是导致舰船建造和维护方面的混乱、低效,甚至腐败。比如,当时一个全国性丑闻是,在各局的"共同努力下",造价高达 57.2 万美元的"奥马哈"(Omaha)号的储煤室仅容航行 4 天的煤量。

海军军官团的内讧也使海军无力走出"黑暗年代"。首先,指挥军官和技术军官之间的矛盾激化。随着海军新技术的应用,以工程师为代表的技术军官在海军中的作用得到提高。他们借机要求与指挥军官平权,如拥有军衔。这冲击了指挥军官的优势地位,自然遭到指挥军官的坚决反击。为了降低技术军官的地位,以戴维·狄克逊·波特(David Dixson Porter)海军上将为首的高级将领不惜驱散所有的"志愿工程师"(volunteer engineer officer),并下令使海军重回风帆时代。[23]其中,海军实权人物波特上将发誓让工程师成为海军中最低等的军官,许多军舰的工程师都拒绝指挥军官进入引擎室。[24]在舰队中,相对于技术军官,指挥军官占有明显优势,但是在海军部及岸上机构中则必须面对技术军官独霸一方的现实。指挥军官与工程师的恶斗不断影响美国海军健康发展。几乎与此同时,新派海军军官与老派海军军官的冲突也在加剧。南北战争结束后,美国舰队规模不断萎缩,军官需求量下降,接受了正规海军院校教育,具有新技术、新思想的年轻海军军官不但个人升迁缓慢,而且忧虑海军发展的前景,而在"后甲板"成长起来的、思想守旧、安于现状的老派海军军官却不愿意放弃权力和待遇退出现役。这招致了新派海军军官的强烈不满。[25]然而,为了安置冗余的海军军官,美国海军增加了指挥和管理层级,并采取"轮休"制。这不仅使海军的负担加重,也使海军的指挥和管理体系更加低效。

除了海军政军关系因素外,美国海军长期发展停滞还受选举政治和党派斗争等整体环境氛围的影响。美国海军在"黑暗年代"的预算依然充足,但是浪费严重。[26]尤其是,腐败丛生、效率低下的老造船厂因为有国会议员的庇护得不到整顿。比如,大量海军预算并没有用于造舰,而是进入了"政客和承包商的腰包",造船厂聘用造船师也不看能力,只看在选举中的表现。[27]主要负责维修老旧木船的船厂与其他海军部门的无能和丑闻经常成为在野的民主党抨击共和党腐败的依据。在民主党的鼓动下，媒体将美国海军描绘成浪费纳税人钱财的不必要的存在。[28]换句话说，政党斗争滋长了反海军的社会舆论氛围，海军成了政党恶斗的牺牲品。职业前景黯淡的海军军官若要带领面临内忧外患的美国海军走出困顿，必须团结一致，争取文官领导尤其是国会的支持。同时，他们还必须改变不利于海军发展的社会氛围。

四、海军重建的目标

国际形势的变化和海上强敌的威胁要求美国海军提高军事效能。从19世纪70年代开始，操作破旧舰船巡航于世界各地、备受国际同行嘲讽的美国海军军官们便迫切要求采用新技术建造现代化舰船，并进行必要的制度改革以赶上世界海军的发展潮流。但是，这种声音一再被国会忽视。直到海军在应对接踵而至的挑战感到乏力的时候，国会才决心重新建造海军，以应对美国国家利益可能面临的挑战。

第一，美国海军必须有明确的假想敌。南北战争之前，美国政府都是在面临现实威胁的时候，如强敌入侵和海盗损害美国商业利益，才会加强海军力量。然而，这种传统做法在新形势下不再有效。在海军技术革命的潮流下，海军建设周期延长，建设成本也大为提高。无论是"弗吉尼尼斯"号事件，还是美国调停南美太平洋战争失败，美国海军均是临时受命，承担紧急战争任务。在新形势下，美国在威胁显现时再决定扩充海军实力显然为时已晚。更为重要的是，美国国会在南北战争后一贯漠视海军发展，不愿意拨款进行海军现代化建设。随着海洋成为大国角力场，国会虽然同意重建海军，但是支持力度依然有限。在以上情况下，疲弱不堪的美国海军必须确定假想敌，有针对性地进行海军建设。只有这样，海军才可能以低成本的方式恢复实力，并赢得国会支持，获得提高军事效能所需要的资源。

第二，美国海军必须有以新的战略或军事学说呈现的战争计划。由于缺乏迫切的现实威胁和明确的假想敌，美国政府和海军军官恢复了南北战争前用低舷铁甲舰进行近岸防御、用少量巡洋舰等远洋巡航舰只进行破坏交通线的防御和进攻平衡的战略。[29]然而,虽然低舷铁甲舰在南北战争中取得了不俗的战绩,但是装备"开花弹"(explosive-shell)舰炮的新式战舰使得铁甲舰不堪一击。[30]可以说,美国保护海外商业利益的老旧军舰已经无力执行破坏交通线的任务。面对现代化的海军力量,美国"既打不过对手、也逃不掉"的破旧军舰即使能够袭击对方商船,也难以通过破坏海上交通线的方式迫使对手屈服。它们更无法阻止敌人炮击美国的港口和城市。也就是说,美国海军历史上对抗英国和法国等强国的近岸对抗和破坏交通线的成功经验,连同在南北战争中积累的作战经验,在海军技术革命时代都已经成为其继续发展的沉重负担。在国际局势迅速变化的新形势下,美国面临的威胁加剧,美国海军必须抛弃陈旧的海战理念,发展出适应时代的新海军战略和学说。

第三,美国海军需要成立专门提出战争计划的机构,加强执行战争计划的海军力量。航海局的权力虽然经过不断扩大后,可以以海军部长的名义负责舰队的人事派遣和任务指定,但是并不负责制定战争计划。美国海军在和平时期执行常规的巡航和近岸防御任务,在海外使用武力由指挥官根据任务相机行事;而海军执行战争任务时,则由海军部长临时召集战争委员会负责制定战争计划和进行作战指挥。随着国际形势的发展,大国的海上竞争日趋激烈,美国随时可能面临海上强国不确定的挑战。美国海军迫切需要一个专门制定和平和战争时期的战争计划的机构,应对日趋复杂的安全环境。指挥军官一直致力于建立独立的海军参谋机构,以协调海军资源,有效遂行可能的战争任务。[31]不过,指挥军官的这种努力一直在遭到技术军官、文官领导的共同反对。此外,严重衰退的美国海军亟须扩充舰队以保障应对强敌的物质条件。更重要的是,舰队得到扩充壮大不仅是美国海军发展的主要指标之一,也是指挥军官和技术军官的共同梦想和努力方向。

第四,美国政府要持续对海军建设进行资源投入。美国海军若要顺利重建,军事效能得到切实提高,其关键在于美国政府对海军给予财力、物力和人力支持。国会是海军的赞助者和组织者,也是海军建设政策的制定者。尤其是,国会对海军的拨款是海军发展的财政基础。但国会在南北战争后不仅大幅削减了对海军的发展,而且一直限制海军建造新军舰。[32]因此，美国海军军官团需要联合包括海军部长和总统在内的行政领导，向国会为争取海军重建所必需的预算。只是备受社会舆论抨击和国会忽视的海军在与其他部门争夺有限的联邦预算方面并不占有优势。此外，海军指挥军官与技术军官之间内讧不断，海军管理部门之间缺乏协调，这都需要国会以立法的形式进行解决。特别是，海军造船厂的低效腐败激起了不少海军军官和社会舆论的不满。这些可能严重影响海军重建效率的弊端也需要国会调查和解决。可以说，美国海军的重建需要国会投入大量经济和政治资源，这些资源则需要海军军官团历经艰难才能争取到。

总之，身处"黑暗年代"的美国海军无论在海军技术和作战理念等诸多方面均落后于世界海军发展潮流。这支刚取得瞩目战绩的海军迅速衰落，并沦为国内舆论和国际同行嘲讽、取笑的对象，更不足以应对国际危机。美国海军要完成重建，需要在海军的政军关系结构下解决导致其陈旧无用的问题，比如海军管理混乱和军官团内斗。只有这样，美国海军才能恢复舰队实力，推进海军组织改革和指挥体系建设，进而有效提高军事效能。

第二节　困顿中的海军军官团

相较于国会对海军的冷漠态度，以海军为业的海军军官团均希望扩大舰队规模，恢复美国海军的实力。不过，指挥军官和技术军官、老派军官与新派军官的自身诉求及其对海军建设的看法有很大差异。这四类军官为了自身利益和海军事业既相互倾轧，又协力合作，共同构成美国海军重建的主要推动力之一。

一、指挥军官与技术军官

指挥军官寻求在海军管理制度上居于技术军官之上。指挥军官不但是军舰和舰队的指挥者，而且曾经是海军事务的主要管理者。1815年2月，美国海军部成立由三名资深上校组成的海军专员委员会(Board of Navy Commissioners)，负责协助部长处理海军有关发展的

“民事、器材和后勤事务”。虽然这个委员会仅在非军事行动的事务方面有建议权，且不能插手军事行动事务，但是指挥军官开始在海军部中对海军事务管理有发言权。[33] 1842 年，海军部长以 5 个事务局取代海军专员委员会，由于海军的技术性增强，技术军官也得以进入海军部，管理非军事事务。自此，虽然各局的设置和分工有所变化，但是部长负责领导和协调、事务局分管具体事务的海军部组织结构却基本稳定下来。[34] 由此，指挥军官也将海军部的无序和低效归结于技术军官认为他们分管非军事事务局且对与负责军事事务的各局协调持消极态度，进而指责这种“事务局体系”（bureau system）不仅伤害了舰队，而且造成海军管理混乱。因此，指挥军官寻求建立由其负责的海军参谋部之类的高级组织，获得对非军事部门一定的统辖权，协调各事务局的工作。

与之不同，技术军官则希望以现行海军管理体系为平台，争取与指挥军官的平等权利。传统上，相对于指挥军官，技术军官一直处于不平等的地位。工程师、建造师和军医等技术军官没有军衔，地位和待遇都低于指挥军官，在军舰管理和指挥上也几乎没有发言权，资深的工程师在年轻的指挥军官面前甚至都要主动敬礼。随着海军现代技术不断运用，技术专家一度受到指挥军官的尊敬。随着在舰队中的重要性提高，技术军官要求获得同等的军衔，享有与指挥军官相同的餐饮住宿条件。这样一来，他们自然受到指挥军官的严厉打压。不过，在海军部内，技术军官与指挥军官的职权大体上是平等的。前者以工程、船坞和军医等非军事事务局为平台与指挥军官进行斗争，更反对设立由指挥军官负责的协调各局工作的常设机构。不过，应当看到，虽然技术军官在海军行政管理层面的不合作违背了“事务局体系”设置的初衷，但是他们的平权诉求具有一定的合理性。

在这种情况下，指挥军官对技术军官的打压贯穿美国海军重建的过程。虽然这一时期美国海军部的行政体系是海军部长领导下的“事务局体系”，但是以波特海军上将为首的在南北战争中立下赫赫战功的海军高级将领在海军重建时代仍然有巨大影响力。他们一方面不顾海军部长和国会对技术军官的支持，继续在技术军官选拔和任命等方面压制要求平等权利的技术军官，另一方面要求指挥军官掌握蒸汽机操作和维修等技术，以取代技术军官。[35] 这种以维护特权为目的的打压遭到了技术军官的激烈反抗。技术军官们不仅抨击指挥军官对技术军官的不公正举措,游说文官领导者以取得支持,而且不惜将官司打到最高法院。不过,虽然技术军官更多是出于自身不利处境与指挥军官展开斗争,但是这种抗争也有客观上的积极意义。比如,以蒸汽工程局(the Bureau of Steam Engineering)为平台的工程师军官团一直在抵制波特上将让军舰重回风帆时代的命令,并进行机械技术创新。

尽管指挥军官和技术军官出于自身利益而争斗不断,但是作为以海军为业的军官团,他们都期望舰队规模不断扩大,海军持续发展。在海军的衰落期,整个海军军官团都对职业生涯和海军的未来感到绝望。只有舰队不断扩大,海军才会需要更多军官;只有海军不断现代化,技术专家的地位才会受到指挥军官和文官领导的切实重视。作为起点,建设一支现代化的强大海军,指挥军官和技术军官才能实现对自身和海军发展最基本的诉求。因此,他们通常会一致行动,推动国会制定有利于海军建设的政策,尤其是争取更多拨款。这样,指挥军官与技术军官在扩大舰队规模方面的努力容易形成合力,推动海军不断添置新式军舰;而他们在海军组织架构方面的争斗则被奉行文官至上的行政和立法领导机构利用,导致海军行政管理体系变革相当缓慢。美国海军在重建时期的这种发展特征一直贯穿美国海军崛起的全过程,不过,随着指挥军官和技术军官的融合,军官团内部利益差异缩小,海军指挥和组织管理体系的变革也明显加快。

二、老派军官与新派军官

老派指挥军官希望一直主导海军发展。在"黑暗年代",随着军舰不断被裁汰,美国海军军官超编严重且晋升缓慢。南北战争期间或者更久以前加入海军的老派指挥军官习惯于忍受逆境,尚能接受自身的职业状况。那些身居高位的高级军官更是由于巨大的权力、优渥的待遇和"海军情结"决意留在军中,为此不惜与国会、海军部和自己的良心展开持久战,这甚至让国会感到"处理一艘军舰要比劝退一名将军要容易"。[36]典型地,波特上将早在1875年就达到了退役年龄,却想方设法留在现役,直到1891年去世。这些老派指挥军官,尤其是年事已高的海军将领，成长于风帆时代。他们将海洋看成商业通道和探险场所，自然认为海军的职责除了保护本国沿海安全就是保护本国商业利益、打击对方的海上交通线和探险。不仅如此，大多数老派指挥军官沉湎于约翰·保罗·琼斯(John Paul Jones)和霍雷肖·纳尔逊(Horatio Nelson)等海上英雄的事迹，迷信风帆时代的航海经验，对海军技术进步持狐疑甚至抵制的态度。他们打压技术军官和新派指挥军官，对即将到来的全球海洋竞争浑然不觉。由于在这一时期，老派指挥军官是海军的实际管理者，他们的主导地位给美国海军的重建留下了明显的保守色彩。

新派指挥军官强烈要求年老体衰且思想保守的老派军官退休，为他们腾出位置。这既是美国海军重建的一个诱因，也是海军改革的重要内容。虽然都是指挥军官，但是与占据高位的老派军官不同，南北战争后从海军学院毕业的年轻候补军官的任命和晋升都非常困难。他们要么另择出路，要么长期居于低级军阶，消磨青春和希望。在这种情况下，他们强烈要求老派指挥军官退休，给年轻人发展腾出位置。然而，这种呼声不仅遭到位高权重的海军各局负责人和高级将领们的反对，老派军官们还推动国会通过《1882 年 5 月 2 日法案》(the Act of August 5, 1882)，该法案限制了海军学院的规模并规定了各军衔军官的人数。[37]这种强硬做法不仅打击了年轻海军军官的士气，甚至引发了海军学院历史上第一次毕业生不顾个人前途违反军纪，有组织地对抗有意坚决贯彻国会法案、推行激进改革措施的校长的严重事件。[38]面对不利形势，依然愿意为海军事业奋斗的年轻海军军官只能一方面尽力使自己成为海军重建不可或缺的人才，另一方面争取国会、民众和一些思想开明的海军高级军官的支持，以除去阻挡他们职业道路的老派军官。

新派军官渴望美国海军实现现代化。与对风帆舰船有特殊情结和秉持传统海军观念的老派海军军官不同，南北战争后进入海军学院的新派海军军官在求学期间就接触到较为先进的海军技术，在环球航行中更是目睹了美国海军与他国海军的巨大差距。他们不仅熟悉海军新技术，也乐于接受新事物，并积极推动新技术应用于美国海军，推动海军现代化。同时，新派海军军官执行海外任务时，目睹到的英国和法国等海军强国的行为也使得他们对即将发生的全球海洋竞争和海军作战理念的变化有新的认识。[39]因此,为了取代老派指挥海军,也为了建成足以应对未来威胁的现代海军,他们认真工作并积极奔走。老派海军与新海军的围绕海军建设理念和方向的争论既是指挥军官内部新老斗争的体现,也关乎美国海军的发展方向。

不过,新老海军军官也共同希望美国海军发展壮大。无论是成长于风帆时代、服役数十年的海军军官,还是接受正规海军军校教育、资历尚浅的年轻军官,他们虽然由于职业发展矛盾而爆发冲突,但是大多是海军至上主义者,渴望建设强大的美国海军。比如,新老指挥军官都对美国海军怀着深厚的感情,以写作、舰队巡游等方式向国会和公众"兜售"海军,争取建设强大舰队。[40]另外,老派指挥军官虽然不能容忍年轻的指挥军官急于"抢班",但还是视新派指挥军官为自己人。在意识到海军发展需要新技术和技术军官有海军部和国会的支持,他们既不能让美国海军重回帆船时代,也不可能取缔技术军官后,老派指挥军官命令新派指挥军官学习工程、维修和建造技术,以降低技术军官的重要性。新老指挥军官在海军改革方面的诉求基本上是一致的,即要求建立由指挥军官负责的指挥部门,协调海军部各事务局的工作。这也意味着,指挥军官与技术军官在海军组织改革和指挥体系建设方面的矛盾还将持续存在。

三、团体融合与代际更迭

指挥军官与技术军官不断融合。指挥军官与技术军官的不合引起国会的关注。1882 年,国会通过立法合并了海军学院中的指挥和工程学员。工程学员通过最严格的考试后可以被授予军衔,通不过考试的工程学员则被遣散。[41]不过,虽然工程军官争取到了军衔,但是指挥军官对从事工程事务的军官的歧视和打压并没有消失。这个政策的一个深远影响是工程军官的来源变得枯竭。随着原有的工程军官消失,海军中就只存在文职工程师和军衔后备注为工程师却不能担任指挥职位的指挥军官。不仅负责机械工作的工程师融合进了指挥军官团,负责舰船设计和制造的建造师军官团随后也逐渐融合进指挥军官团。一直以来,美国海军学院中愿意在船舶设计和建造方面继续深造的最优秀的毕业生加入建造师军官团后,会被送往英国皇家海军学院学习舰船建造课程,然后再被送往法国或荷兰接受进一步教育。但是,1896年,英国担心海军技术外泄,不再培养外军的建造师。这就逼迫美国国会决定自办建造师教育。在主动权竞争中,战胜了建造师负责的建造与维修局(Construction and Repair)的航海局既不愿意在海军学院开设建造课程,也不同意另设海军建造学校,而是选择在其监督下,由麻省理工学院开设建造课程,培养建造师。[42]培养建造师之争也是指挥军官与技术军官斗争的新表现。

技术军官与指挥军官的融合缓解了军官团内部的矛盾。以工程师、建造师为代表的技术军官先后融合进指挥官军官是现代海军发展潮流的要求。不仅由于海军部和国会支持技术军官,指挥军官在建造和维持现代化军舰的问题上也必须依赖优秀的工程师和建造师。老派指挥军官能够掌握操作风帆军舰需要的所有技术,但是随着海军技术的飞速发展和应用,指挥军官已经不可能懂得操控新式军舰需要的复杂技术,这是他们愿意接纳这些技术军官并为其发挥作用提供方便的主要原因。此外,相对于老派军官对蒸汽动力的厌恶、对技术军官的歧视,新派海军军官理解先进动力技术对美国海军发展的意义。他们在海军学院与技术军官一起接受教育,或者本身就是复合型人才,对技术军官也有亲近感。另外,新派指挥军官同技术军官都面临老派军官打压的问题,为了自身前途,他们也能够团结起来,争取权益,甚至促使老派军官退休。[43]

军官团的代际更迭最终消除了海军军官团内部的历史性矛盾。老派军官信奉旧的海洋观念和作战理念,压制技术军官和新派海军军官。如前所述,不少人更是运用在海军中的资历和权势对抗国会的退休制度和海军部的命令,延续在军中的影响力。这对美国海军发展产生了不小的负面作用。然而,这些老派军官还是最终对抗不了生命的规律。即便是波特上将,在1891年去世后,他在军中的影响也就很快消失了。与此同时,与老派指挥军官一直作针锋相对斗争的、来自民间的技术军官也退出了历史舞台。接受正规军校教育的新派指挥军官和技术军官开始成为美国海军的管理者。他们共同接受海军教育、一起熬过“黑暗年代”且对抗老派军官的压制,互相之间的敌意不多。于是,海军军官团内部的矛盾和冲突也因军官团的代际更迭大为减少。不过,技术军官的待遇仍然低于指挥军官,晋升速度也较慢,指挥军官和技术专家在海军管理和建设方面基于专业和立场的分歧也没有消失。因此,指挥军官和技术军官基于不同需求的斗争还将持续。

新老军官共同期望美国海军不断发展壮大,并共同为之努力。虽然指挥军官和技术军官、老派军官和新派军官基于理念和利益会发生激烈争斗,但是军官团的融合能够缓和矛盾。不过,由于理念和立场难以完全一致,指挥军官和技术军官的争斗还将继续影响美国海军的管理和组织改革。不过,更值得注意的是,具有新思想的老派军官既掌握权力、在军中有广泛影响力,又经验丰富、与时俱进,他们对美国海军重建有不可取代的引领和推动作用。比如,斯蒂芬·鲁斯(Stephen Luce)海军少将和马汉海军上校。需要指出的是,新派军官代替老派军官后,美国海军军官团的代际更迭并没有就此结束,在新环境下成长起来的新生代海军军官也将成为不断发展的美国海军的骨干力量。如具有新思想的老派海军军官的海军理念很快遭到新生代海军军官的批判,后者认为马汉的海权学说过于保守。不过,身居高位后的新派军官也可能由于思想僵化而阻碍海军的进步,受到后辈海军军官的挑战,代际更迭从而得以持续,并推动美国海军理念和骨干力量的更新。可以说,不断进行代际更迭的海军军官团是美国海军发展最持久的动力之一。

四、舰队更新与海军改革

在海军军官团代际更迭的过程中,海军军官的理念不同,并向进攻性海军思想转变。虽然海军军官一致要求扩建舰队,但是他们的海军建设理念却大不相同。位高权重的老派军官以近岸防御和破坏交通线战略为指导,这使得美国海军长期处于低迷状态。在海军重建之初,他们仍主张按照近岸防御与破坏交通线的需求建设美国海军,如不愿意放弃风帆、继续建造低舷铁甲舰和撞角舰(ram),排斥装甲巡洋舰(armored cruiser)。[44]不过,早在“黑暗年代”,新派海军军官认为美国应该建造适合舰队决战的战列舰和装甲巡洋舰的观点也突破了学术讨论范畴，[45]变成对建设强大进攻型舰队的迫切需求。虽然这两种不同的海军理念之争贯穿整个美国海军的重建时期，但是随着军官团的融合和更迭，传统的近岸防御和破坏交通线战略逐渐向舰队决战理念转变。其中，马汉在1890年出版《海权对历史的影响：1660—1783》（*The Influence of Sea Power Upon History: 1660—1783*）是海军军官团海军理念转变的标志性事件。海军军官团海军理念的争论和转变一直在塑造美国海军建设的方向。

军官团的舰队建设要求也在发生变化。在有利的国内环境和外部刺激下，美国海军启动了重建过程。1881年，由约翰·罗杰斯（John Rogers）海军少将领衔、由9名指挥军官和6名技术军官组成的海军咨询委员会（Naval Advisory Board）负责拟定造舰计划。然而，咨询委员会内部就木船还是铁船、帆船还是蒸汽船等造船细节争吵不休。于是，以老派指挥军官为主的多数派拟定了一份包括8艘一级巡洋舰（first-class cruiser）、10艘二级巡洋舰（second-class cruiser）和大量木制巡洋舰、铁甲撞角舰和鱼雷艇，预算高达近3 000万美元的海军建设计划。作为少数派，长期受到压抑的工程局（the Bureau of Engineing）局长本杰明·富兰克林·伊舍伍德（Benjamin Franklin Isherwood）和3位建造师单独提交了一份要求建造远洋重铁甲舰的造舰计划。[46]这两份计划主要体现了老派海军增强破坏交通线的海上力量的主张，其中技术军官的少数派计划与新派军官的主张更接近。然而，希望海军足以应付威胁却又认为海军建设计划老套、昂贵的国会对尽量凝聚海军军官团共识的海军建设计划并不感兴趣。1882年，领会国会意图的薛斐尔（Robert W. Shufeldt）海军准将领衔的第二个海军咨询委员会建议建造1艘装甲巡洋舰、3艘防护巡洋舰（protected cruiser）和1艘通信船（dispatch boat）。[47]这种侧重于加强海上破坏交通线能力又具有一定交战能力的造舰计划基本上得到了国会认可。此后，军官团提出的海军造舰计划一直注重攻防力量的平衡。

不过，随着海军战略的转变，美国以破坏交通线为重点、攻防平衡的海军建设逐渐向发展舰队决战力量倾斜，战列舰和重巡洋舰的建造也得到了授权。尤其是，1889年，在应对在萨摩亚的争端时美国海军在与英德的对峙中,不但陈旧的军舰在飓风中沉没,即使新服役的“亚特兰大”(Atlanta)号“波士顿”(Boston)号和“芝加哥”(Chicago)号 3 艘防护巡洋舰也不足以应对英国和德国对美国海外利益构成的挑战。几乎同时,以马汉为代表的舰队决战派认为,美国需要一支以战列舰为主力的强大舰队,使美国海军既能保护美国沿岸,又能夺取有限制海权,这一观点开始被认可。在这种美国海军从攻防平衡、侧重进攻向攻势制海战略转变的背景下[48],麦卡恩(W.P. McCann)海军准将领衔的海军政策委员会(Naval Policy Board)在评估美国可能的敌人后,提出了包括 10 艘进攻型战列舰、25 艘防御性主力舰和 24 艘装甲巡洋舰在内的庞大造舰计划。同时,委员会还指出美国应该“认真对待”英国可能对美国本土造成的威胁。[49]这也是美国官方第一次明确假想敌。之后,攻势制海战略逐渐成为美国海军军官团的共识,美国海军开始追赶时代潮流,发展足以匹敌欧洲海上强国的海军力量。

除了要求建立独立的海军指挥机关之外,美国海军军官团也在通过力所能及的海军改革追赶世界海军发展潮流。世界海军发展形势日新月异,但是美国海军军官团却在海军战略和海军建设方面故步自封、思想混乱,尤其是保守的老派海军军官固守风帆时代的过时观念,严重阻碍了美国海军的发展。这很大程度上是因为早期教育导致美国海军军官团内部技术主义盛行,指挥海军军官以全能的海员自居,容不下掌握工程和造船等海军新技术的技术专家,并且缺乏与指挥职位相适应的海军思维。[50]另外,美国的海军指挥官虽然有单舰作战的丰富经验,但是缺乏指挥舰队作战的能力。因此,美国海军需要建立供军官深造的院校,以期研究适合时代发展的海军战略,进行舰队作战教育。在海军组织方面,指挥军官还需要着眼于海军运用需要,在不触怒技术军官和文官领导的情况下进行机构和分工改革。

美国海军重建伊始,军官团内部矛盾重重,指挥军官、技术军官、老派军官和新派军官在自身发展和海军建设方面均存在立场和利益方面的冲突。这不仅加剧了海军重建的曲折和困难,也持续影响美国海军的发展。不过,整个海军军官团基本上都希望建设一支强大的美国海军。因此,他们共同积极推动文官领导部门尤其是国会制定积极的造舰计划,海军指挥体系建设和组织改革则相对缓慢。

第三节 平衡的海军重建政策

海军军官团一直要求美国政府重建衰落的海军,但是国会对军官的要求反应冷淡。为了使海军走出困境,海军军官团在全社会掀起了海军至上主义运动,培养支持海军发展的社会环境。更有效地,海军军官联合海军的行政领导机构向国会提出建设和改革计划。随着假想敌意识增强,海军军官团更加有针对性地争取国会支持海军重建。在海军的重建过程中,以军官团为核心的海军利益集团逐渐成形,这为海军进一步发展奠定良好基础。

一、发起海军至上主义运动

海军至上主义是以新派海军军官为主体的海军军官团掀起的社会思潮。在老派海军军官的职业生涯中,除了在南北战争中的短暂辉煌外,海军一直不受重视。南北战争后,海军处于困顿中,他们却身居高位,没有职业发展的忧虑。这些来自风帆时代的老海员满足于美国海军足够保护海外利益和破坏对手交通线的能力,也不认为美国需要建设一支足以比肩欧洲列强的海军。此外,这些军官坚持保守的军人心态,不但认为军官应该远离政治,而且鄙视政治人物。他们也刻意与商业和社会保持距离。然而,海军的萎靡不振与老派军官的打压,既使得年轻的新派海军军官职业黯淡,又让他们感受不到海军的荣光。在这种情况下,对现状不满的海军军官不得不打破海军军官团的自我禁锢,向决定海军命运的政治人物和奚落海军的社会公众宣传海军,以尽可能地塑造海军建设所需要的社会环境和影响国会制定的海军政策。因此,从 19 世纪 70 年代末,急于改变海军发展状况的海军军官发起了旨在建设强大的美国海军的海军至上主义运动。

海军至上主义宣传的主要内容是强调海军在国家生活中的作用。南北战争后,美国政府和社会认为美国本土不受外部威胁,且没有殖民地需要保护,不需要一支强大的海军。海军的陈旧无用和海军部的腐败低效被党争放大,美国舆论和公众对海军已经没有好感。因此,他们必须大力宣传海军的价值，提升海军在公众心目中的形象。其中，海军军官通过文学和学术作品重塑海军的光辉形象，论证美国需要一支强大的舰队。[51]无论是重新书写1812年战争的历史，还是强调制海权的重要性，其落脚点总是美国需要更多更先进的战舰。其中，马汉对新海权的学术研究不仅确定了美国海军新的发展方向，而且最终使美国需要强大海军力量的观念深入人心。当然，仅著述和其他文字宣传活动无法全方位展示海军的形象和重要性。在海军军官团的主导下，海军还通过竖立纪念碑、舰队展示和开展探险等活动全方位嵌入公众生活。通过海军自我塑造的良好形象和媒体的广泛宣传，美国海军逐渐培育了适宜海军发展的社会环境。

海军军官团掀起海军至上运动的目的在于动员公众和影响国会支持海军建设。海军塑造有利的社会氛围、进行社会动员有两个迫切的目的。第一，动员公众投身海军事业。由于公众对陈旧无用的海军不感兴趣，海军中美国船员严重不足，军舰需要大量招募外国水手填补缺员。这导致舰上官兵的语言交流都成问题，军事效能更无法得到保障。因此，美国海军军官团要提高美国民众参加美国海军的积极性。第二，向国会试压。美国国会具有双重性，既是联邦立法机构，也是地方代表。国会议员既是立法者，也是地方利益的代表。其中，国会议员的政治命运依赖于他们个人的政策立场以及他们与地方的连接。因此，动员民众支持海军建设可以对国会及议员形成巨大的政治压力，进而间接影响海军的政策制定。需要指出的是，海军动员的公众，并不仅仅是普通民众，也包括与海军发展息息相关的商船队、船厂和钢铁厂等产业的从业者。这样，美国海军建设就逐渐获得了稳固的社会公众和利益集团的支持。

海军军官团的海军至上主义运动得到了其他精英的积极呼应。美国社会对海军的陈旧无用感到不满，这种状况也引起了社会精英的广泛同情。出身海军的社会名流、同情海军的政治家和学术界与舆论界人士等纷纷呼应军官复兴海军的努力。其中，最著名的就是西奥多·罗斯福与亨利·卡伯特·洛奇。早在1882年，时年24岁的西奥多·罗斯福就以亲海军的叙事方式发表历史著作《1812年战争中的海战》(*The Naval War of 1812*)，肯定了美国海军在1812年战争中的作用。

他告诫公众不要犯祖辈的错误,任由海军腐烂老掉。只有重新装备海军,做好战争准备,和平的生活才有保障。[52]洛奇不仅与罗斯福一起宣传对海军至上主义者和帝国主义者至关重要的"盎格鲁-撒克逊"的种族责任论,而且受家庭姻亲影响一直有海军情结。他在与马汉接触后,便接受了马汉的海权观念,成为国会中坚定推动海军发展的"大海军"派之一。于是,海军至上主义运动逐渐由军官团的"自救"行为转变成社会精英要求建设强大海军的社会需求。美国重建海军的海军至上主义思想动员和社会动员深入发展,并持续推动国会制定积极的海军建设政策。

二、海军军官联合行政领导

以总统为首的海军行政管理机构需要提高美国海军的军事效能。总统是海军的最高指挥者,希望美国海军有足够能力保护美国国家安全、海外商业利益并支持外交政策。然而,陈旧无用的海军在面临西班牙、智利等对手时,既不能通过"显示存在"的和平方式完成任务,更无力通过战斗完成文官领导交付的任务。因此,锐意改变海军落后状况的加菲尔德(James Abram Garfield)总统任命资深法官威廉·H.亨特(William H. Hunt)为海军部长负责海军重建事宜。虽然海军部长是总统意志的执行者,但是作为海军建设的第一责任人,他也是沟通海军军官团与国会的官方和正式渠道,其个人能力对海军发展至关重要。亨特虽然没有海军背景,但是由于有一位儿子是海军军官且与海军上层交往密切而熟悉并热心海军事务。[53]此外,他也精明老练,政治经验丰富。亨特不但召集了"罗杰斯委员会"向国会提交了庞大的海军建设计划,而且邀请国会议员与海军军官一起讨论海军政策,缓和了两者之间长期的抵触情绪。亨特任职一年转任驻俄公使后,钱德勒(William E. Chandler)、惠特尼(William C. Whitney)和特雷西(Benjamin F. Tracy)三任海军部长也均积极推动海军建设。

海军军官通过行政领导提出海军建设要求。海军军官团虽然一直要求建设海军,但是他们必须通过海军部长乃至总统才能将海军建设要求提交国会。南北战争后,他们重建海军的呼声长期得不到行政领导的回应。当意识到加菲尔德和阿瑟(Chester Alan Arthur)总统及其海军部长有意改变海军的落后状况时,海军军官立即以委员会的形式提出庞大的造舰计划,并同行政领导一起争取国会的支持。但是,海军部长的海军建设理念是有差别的,钱德勒和惠特尼希望建造攻防平衡的舰队,而特雷西更倾向于建造用于舰队决战的“决战舰队”(battle fleet)。[54]他们立场的差异既反映了美国海军发展理念的转变和不统一,也加剧了美国海军建设的混乱状况。作为难以看到直接效益的公共建设,海军军官必须在总统和海军部长可接受的限度内提出海军建设要求。只有形成一定程度的默契,海军军官团的海军建设需求才能转变成为海军正式的建设计划。然而,罗杰斯委员会中的指挥军官和技术军官在海军部长调解下都不能达成一致,还分别向国会提交海军建设计划。这种行为只会招致国会的反感。

海军行政领导的海军理念深受海军军官团迭代的影响。海军军官不仅在海军建设计划方面寻求与行政领导如海军部长达成一致,也以顾问的形式影响他们的海军理念。海军部长大多缺乏海军专门知识,需要军官提供专业意见,这些文官对海军的认知自然也受海军军官团迭代的影响。亨特和钱德勒重用罗杰斯和薛斐尔等老派海军,钱德勒更是在离开海军部、成为参议院海军事务委员会委员后,仍然坚持反对建设决战舰队。惠特尼虽然把主要精力放在海军部门改革上,但是依然对海军军官团及其海军理念有明显好恶。他主政海军部的时期正是军官团内部海军理念和人事之争激烈的时候,受老派军官影响,惠特尼认为马汉是迫害症患者,并支持一些老派军官取消马汉主持的海军战争学院。[55]然而,他的继任者特雷西不但欣然接受“决战舰队”的海军发展理念,而且非常欣赏马汉,向他咨询关于海军的战略问题,并让马汉宣传海军扩张的合理性。[56]具有不同理念的海军军官通过影响文官领导,尤其是海军部长,使得美国的舰船建造逐渐赶上世界海军发展潮流。

海军军官团在海军组织改革方面也与行政与立法领导进行了有效合作。除了舰队老旧外,混乱、低效的管理也在抑制美国海军的军事效能。海军军官和国会都要求海军部进行组织机构改革,以理顺海军管理体系,尤其是整顿腐败、浪费的船厂的岸上设施。海军组织改革利益牵涉广泛,海军部长必须与海军部的实际管理者和指挥者海军军官通力合作,才能使美国海军的管理状况得到有效改观。在海军军官团的支持下,惠特尼和特雷西下决心改革因指挥军官和技术军官争斗而运转失灵的事务局管理体系,明确各局分工,并加强与各局局长的协调。同时,海军部还大力整顿以政治"分肥"(spoiled system)为基本原则的海军建设体系,并以严格的标准与私营造船厂和钢铁厂签订造船合同,打造新的海军建设体系。[57]然而,无论是军舰建造,还是海军改革,军官团和行政管理部门都没有最终决定权,国会才是海军建设政策的制定者。海军军官要联合行政部门一起争取国会的支持。

三、缺乏假想敌的海军建设

国会支持海军重建,并非为了针对特定敌人,而是由于受到了外部刺激。南北战争结束后,美国海军的实力急剧衰落,海军军官团和海军行政部门均为海军走出困境奔走,国会却不为所动。虽然参议院依然对陈旧无用的海军持冷漠态度,但是肯塔基州民主党人怀特霍恩(W.C.Whitthorne)众议员和缅因州共和党人尤金·黑尔众议员等少数亲海军国会议员在舆论批评声中开始联合海军军官和行政部门推动海军重建。[58]舆论和立法者不但嘲讽海军的陈旧腐朽,而且对智利奚落美国海军感到震惊和屈辱。相对而言,虽然英国、法国、西班牙等国在美国周边存在军事力量,但是这些国家并没有进攻美国的意图。美国甚至还受惠于英国海上力量对美国本土和海外贸易的保护。因此,美国这一阶段的海军建设只是在外部刺激下有限恢复过于糟糕的海军的实力,而不是针对特定假想敌提高海军的军事效能。

海军重建的目标仍然是恢复近岸防御-远洋巡航型舰队的实力。在欧洲均势格局下,美国本土基本上没有遭到强敌进攻的威胁,美国海军的低舷铁甲舰也足够维护沿岸安全。由于缺乏假想敌,美国海军的重建并没有针对性的目标。在老派军官的主持下,美国海军按照传统的近岸防御和破坏交通线的需求开启了重建过程。不堪执行远洋巡航任务、遭受屈辱的海军在1882年和1883年接连提出以巡洋舰为主的造舰计划。同样对海军巡航能力感到不满的国会在1883年授权并开始拨款建造"ABCD"4 艘军舰[59]。1884 年,美国海军军官团内部就造舰类型和数目发生严重争执,以《纽约时报》为代表的媒体也加入争论。于是,海军建设理念的混乱使得国会在这一年没有授权建造任何一艘军舰,国会中偏向防御和偏向进攻的两派观点都无法占上风。在两派的折中下,国会在 1885 年授权建造 2 艘防护巡洋舰和 2 艘炮艇(gunboat),在 1886 年授权建造 2 艘二级战列舰(second-class battship)、1 艘防护巡洋舰、1 艘炸药炮巡洋舰(dynamite cruiser)、4 艘低舷铁甲舰和 1 艘鱼雷艇(tropedo boat),在 1887 年授权建造 2 艘防护巡洋舰、2 艘低舷铁甲舰、2 艘炮艇,在 1888 年授权建造 1 艘装甲巡洋舰、3 艘防护巡洋舰、2 艘无防护巡洋舰(unprotected cruiser)和 1 艘炮艇,在 1889 年授权建造 2 艘炮艇和 4 艘拖船(tug)和 1 艘撞角舰。

美国在 1883—1889 年的以上军舰建造情况显示,美国海军重建政策的侧重点是防御。老派军官和新派军官均希望按照自己的主张建造军舰,但是他们均无法占据主导军舰建造计划。当他们争执不断、力图压倒对方的时候,海军军官团便很难推动国会授权建造新军舰;当他们协调一致、形成合力的时候,海军军官团便能够推动国会建造更多军舰。这样一来,美国军舰的建造计划只能兼顾进攻与防御的平衡。加之美国海军没有面临紧迫的威胁,缺乏假想敌,国会也不愿意把有限的预算花在建设海军的进攻能力上,而是更希望海军加强近岸防御能力。因此,美国海军还是按照近岸防御-远洋巡航需要建设的,大量建造低舷铁甲舰和炮艇等近岸防御力量,新建的远洋巡航力量也以防护巡洋舰为主,进攻能力有限。此外,技术军官在这段时期的海军建设过程中也一直起着积极的推动作用。他们虽然与指挥军官的军舰建造理念有出入,但是也致力于将新技术运用在新军舰的建设过程中,比如推动海军紧跟世界海军技术发展潮流,以装甲取代铁甲,建造鱼雷艇。总之,这一偏向防御的军舰建造状况既是各派军官共同努力的结果,也是他们相互妥协的结果。

当然,美国海军的重建不仅体现在陆续授权建造 38 艘军舰方面,而且体现在同时展开的海军组织结构改革上。为了了解外军信息,为海军部和平和战时的决策提供参考,1882 年 3 月,海军部长亨特签发行政命令,成立由航海局统辖的"海军情报办公室"(Office of Naval Intelligence)。[60]这个美国最早的海军情报机构最初只是收集主要海军强国的海军装备及技术发展情况,推动美国海军现代化。随着功能扩大,其派驻在各国的海军军官也负责收集所在国的海军活动情况,参与美国海军的对外交往,甚至协同海军战争学院(Naval War College)制定战争计划。[61]为了解决军官教育中重技术、轻战术和美国海军缺乏海军编队作战等问题,在斯蒂芬·鲁斯的推动下,海军战争学院在1884年6月成立。[62]鲁斯亲自担任首任院长。他不但重视海军思想教育,而且邀请马汉任海军史和海军战略教授。这所海军高等学院很快成为美国"海军思想的摇篮"。然而,老派海军军官反对海军教育偏离技术主义传统,成为研究战争理论的"象牙塔"。他们一直怂恿海军部长和国会停止为海军战争学院拨款。[63]在马汉院长、一些海军至上主义者和国会议员的努力下,经过十余年的曲折发展,海军战争学院终于得到了国会的认可。此后,海军战争学院一直是美国海军人才深造的基地、海军战略思想的熔炉。更重要的是,这所高级海军军官学院长期是海军战争计划的制定机构。

不过,国会对海军重建的支持仍然是非常有限的。国会虽然基于提高海军军事效能的考虑同意海军建造新的军舰,但是一旦认为其军事效能超出需要便对海军建设持消极态度。同样,国会虽然对海军部通过行政命令建立有助于提高海军军事效能的海军情报办公室和海军战争学院持默认态度,但是却不允许对海军组织结构进行根本性改革,海军军官团要求建立独立指挥体系的呼声便没有得到国会的回应。因此,海军重建取得突破性进展需要更具进攻性的舰队决战理念在军官团内部占有优势,并受到文官领导,尤其是国会的青睐,以扭转海军建设中的防御偏向。同时,虽然随着海军重建推进,国会中亲海军力量在增加,但是国会中对海军的反感还比较盛行,海军还需要努力赢得更多国会议员支持。这也表明,海军军官团争取文官支持提高海军军事效能的建设与改革的活动需要更具有针对性。

四、以英国为假想敌的建设

1890年,海军军官团协助行政领导将英国预设为主要假想敌。随着美国海军战略理念大辩论和海军至上主义运动的发展,建设舰队决战海军的观念逐渐深入人心。1889 年,深受马汉思想影响的特雷西就任海军部长。随后,特雷西在给国会的报告指出,美国现有的海军力量薄弱,不足以抵御敌人对沿岸和重要港口的攻击。[64]虽然他没有指明哪个国家会攻击美国,但是当时在美国周边保持军事存在的英国、法国、荷兰和西班牙等欧洲国家中,英国最有能力进攻美国沿岸。历史上,英国也一再袭击美国港口,封锁东海岸。可以说,特雷西对于美国可能受到威胁的描述不仅很有针对性,而且能唤起国会对英国的恐惧。于是,受海军部长委派、负责提出美国海军建设计划的"麦卡恩委员会"便心领神会地将英国明确为主要假想敌。这个委员会的做法不仅是领会海军部长意图的产物,由于麦卡恩委员会的报告是 1890 年年度海军部提交给国会报告的一部分,它也意味着美国官方将英国确定为主要假想敌。英国对美国的威胁不但体现为可能进攻美国本土,而且还体现为影响美国拓展海外利益。麦卡恩委员会认为,美国本土安全不大可能受到侵犯,但是海外利益却可能受到英国强大舰队的袭扰。

确立假想敌后,海军军官制定了针对英国的战争计划。其中,马汉在 1890 年制定的对英紧急战争计划最具形式。他认为美英一旦开战,英国会动用其 53 艘战列舰中的 30—35 艘,封锁美国东海岸。美国传统的破坏交通线战术难以取得胜利,而必须使用由 12 艘战列舰组成的舰队击败英国舰队才能取胜。为了击败英国,马汉甚至提出海军掩护由 15 000 人组成的陆军远征军,占领英国在哈里法斯克的加煤站。[65]不过,当时美国海军的两艘二级战列舰尚在建造中,没有对抗英国海军的基础。此外,陆军也认为海军完全不可能掩护其远征英国,这是让陆军将士白白送死。同时,也没有证据表明英国会进攻美国,这个战争计划更多是迎合特雷西的报告,政治色彩大于军事目的,显得幼稚而仓促。它自然得不到根本就没打算与英国开战的文官领导的认可。然而,马汉的战争计划却起到两个作用:引起海军决策者对美英海军军事效能悬殊的重视;间接提出海军的造舰要求。

1890 年开始,美国开始针对英国舰队的可能威胁提高军事效能。在特雷西部长建设"吨位仅次于英国"的海军舰队的要求下,海军部当年向国会提交了包括 18 艘一级战列舰(first-class battleship)、12 艘二级战列舰、5 艘三级战列舰(third-class battleship)在内，高达 2.81 亿美元的海军建设要求。[66]国会对海军的野心深感震惊。反海军主义者更是抨击和抵制这个规模空前的海军建设计划。其中，亚拉巴马州民主党人约瑟夫·惠勒(Joseph Wheeler)众议员的观点很有代表性："在 25 年的和平时期，你们在海军上花了纳税人 4 亿美元，却没给公众看看你们的成果。海军承包商和他们的朋友变得越来越富有，公众却越来越贫穷。你们为战舰而战，我们为公众而战。"[67]不过，在亲海军议员的推动下，国会还是授权建造 3 艘一级战列舰、1 艘防护巡洋舰、1 艘鱼雷巡洋舰和 1 艘鱼雷艇，只是当年没有安排拨款。[68]海军对此大为失望，这却已经是历史上最好的结果。接下来，民主党控制的两院与共和党掌握的行政部门的对立和经济危机的爆发使美国放缓了海军建设。海军在 1891—1893 年被授权建造 1 艘一级战列舰、1 艘装甲巡洋舰、1 艘防护巡洋舰、1 艘鱼雷潜艇(submarine torpedo boat)和 3 艘炮艇。[69]随着特雷西离任海军部长和经济危机加剧，国会暂停授权建造大型军舰，海军重建阶段结束。

在以英国为假想敌的背景下，美国海军在海军组织改革方面也进行了有益的尝试。为了有效组织海军建设，特雷西建立了部长直接领导下的海军建造委员会(Board on Construction)，以协调和监督造船工作。[70]这有效解决了各事务局权力分割造成的低效和浪费问题。同时，针对假想敌的战争计划制定体系也得到显著发展。在国会的默许下，特雷西部长重点建设以海军战争学院为核心的战争计划起草体系。他将海军情报办公室由海军航海局转隶于部长办公室，协助海军战争学院制定战争计划。接着，海军战争学院的每个班级都会要求制定一个"战略问题"，让军官学员在教学训练中制定相应的战争计划。[71]此后，美国海军战争学院每年都制定针英国入侵的战争计划，指导海军建设；同时，针对构成紧迫威胁的次要假想敌制定具有操作性的海军战争计划。这虽然距离指挥军官要求的独立指挥体系还很遥远，但是他们毕竟能够按照自己的意图谋划战争并对海军建设发表专业意见了。

在海军军官团和行政领导的推动下，震惊于老旧海军无能表现的国会重建了攻守平衡的海军力量。在重建海军的前期(1882—1889)，美国海军并没有设置假想敌。海军军官团一边就海军发展理念进行辩论,一边推动文官部门制定有利于海军建设与改革的政策。因此,美国海军按照近岸防御-远洋巡航的需要建造军舰,同时建立了海军情报办公室和海军战争学院。在重建海军的后期(1890—1893),舰队决战的理念开始被接受,美国以英国为主要假想敌进行海军建设。在崇尚进攻性海军理念的行政领导的支持下,海军军官团争取到国会对建造一级战列舰、装甲巡洋舰等主力军舰和具有一定攻击能力的鱼雷艇的授权。同样,为了更有效指导战争准备和海军建设,美国海军建立了以海军战争学院为主的战争计划制定体系。不过,由于国会对海军重建整体上缺乏热情和持狐疑态度,美国海军重建的过程相当缓慢且一直在建设攻守平衡的舰只队伍。另外,海军军官团内部关于海军发展方向的争论还没有结束,党争不仅影响到了美国政府的行政与立法分支的合作,更直接使海军建设成效大打折扣。因此,美国海军与其他欧洲强国的海军实力差距还非常巨大。

第四节　关于重建海军的评价

从 1882 年国会授权海军重建到 1893 年大规模建设结束,经过十余年的发展,美国海军基本上走出了"黑暗年代"。在这一时期,美国以侧重近岸防御-远洋巡航、兼顾一定进攻能力的平衡思路发展海军力量。美国海军有了先进的海军学说,海军战争学院也开始针对假想敌制定战争计划,舰队实力得到初步复苏,然而,美国海军的军事效能依然较为低下,不足以遂行文官领导交付的战争任务。同时,美国建设海军的效率也较为低下。

一、待实践的战争计划

海军军官在攻势制海学说的指导下制定海军战争计划。传统上,美国海军不预先制定战争计划,只是在战争或者冲突爆发后,临时制定行动方案,并进行人员、装备和其他资源调配。这也表明老派军官没有针对假想敌制定过战争计划。1890 年,马汉依照自己的攻势制海学说制定海军战争计划,开了海军制定战争计划的先河。此后,年轻的新派海军军官不断制定针对不同假想敌的战争计划。需要指出的是,这些年轻军官都是马汉的学生或信徒,他们制定战争计划的指导学说也是马汉的攻势制海学说。也就是说,位高权重的老派军官所信奉的近岸防御-远洋巡航理念虽然仍主导着美国海军的建设需求,但是在战争计划制定方面却被舰队决战理念取代。这导致两个结果。第一,战争计划暂时不被大多数高级军官青睐。高级海军军官更多把年轻海军军官制定的战争计划作为一种提高海军军事效能的参考和向国会争取更多预算的依据,而非海军发展的指导纲领。第二,战争计划将为新阶段海军发展的指明方向。随着海军军官团的代际更迭,制定海军战争计划的新派军官逐渐取代老派军官的位置。他们制定的海军战争计划也终将成为提高海军提高军事效能的主要依据,为海军建设指明方向。

海军的战争计划脱离真实情景。美国海军在重建时期主要提出了两个战争计划:1890 年的对英战争计划和 1891 年的对智利战争计划。马汉制定的美国海军对英战争计划呼应了海军部长对主要假想敌的研判,也呼应了美国社会对英国传统的恐惧和警惕心理。1882 年,英国炮击了埃及的亚历山大港,这使得包括一些国会议员在内的政治精英也担心英国会袭击美国沿岸。[72]不过,这个计划并没有指出英美交恶的情景、英国袭击美国的原因等,而是直接凭空设想美英舰队决战的情景。另外,美国陆军在 1890 年也制定了以进攻加拿大为目的的战争计划。虽然马汉制定的战争计划也以陆军能够像历史上的英美战争一样取得陆上胜利为前提条件,但是他并没有与陆军进行沟通,就提出了海军协同陆军占领哈里法斯克的远征计划。一年后,海军军官在海军部长的授意下制定的针对智利的海军作战计划虽然初步指导了海军力量的调动,但是完全是出于紧急应对危机。海军军官并没有评估拉丁美洲风起云涌的革命浪潮,并据此制定维护美国国家利益的战争计划。

海军军官制定的战争计划没有得到检验。马汉制定的战争计划无视美国海军与英国海军的悬殊实力差距,没有可操作性。马汉与海军军官一起制定的针对智利的战争计划初步指导了美国海军的战争准备活动,却因为智利愿意赔款而没有得到最终执行。因此,美国“第一次”针对“真实战争”制定的作战计划最终不了了之。[73]美国海军虽然在重建时期有了很强的假想敌意识,也能够制定相应的战争计划,但是其战争计划却并没有经过战争实践的检验,也难以有针对性地指导军事建设,更不可能根据提高海军军事效能的需要优化战争计划的制定。综上所述,美国海军在重建时期的战争计划制定虽然有先进的学说作为指导,但是其水平并不高。海军军官需要在海军发展的新阶段继续探索如何依据真实情景而非政治需要制定战争计划,进而有效指导海军战争准备和军事建设。

二、复苏中的美国海军

美国开始建立战争计划制定体系。美国海军有明确的假想敌后,以马汉为代表的海军军官便着手制定针对假想敌的战争计划。由于美国和智利爆发战争危机,制定战争计划的个人尝试迅速转变成海军部长授命下的参谋作业,海军情报办公室和航海局均参与其中。19 世纪 90 年代初,海军战争学院在教学中引入制定战争计划的参谋作业。每个班级每年会被要求制定一个战略问题,学员拟定解决特定战略问题即针对假想敌的战争计划。同时,美国海军遇到需要使用武力或者以武力进行威慑的情景时,海军部也会让海军情报办公室协助海军战争学院制定相应的战争计划。这样,美国就形成了以海军战争学院为主要起草者的教学战争计划和紧急战争计划的制定体系。出于教学目的制定的战争计划一般作用仅限于提高学员的专业水平,但若是针对的战略问题受到海军和政府重视,特定的战争计划会得到文官认可并继续更新,进而指导战争准备和海军建设。与之不同,海军部授命起草的紧急战争计划针对性强,一旦付诸实施便会指导战争实践和战争准备。

作为海军战争计划的执行者,美国海军实力得到初步恢复。从 1882 年美国国会授权建造新军舰开始,美国建造和再建了一批二级战列舰、装甲巡洋舰和护卫巡洋舰等具有一定进攻与巡航能力的新式军舰。其中,1886—1893 年间,美国陆续入役了 8 艘巡洋舰。[74] 与此同时,美国也逐渐淘汰老旧过时的军舰,一支攻防平衡、侧重防御的新型海军力量初步成形。因此,美国海军也有了实践门罗主义、干涉拉丁美洲各国革命和内部事务,以及在太平洋地区谋求加煤站和势力范围的物质基础。更为重要的是,思想保守的美国老派海军军官逐渐退出舞台,具有最新海军理念的新派海军军官开始成为海军的实际管理者和指挥者。在海军改革方面,海军情报办公室和海军战争学院先后建立,并在国外海军信息获取、战争计划制定等方面发挥作用。这些都预示着美国海军即将进入新的发展阶段。

美国海军的力量依然较为弱小。虽然经过10年的海军建设,在美国现有造舰计划完成时,其战时能够使用的军舰数量达到105艘,已经超过日本、智利、中国等国,但是还远远落后于英国、法国、德国和俄国等海军强国。[75]相对于这些欧洲强国和美国海军将要承担的实践门罗主义和拓展海外利益的任务,美国的海军力量依然相对弱小。更为严重的是,美国虽然入役了不少新型战舰,但是仍然保留有大量的风帆战舰。新老战舰很难协同行动,老式军舰基本上无法胜任新形势下的沿岸防御和远洋活动的任务。因此,处于新老交替期的美国海军的舰队力量并没有如同海军部长报告的那样强大。部长的年度报告用的是最乐观的算法("等到建造完成"),事实上,扣除老式军舰64艘、在建军舰19艘和尚未开工的3艘,美国现役的具有较强攻防能力的军舰只有19艘。也就是说,美国海军现役能够遂行海军作战任务的军舰数量甚至少于海军重建之初。不过,美国海军的数量虽然不足,但质量已经有稳步提高。随着新军舰的不断下水、老军舰退出现役,美国海军也将迎来新一轮发展。

三、不情愿的资源投入

国会希望重建海军,而非建造新海军。虽然海军军官团和行政领导积极推动海军发展,但是作为立法领导的国会才是美国海军建设政策的最终制定者。不过,虽然国会是受到海军军事效能低下的刺激而决心重新建设海军力量,但是绝非希望打造新的进攻型海军。首先,国会不需要一支旧的近岸防御海军。18世纪80年代初,无论是波特等老派海军权威呼吁建造以低舷铁甲舰为主力的舰队,还是罗杰斯委员会贯彻传统战略的造舰计划,都没有引起国会的兴趣。其次,国会也不想要一支可以比肩欧洲列强的海军力量。薛斐尔明确告诉国会,其提交的造舰计划旨在恢复美国海军力量,而非建设堪比欧洲对手的舰队后，这一计划才得到了国会的大力支持。国会在拨款建造 2 艘战列舰后，就暂停了建造战列舰。麦卡恩委员会庞大的战列舰建造计划让国会感到震惊。海军军官与海军部长极力游说，亲海军议员大力支持，国会才勉强授权建造 3 艘一级战列舰，当年还没有进行拨款。虽然美国的海军战略正在发生根本性转变，国会却还一直在维持建造防御性和进攻性舰只的平衡。国会的造舰计划落后于世界海军的发展潮流和美国海军理念的变化，这需要海军军官团和海军部进一步努力，推动国会建造更具进攻性的海军。

国会对海军建设充满疑虑。除了追求适度、温和的建设目标外，国会对海军建设充满了疑虑。国会决心提高海军的军事效能，却不愿意投入太多的资金和资源进行海军建设。海军重建只是公共预算开支的一部分，不可能得到所有议员的支持。来自内陆和西部的议员以及社会上许多对海军不感兴趣的人士认为，建设海军就是浪费钱财，来自东部和沿海地带的议员也不得不顾忌反对海军的声音。国会拒绝在 1890 年否决战列舰建造计划后，就有议员以“人民需要经济”、不可能浪费纳税人的钱财为理由抨击特雷西部长和海军军官的“贪得无厌”。因此，美国在海军重建阶段得到国会的拨款也是相当有限的，甚至没有超过“黑暗年代”的水平。此外，国会不相信海军部。国会对陈旧无用的海军深感失望，也深知海军部的腐败和低效，尤其是钱德勒部长与造船商利益输送的舞弊案更进一步打击了国会对海军的信心。因此，许多国会议员担心海军部建造的军舰在入役时不合格，甚至过时无用。

不过，国会也不愿意彻底整顿海军痼疾。除了不愿意治理腐败浪费的海军岸上设施，国会对不堪一战的老式海军也较为宽容。整顿重建海军需要清理陈旧过时的木船和帆船，并清理海军冗余人员。国会没有立即拆毁那些老朽的军舰，而是不再维修不适航的旧军舰，并逐步让这些军舰退役。这导致 1893 年美国海军老旧军舰的数目远多于新建军舰。如果这样做的初衷是出于保护美国海军有限军事效能的军事和经济考虑，那么国会不愿意强制老派军官退休则更多是出于政治和社会考虑。由于担心引起海军人事震动，国会宁愿压制年轻军官，也不支持海军部裁汰不合格的高龄海军军官。[76]这加剧了老派军官与和新派军官的矛盾，使美国海军发展受到了延滞。另外，国会也不批准海军部长设置类似于参谋部的高级机构,后者只能成立由各局组成的临时委员会,协调海军建设事宜。可见,国会对海军改革的态度要比对海军重建的态度保守,其在海军建设中的决定性地位和保守态度塑造了美国海军组织改革滞后于硬件建设的基本特点。

四、重建海军的效率

美国的海军重建政策与基本海军军事效能要求严重不匹配。在预设假想敌之前,美国海军的基本军事效能需要是为维护对外利益提供支持。将英国预设为主要假想敌后,其基本军事效能需求明确为足以对抗英国。国会只是想改变美国海军落后的状况,对海军可能遭遇的假想敌并不敏感。因此,美国国会的海军预算水平与“黑暗年代”大体相当。与之对应,国会既没有在海军重建之初投入资源,建设足以在萨摩亚危机中对抗德国海军的舰队,后来也没有建设“吨位仅次于英国”的海军力量。国会对海军人事与组织改革的态度则基本上体现了美国海军中位高权重的老派指挥军官的态度。国会一方面积极推进工程师军官融入指挥军官,从源头上消除工程师军官与指挥军官的对抗,另一方面严格控制初级军官的选拔和晋升,延缓新派军官对老派军官的职业冲击。不过,在具有新思想的老派海军军官推动下,国会同意建立海军情报办公室和海军战争学院等符合世界海军发展潮流的机构。不过,国会并没有积极回应老派海军军官要求建立独立参谋机构的要求。这严重阻碍了美国海军军事效能的提高。

虽然国会对海军建设持观望态度,却也在试图降低海军建设成本。国会不仅不愿意整顿产能低下的造船厂和维修厂等岸上设施,而且不允许海军部重组权力分割的海军行政管理的“事务局体系”。[77]因此,美国海军的生产水平没有提高,生产能力与生产成本也不可能实质性降低。海军造舰订单仍然是国会议员竞相瓜分的“猪肉桶”。美国海军建设中的浪费现象依然严重,生产成本居高不下。不过,海军部和国会还是有限地尝试降低海军建设成本。比如,虽然国会规定了建造军舰需要的钢铁必须由本国钢铁企业提供,但是也规定了“合理的价格”。[78]美国的钢铁企业处于起步阶段,基本上为私营企业。海军部和国会可以克服阻力,要求美国的钢铁企业提供价格低、质量符合要求的造舰用钢。经过艰苦探索,美国钢铁企业不仅满足了政府的要求,而且在美国海军建设过程中实现了全行业的崛起。不仅如此,以钢铁业为代表,美国海军部扶持的以私营企业为主的海军"军工复合体"也逐渐形成。这进一步提升了美国海军建设的效率。

虽然美国海军正在复苏,但是其军事效能与建设效率仍然严重失衡。除了战舰更新造成的海军军事效能的暂时性降低,国会低成本重建海军的效果与海军军事效能的需求相去甚远。国会不愿意投入充足的预算,也不愿意对海军管理体制进行大幅改革,舰队实力没有得到显著提升,海军管理体制几乎没有改变,保守落后的老派军官仍然把持着海军的关键位置。大力推动海军重建却依然处于困顿中的新派军官和急需海军提升军事效能的海军部对美国海军的现状严重不满。不仅如此,由于扶持私营钢铁企业的国会议员禁止国会从国外采购急需的装甲钢板,美国海军建设过程被大大迟滞。如,由于美国钢铁厂一直无法生产出符合价格和质量要求的镍钢,国会在 1886 年授权建造的 2 艘战列舰直到 1895 年才建成。更为严重的是,由于历史痼疾,新兴的私营造船厂也向海军部输送不当利益,海军建造过程中酿成的丑闻甚至牵涉到锐意进取的海军部长。这不但让公众唤起对海军腐败的固有印象,而且也成为小海军派攻击海军重建的证据。可见,提高海军建设效率与提高海军军事效能一样任重道远。

总之,在奋力自救的海军军官团与积极进取的海军部长们的推动下,国会缓慢而持续地制定海军重建政策,美国海军实力缓慢得到恢复。在军政各方的努力下,美国海军不断建造较为现代化的军舰,并逐步淘汰老旧过时的军舰。不过,由于美国面临的威胁尚不迫切,假想敌意识尚不强烈,保守的国会还是坚持进攻与防御平衡的海军建设政策。同时,国会既无意于彻底治理海军的痼疾,也不希望海军实行激进改革。因此,在美国海军重建过程中,舰队发展快于组织改革,海军建设效率提升也较为缓慢。海军建设中的各种失衡和不足将继续限制美国海军军事效能的提高,成为海军军官团要求改革的重点。同时,正在进行代际更迭的海军军官团也将努力推动国会制定更为积极的海军扩建政策,打造更具进攻性的新海军。

第五节 小 结

美国南北战争后,美国海军迅速跌入陈旧无用的“黑暗年代”。在1882年以前,美国海军装备老旧,作战理念也很落后。这支海军缺乏假想敌、没有战争计划、没有专门机构制定战争计划,在与对手的对抗中一直处于下风,也是美国社会和立法机构的取笑对象。大多数海军军官看不到海军发展的希望,职业荣誉感也消耗殆尽。国际海军革命性发展的潮流和国内反海军的社会氛围使得美国海军一直难以摆脱落后状况,处境愈加被动。在海军极度困顿的情况下,以海军为业的军官团发起海军至上主义运动,联合行政领导寻求国会对海军重建的支持。指挥军官、技术军官、老派军官与新派军官等海军军官团内部的斗争与合作使得海军在作战理念方面一直处于摇摆状态,在造舰计划上仍追求攻防平衡。军官团的融合和代际更迭策动美国海军缓慢却不可逆地朝向舰队决战型的方向发展。

经过大约10年的发展,美国海军的实力得到一定程度的恢复。在美国海军军政各方的努力下,美国海军经过两个阶段的重建,海军军事效能有了很大程度的提升。在1882—1889年间,美国国会不仅授权执行了攻防平衡、侧重防御的造舰计划,而且支持海军建立海军情报办公室和海军战争学院。对于海军来说,这在物质建设和组织改革方面都是良好的开端。随着海军重建进程的开启,海军发展理念从近岸防御-远洋巡航向舰队决战方向转变。在这一转变的指导下,具有新思想的海军军官和海军行政领导在1889—1893年间推动国会授权建造攻防平衡、侧重进攻的造舰计划。同时,美国海军开始有了明确的假想敌意识,海军战争学院也开始针对假想敌制定战争计划。这有助于美国有针对性地进行战争准备和军事建设。不过,随着美国海军不断建造新式军舰、推进组织改革,其军事效能和海军建设效率不断提高。同时,美国的外部环境也在发生剧烈变化,需要承担新使命的美国海军即将进入一个新的发展阶段。

注释

1. Paolo E. Coletta, *A Survey of U.S. Naval Affairs, 1865—1917*, p.14;[美]艾伦·布林克利:《美国史》,邵旭东译,海口:海南出版社 2014 年版,第 425—477 页。

2. Lisle A. Rose, *Power at Sea: The Age of Navalism, 1890—1918*, pp.7—8; *Emir Yener, From the Sail to the Steam, Naval Modernization in the Ottoman, Russian, Chinese and Japanese Empires, 1830—1905*, pp.15—31;[美]内森·米勒:《美国海军史》,第 166 页。

3. [英]保罗·肯尼迪:《英国海上主导权的兴衰》,第 191—192 页。

4. [美]劳伦斯·桑德豪斯:《德国海军的崛起:走向海上霸权》,NAVAL+译,北京艺术与科学电子出版社 2013 年版,第 104—111 页。

5. 章骞:《不列颠太阳下的美国海权之路》,第 202 页。

6. [美]哈罗德·斯普雷特、[美]玛格丽特·斯普雷特:《美国海军的崛起》,第 152—153 页。

7. Navy Department, *Annual Reports of the Navy Department. Report of Secretary of the Navy (ARSN)*, 1878, Washington D.C., United States Government Printing Office, pp.3—4.

8. Navy Department, *Regulations for the Government of the United States Navy, 1870*, United States Government Printing Office, March 31,1870, pp.36—37.

9. [美]内森·米勒:《美国海军史》,第 166 页;章骞:《不列颠太阳下的美国海权之路》,第 156—158 页。

10. Mark Russell Shulman, *Navalism and the Emergence of American Sea Power: 1882—1893*, pp.58—71.

11. Lawren Sondhaus, *Naval Warfare, 1815—1914*, pp.126—128.

12. "U.S. Navy Personnel Strength, 1775 to Present," Naval History and Heritage Command, August 2, 2016, https://www.history.navy.mil/research/library/online-reading-room/title-list-alphabetically/u/usn-personnel-strength.html.

13. Peter Karsten, *The Naval Aristocracy: The Golden Age of Annapolis and the Emergence of Modern American Navalism*, pp.279—283.

14. [美]内森·米勒:《美国海军史》,第 168 页。

15. Robert Seager II, "Ten Years Before Mahan: The Unofficial Case for the New Navy, 1880—1890," *The Mississippi Valley Historical Review*, Vol.40, No.3, 1953, p.497.

16. Peter Karsten, *The Naval Aristocracy: The Golden Age of Annapolis and the Emergence of Modern American Navalism*, p.332.

17. Ron Soodalter, "To the Brink in CUBA 1873," *Military History*, Vol.26, No.4, 2009, p.67;[美]罗伯特·卡根:《危险的国家:美国从起源到 20 世纪初的地位》,袁胜育等译,北京:社科文献出版社 2016 年版,第 372—373 页。

18. Robert Greenhalgh Albion and Reed Rowena, *Makers of Naval Policy: 1798—1947*, pp.316—317.

19. [美]乔治·贝尔:《美国海权百年:1890—1900 年的美国海军》,第 3—4 页。

20. Kurt Hackember, *the U.S. Navy and the Origins of the Military-Industrial Complex, 1847—1883*, pp.119—120.

21. Eliting E. Morison, "Naval Administration in the United States," pp.1304—1308.

22. Robert Greenhalgh Albion and Reed Rowena, *Makers of Naval Policy: 1798—*

1947, pp.13—14.

23. William M. McBride, *Technological Change and the United States Navy, 1865—1945*, pp.119—120.

24. Peter Karsten, *The Naval Aristocracy: The Golden Age of Annapolis and the Emergence of Modern American Navalism*, p.332.

25. Ibid., pp.280—286.

26. 美国重建海军伊始,预算并没有增加。1887 年,海军预算才开始超过"黑暗年代"的水平。参见 Budget of the US Navy: 1794 to 2014, Naval History and Heritage Command, https://www.history.navy.mil/research/library/online-reading-room/title-list-alphabetically/b/budget-of-the-us-navy-1794-to-2004.html。

27. [美]罗伯特·西格:《马汉》,第 90 页;William M. McBride, *Technological Change and the United States Navy, 1865—1945*, pp.120—121; Robert Greenhalgh Albion and Reed Rowena, *Makers of Naval Policy: 1798—1947*, pp.149—150; Robert W. Neeser, "The Department of the Navy," pp.65—66。

28. William S. Peterson, "Congressional Politics: Building the New Navy 1876—1886," pp.490—498.

29. "破坏交通线"是指袭击商船、破坏对方海上商业交通线的作战方式。Benjamin L.Apt, Mahan's Forebears: "The Debate over Maritime Strategy," pp.91—94.

30. William M. McBride, *Technological Change and the United States Navy, 1865—1945*, p.10.

31. Robert G. Albion, "The Administration of the Navy, 1798—1945," p.300.

32. 国会不支持新造军舰和其他海军技术创新,反而把大量经费花在老旧军舰的维修和维持上。海军部的浪费和腐败问题也相当突出。Paolo E. Coletta, *A Survey of U.S. Naval Affairs, 1865—1917*, pp.15—16.

33. Craig L. Symonds, *The U.S. Navy, A Concise History*, Oxford: Oxford University Press, 2015, p.31;[美]斯蒂芬·豪沃思:《驶向阳光灿烂的大海:美国海军史(1775—1991)》,第 151—152 页。

34. S. B. Luce, "Naval Administration," *U.S Naval Institute Proceedings*, Vol.14, No.3, 1888, pp.576—581; John Randolph Spears, *A Short History of the American Navy*, New York: Charles Scribner's Sons, 1907, pp.128—129.

35. William M. McBride, *Technological Change and the United States Navy, 1865—1945*, pp.19—23.

36. 每一名在南北战争中收到国会感谢信的军官,只有在犯重罪或在海军服役 55 年以上的情况下才能退休。其他军官可以选择再服役 40 年或者服役到 62 岁。海军增加指挥层级,以容纳更多指挥军官,这也无法平抑年轻军官的焦虑和愤怒。George T. Davis, *A Navy Second to None, The Development of Modern American Naval Policy*, p.115; Peter Karsten, *The Naval Aristocracy: The Golden Age of Annapolis and the Emergence of Modern American Navalism*, pp.279—283.

37. Peter Karsten, *The Naval Aristocracy: The Golden Age of Annapolis and the Emergence of Modern American Navalism*, pp.285—286.

38. W. D. Puleston, *Annapolis: Gangway to the Quarterdeck*, pp.11—112.

39. Mark Russell Shulman, *Navalism and the Emergence of American Sea Power: 1882—1893*, pp.76—77.

40. Ibid., pp.46—57.

41. Leland P. Lovette, *School of the Sea: the Annapolis Tradition in American*

Life, New York: Frederick A. Stokes Company, 1941, pp. 104—105; William M. McBride, *Technological Change and the United States Navy, 1865—1945*, pp.22—23.

42. William M. McBride, *Technological Change and the United States Navy, 1865—1945*, pp.24—29.

43. Peter Karsten, *The Naval Aristocracy: The Golden Age of Annapolis and the Emergence of Modern American Navalism*, p.292.

44. [美]哈罗德·斯普雷特、[美]玛格丽特·斯普雷特:《美国海军的崛起》,第178—179页。

45. J.C. Soley, "On a Proposed Type of Cruiser for the United States Navy," *U.S Naval Institute Proceedings*, Vol.4, No.2, 1878, pp.128—129; Mark Russell Shulman, *Navalism and the Emergence of American Sea Power: 1882—1893*, pp.96—98.

46. [美]内森·米勒:《美国海军史》,第171页;Mark Russell Shulman, *Navalism and the Emergence of American Sea Power: 1882—1893*, p.103。

47. Ibid., p.109.

48. [美]乔治·贝尔:《美国海权百年:1890—1900年的美国海军》,第6—11页。

49. W.P. McCann, "Report of Policy Board," *U.S Naval Institute Proceedings*, Vol.16, No.2, 1890, pp.201—270.

50. [美]塞缪尔·亨廷顿:《军人与国家:政军关系的理论与政治》,第180页;[美]阿伦·米利特、彼得·马斯洛斯基和威廉·费斯:《美国军事史(1607—2012)》,第202页。

51. Peter Karsten, *The Naval Aristocracy: The Golden Age of Annapolis and the Emergence of Modern American Navalism*, pp.300—313; Mark Russell Shulman, *Navalism and the Emergence of American Sea Power: 1882—1893*, pp.47—50.

52. Theodore Roosevelt, *the Naval War of 1812*, New York. P. Putnam's Sons, 1902, pp.4—5; Mark Russell Shulman, *Navalism and the Emergence of American Sea Power: 1882—1893*, pp.14—15.

53. Walter R. Herrick, "William H. Hunt: 7 March 1881—16 April 1882", in Paolo E. Coletta, *American Secretaries of the Navy: Volume I, 1775—1913*, Annapolis: Naval Institute Press, 1980, pp.390—391.

54. Mark Russell Shulman, *Navalism and the Emergence of American Sea Power: 1882—1893*, pp.27—29.

55. Walter R. Herrick, "William C. Whitney: 7 March 1885—5 March 1889," in Paolo E. Coletta, *American Secretaries of the Navy: Volume I, 1775—1913*, pp.410—411.

56. Walter R. Herrick, "Benjamin F. Tracy: 6 March 1889—6 March 1893", in Paolo E. Coletta, *American Secretaries of the Navy: Volume I, 1775—1913*, p.419.

57. Walter R. Herrick, "William C. Whitney: 7 March 1885—5 March 1889," in Paolo E. Coletta, *American Secretaries of the Navy: Volume I, 1775—1913*, pp.405—408; Walter R. Herrick, "Benjamin F. Tracy: 6 March 1889—6 March 1893," in Paolo E. Coletta, *American Secretaries of the Navy: Volume I, 1775—1913*, pp.419—420; Kurt Hackember, *the U.S. Navy and the Origins of the Military-Industrial Complex, 1847—1883*, pp.126—131.

58. George T. Davis, *A Navy Second to None, The Development of Modern American Naval Policy*, p.115.

59. "ABCD"4艘军舰指防护巡洋舰"亚特兰大"(Atlanta)号、"波士顿"(Boston)号、"芝加哥"(Chicago)号和通信船"海豚"(Dolphin)号。

60. "Establishment of Office of Intelligence," General Order No.292, Naval History

and Heritage Command, https://www. history. navy. mil/research/library/online-reading-room/title-list-alphabetically/g/general-orders/general-order-no-292.html.

61. Mark Russell Shulman, "The Rise and Fall of American Naval Intelligence, 1882—1917," *Intelligence and National Security*, Vol.8, No, 2, 1993, pp.215—220; Paolo E. Coletta, *A Survey of U.S. Naval Affairs*, *1865—1917*, pp.26—28.

62. John B. Hattendorf, "Stephen B. Luce: Intellectual Leader of the New Navy," in James C Bradford, *Admirals of the New Steel Navy: Makers of the American Naval Tradition*, *1880—1930*, Annapolis: Naval Institute Press, 1990, pp.14—17;[美]斯蒂芬・豪沃思:《驶向阳光灿烂的大海:美国海军史(1775—1991)》,第 281—282 页。

63. [美]罗伯特・西格:《马汉》,第 156—165 页。

64. Navy Department, *ARSN*, *1889*, Washington D.C., United States Government Printing Office, 1889, pp.3—4.

65. Robert Seager II, *Alfred Thayer Mahan: The Man and His Letters*, Annapolis: Naval Institute Press, 1977, pp.226—230.

66. Walter R. Herrick, "Benjamin F. Tracy: 6 March 1889—6 March 1893," in Paolo E. Coletta, *American Secretaries of the Navy: Volume I*, *1775—1913*, p.419.; W. P. McCann, "Report of Policy Board," p.214.

67. Mark Russell Shulman, *Navalism and the Emergence of American Sea Power: 1882—1893*, pp.133—134.

68. Elwin A Silsby, *Naval Yearbooks: 1920—1921*, Washington: Government Print Office, 1922, pp.64—65.

69. Mark Russell Shulman, *Navalism and the Emergence of American Sea Power: 1882—1893*, pp.134—138.

70. Paolo E. Coletta, *A Survey of U.S. Naval Affairs*, *1865—1917*, p.40.

71. Steven T. Ross, *American War Plans: 1890—1939*, p.11.

72. George T. Davis, *A Navy Second to None*, *The Development of Modern American Naval Policy*, pp.23—27.

73. Steven T. Ross, *American War Plans: 1890—1939*, pp.9—11.

74. Laurence Wood Bartlett Ⅲ, *Not Merely for Defense: The Creation of the New American Navy*, *1865—1914*, p.208.

75. Naval Department, *ARSN*, *1893*, Washington D.C.: United States Government Printing Office, 1893, pp.5—12.

76. Peter Karsten, *The Naval Aristocracy: The Golden Age of Annapolis and the Emergence of Modern American Navalism*, pp.289—291; Walter R. Herrick, "William E. Chandler: 17 April 1882—6 March 1885", in Paolo E. Coletta, *American Secretaries of the Navy: Volume I*, *1775—1913*, p.401.

77. Paul E. Pedisich, *Congress Buys a Navy: Politics, Economics, and the Rise of American Naval Power*, *1881—1921*, pp.57—58.

78. Benjamin Franklin Cooling, *Gray Steel and Blue Water Navy: Formative Years of America's Military-industrial Complex*, *1881—1917*, p.64.

第四章

新海军(1893—1901)

我们必须使海军处于并保持有效的状态,以为任何被认为明智的政府政策提供支持。

——希拉里·A.赫伯特　美国第33任海军部长、原众议院海军事务委员会主席

准备完毕,即可开火,格里德利。

——乔治·杜威海军准将　时任美国亚洲分舰队司令

经过十余年的重建,美国海军已经基本摆脱陈旧无用的状态,成为具有一定规模的海军力量。不过,随着美国对外扩张,依然相对弱小的美国海军尚不足以为其海外扩张政策提供支持。虽然美国国会对海军重建一直持犹疑态度,但是国会中支持海军建设的力量在美国海军重建的过程中得到了很大发展。美国海军对抗海上强国的压力日益加剧,海军军官团将推动国会继续针对主要假想敌建设进攻型的新海军。

第一节　军事效能不足的海军

19世纪90年代,美国越过边界,向拉美和太平洋地区扩张,加入了帝国主义瓜分世界的狂潮。日益扩大的美国海外利益受到英国、德国和日本等海上强国的威胁。然而,美国海军的军事效能依然不足,难以为美国的对外政策提供军事支持。正在崛起的新派海军军官团要求美国政府追赶世界海军的发展潮流,建造以战列舰和装甲巡洋舰为主力舰的进攻舰队,建设足以为国家安全政策提供支持的新海军。

一、美国的对外扩张

1890 年是美国对外扩张的转折性年份。经过南北战争后的高速发展,1890 年,美国的工业生产总值首次跃居世界第一,而为美国经济发展提供广阔空间的西部却已经被开发殆尽,工农业产能过剩、人民生活收入水平下降、国内消费能力不足、工人罢工和农民骚动等社会不稳定现象开始增多。[1]如何保持美国经济和社会持续发展成为亟待解决的时代命题。在这个背景下,新"天定命运论"(Manifest Destiny)、美国例外论(American Exceptionalism)和"边疆学说"(Frontier Thesis)等反思和重构美国对外扩张思想的学说开始流行,并产生了深远的社会影响。[2]其中,马汉在 1890 年发表的《美国向外看》(The United States Looking Outward)一文引起巨大轰动。在文中,马汉认为,美国经济发展不再可以仅专注于国内市场"自产自销",而应该像英国和德国等强国一样在海外"拓展商业和寻求殖民地"。他呼吁美国公众的目光转向外部世界。在经济与社会发展压力和帝国主义扩张思潮的推动下,美国一改在海外寻求贸易站和海军加煤站的做法,开始越过南部边界和西海岸,进行商业和殖民扩张,加入帝国主义瓜分世界的狂潮。

1893 年爆发的经济危机更增加了美国对外扩张的紧迫性。虽然经过"镀金时代"(Gilded Age)30 来年的高速发展,美国社会经济发生了质的飞跃,但是也积累了经济垄断、贫富分化、政治腐败和社会不公等严重问题。这种状况不仅使得美国社会中各种思潮泛滥,也使其在经济发展遇到问题时便会酿成危机。[3]1893 年,美国爆发了空前严重的经济危机,工农业产能过剩和国内需求不足的矛盾集中爆发。伴随着企业破产和金融恐慌,工人纷纷走上街头,广大农村地区也骚动不安。严峻的国内形势迫使美国不得不加紧开拓海外市场和殖民地,以消化过剩产能和寻求新的经济增长点,为国家经济和社会发展寻找出路。然而,由于美国是帝国主义竞争的后来者,其影响力和军事实力弱于英国、法国和德国等老牌帝国主义国家,美国国内根深蒂固的孤立主义传统也在限制其扩展海外利益。因此,美国扩张的重点方向为拉丁美洲和太平洋地区。

作为美国对外扩张的首要目标,美国决意践行门罗主义。虽然正如特纳(Frederick Jackson Turner)所宣扬的，政治精英普遍认为美国“需要更广阔的施展空间”，以成为“世界工厂、金融中心和世界的谷仓”，但是美国社会一直对进行海外扩张持谨慎态度。[4]不过，美国在拉美扩张的社会阻力较小。美国一直将拉美当成“战略后院”，1823 年便提出旨在排斥欧洲列强干涉美洲大陆事务、企图主导西半球事务的门罗主义。[5]然而，由于美国实力一直弱小，尤其是海军军事效能甚至低于智利，更无法与欧洲列强相比，美国不可能践行门罗主义。19 世纪 90 年代，随着美国《麦金莱关税法案》(Mckingley Tariff Act)和《威尔逊-高曼关税法案》(Wilson-Gorman Tariff Act)的实施，美国对拉美的贸易额激增，美国资本也大举进入拉美，挤压英国资本。与此同时，美国开始用军事手段干涉智利和巴西等国内政。[6]这既表明美国开始践行门罗主义，也意味着它与欧洲列强的矛盾在加深，尤其是因智利和委内瑞拉危机与英国一度发生尖锐对峙。从此以后，夺取并维持西半球事务的主导权也一直是美国对外战略的重中之重，列强对美国的这种主导权所持的态度也是美国划分敌友的重要标准。

几乎与在拉美进行扩张的同时，美国也加紧了在太平洋方向的扩张。美国虽然从 19 世纪中叶起就在远东和太平洋地区攫取加煤站和贸易据点，但是却没有占据殖民地。随着美国加入帝国主义争夺殖民地的行列，美国在这一地区的行为方式也发生转变。最为典型的是，美国在萨摩亚由谋取建立加煤站，转变为与英国和德国争夺殖民利益。相对于在萨摩亚的行动因大国竞争而举步维艰，美国在夏威夷的干涉和扩张活动相当顺利。相较于萨摩亚，夏威夷的地理位置更加优越，物产更为丰富，也更受美国看重。美国早在 19 世纪 40 年代就把门罗主义扩大到夏威夷周围，到 80 年代，夏威夷已经成为美国的“经济殖民地”。美国的经济和政治存在也影响着夏威夷的政治进程。1889 年，美国海军以阻止政变为由登陆夏威夷，并永久保持在夏威夷的军事存在。1893 年，美国驻夏威夷领事、海军和商人一起推翻了女王的统治，并要求与美国合并。不过，国会随后否决了政府吞并夏威夷的企图。[7]虽然美国的殖民扩张尚未达到西太平洋和远东地区，但是它的扩张举措还是激起英国、德国和日本的不满。美国即将在更为激烈的殖民地争夺中直接面对这些新老强国的挑战。

二、海上强国的威胁

作为后来者,美国的对外扩张直接挑战了欧洲列强的既得利益,其中以挑战英国利益为甚。英国是全球性霸权国家,在拉丁美洲也拥有广泛的利益。随着英国试图扩大在拉美的影响力,它不仅与拉美国家的关系紧张,也与试图推行门罗主义的美国发生利益冲突。于是,美国不仅在1891年与英国支持的智利走到战争边缘,也与英国发生了直接对抗。1893年,应委内瑞拉的邀请,美国要求仲裁其与英属圭亚那的边界纠纷。这引起了英国的极大不满。美国视这次仲裁为践行门罗主义的良机,因而在遭到英国拒绝后,不惜向英国发出战争威胁。[8]面对美国的强硬态度,英国不但调动舰队对美国进行威慑,而且对美国发起了经济战。[9]在意识到军事实力不如英国并遭受经济损失后,美国的立场开始软化,这为英美和平解决争端创造了环境。不过,西奥多·罗斯福和参议员洛奇等好战人士对英国的态度依然强硬,并威胁要占领加拿大。[10]此外,虽然美国国内由于恐惧英国而出现呼吁和平的声音,但是悬殊的实力差距和美国的企图受挫却加剧了大众对英国的敌意。

不仅英国在拉美压迫美国的野心,英国海军在太平洋方向也给美国施加了很大的压力。首先,美国与英国在太平洋上展开了激烈的争夺。包括这两个国家在内的帝国主义列强一改将广袤的太平洋中的岛国作为贸易站、中继站和加煤站的做法,竞相占领殖民地,并争夺对战略要地的控制权。例如,英国、美国和德国围绕萨摩亚问题进行了长期争夺。其次,美国海军扩大在太平洋的存在挑战了英国的海上霸权。长期以来,美国承认英国的海上优势,靠英国保护其海上贸易和自身安全,仅保持弱小的舰队,美国海军只有能力进行近岸防御和远洋巡航。重建后的美国海军支持殖民利益扩张,加强了在太平洋活动。这自然对英国海上霸权不利,并激起英国的不满。最后,在殖民争夺的过程中,英国不仅与美国直接对抗,而且干涉美国的扩张行为,如派军舰访问夏威夷。总之,在海军的支持下,美国在英国的海上霸权之下进行扩张,甚至与英国争夺势力范围和殖民地,这支弱小的海军自然要面临拥有绝对优势的英国皇家海军的压力。

美国不仅面临头号海上强国英国的威胁,也面临德国、日本和西班牙等国的海军威胁。第一,德国与美国的竞争在加剧。威廉二世罢黜俾斯麦(Otto von Bismarck)后,不但与美国继续在太平洋进行殖民利益竞争,而且由于德国开始推行“世界政策”(Weltpolitik),其势力侵入拉美地区,现代化颇具成效的德国海军也就对美国利益构成现实威胁。第二,由于在太平洋地区进行扩张,美国也与日本发生了冲突。专注于在大陆扩张的日本对美国在太平洋的扩张一向十分敏感。尤其是,夏威夷是美国向西太平洋和远东扩张的“垫脚石”,日侨却占夏威夷居民的 40%,其人数是白人的 10 倍。因此,日本对美国意图吞并夏威夷的行为十分介怀,并派遣“浪速”(Naniwa)号防护巡洋舰访问檀香山。[11]甲午战争后,日本的海军实力在太平洋很快就仅次于英国,这也给美国海军造成很大的压力。第三,美国加紧在拉美扩张,与西班牙关系紧张。尤其是,1895 年,古巴爆发第二次独立战争后,美国国会通过决议,要求政府“劝说”西班牙给予古巴独立,然而,西班牙拒绝了美国的劝说和购买古巴的要求。[12]由此,美国和西班牙的关系不断恶化,最终爆发了战争。

在美国面临的诸多威胁中,英国是头号威胁。首先,只有英国既有能力威胁美国的海外利益,也有能力威胁美国的本土安全。英国是海上霸主,在 1895 年拥有 16 艘装甲巡洋舰和超过 36 艘主力舰,在美洲大西洋沿岸有 11 个军事基地和 32 个加煤站,又在太平洋沿岸增加新的军事基地。因此,英国海军对美国造成的威胁是全方位和几乎难以对抗的。[13]其次,英国是殖民大国,不能完全接受门罗主义。英国不仅在拉美和太平洋地区与美国对抗,而且两国在加拿大边界问题上也争执不断。英国可以在拉美接受门罗主义,但是绝对不会接受美国的霸权主张扩展到加拿大和太平洋地区。美国以加拿大为“人质”对抗英国的做法也让英国不敢掉以轻心。最后,英国仍然是美国的主要假想敌。由于受英国攻击的历史记忆和悬殊的实力差距,美国政府和海军一直将英国视为主要假想敌,而针对英国进行的海军建设也将使美国有能力应对德国、日本和西班牙等其他威胁。直到美西战争之后,美国将英国预设为主要假想敌的做法才得到根本改变。

三、海军无力对抗列强

重建结束时,美国海军仍然是一支攻防平衡、较为弱小的海军力量。美国只维持近岸防御和远洋巡航海军的传统影响深远。虽然美国的海军理念逐渐向进攻性海军转变,但是战略理念转变、进而影响海军建设是一个凝聚共识的过程。这一时期,新派指挥军官正在取代老派指挥军官,技术军官也在融入指挥军官。尤其是,具有新思想的年轻军官逐渐取代衰老而保守的海军军官成为海军的中坚力量。海军实际指挥者和管理者的新老交替不仅使美国海军的战略理念在防御与进攻之间摇摆,也使得海军建设呈现进攻型与防御型舰队摇摆发展的时代特征。虽然新老海军军官团和文官领导都在努力推动海军发展,但是国会中的亲海军力量还不强大,国会总体上对发展海军持犹疑和保守态度,海军发展相对缓慢。因此,到1893年,美国海军中老式、防御型军舰的数量仍然多于新式、进攻型军舰的数量,舰队实力落后于西方列强,海军指挥和管理体系改革更是步履维艰。总体来说,虽然美国海军摆脱了陈旧无用的落后状况,整体实力却还较为弱小,不足以应对强敌的威胁。

实力弱小的海军力量使得美国海军的军事效能远远落后于英国海军。英国在美洲有广泛的利益,在美国周边有强大的军事存在,并与美国在拉美和太平洋不时发生摩擦。尤其是,相对于英国全球领先的海军力量,美国海军的军事效能相当低下。第一,美国的海军学说和战争计划相对落后。英国一直是海军战略发展的引领者。马汉的攻势制海学说刚提出,英国就已经领会了马汉学说的划时代意义,而此时这一学说在美国甚至美国海军内部尚受质疑,马汉本人也遭到排挤。美国从1890年才开始制定战争计划,其计划的水平和指导意义都远远赶不上全球海上霸主。第二,美国海军的实力全面落后于英国海军。除了舰队力量与英国差距悬殊外,美国海军的作战技术和水平也远远落后于英国海军。美国海军是存在型海军,南北战争后基本上没有执行战争任务,人员素质、作战和训练水平都不高。反观英国海军,它一直在为维护英国海上霸权而战斗,海军官兵的素质、作战和训练水平都是全球领先的,皇家海军也是各国的学习对象。第三,美国的海军资源投入也不如英国。美国政府一直秉持小海军传统,对海军建设的投入十分有限。美国海军在重建时期得到的海军预算都没有超过南北战争后时期的平均水平,只是海军建设效率得到一定提高。与之对比,海军是大英帝国的命脉所系,因此英国一直不遗余力地保持全球领先的海军力量。虽然美国在1890年成为全球头号工业国家,但是其对海军的投入落后于英国,海军技术与英国也相差甚远。此外,作为海军扩张的后来者,美国海军在寻求建立海外加煤站和海军基地方面也面临英国与其他竞争者施加的巨大压力。

军事效能的悬殊差距使得美国海军在支持对外政策、对抗英国海军方面力不从心。美国海军虽然在1890年就将英国预设为主要假想敌,并以英国为目标进行海军建设,但是却一直没有机会在假想敌面前检验海军建设的成果。1895年,美国国务卿奥尔尼(Richard Olney)为迫使英国让步,在没有跟海军部沟通的情况下发出"二十英寸大炮照会",将美国逼向几乎与英国开战的境地。[14]然而,在1896年初,美国海军主力仅有二级战列舰2艘、各种巡洋舰12艘,英国海军则拥有44艘战列舰、41艘一级巡洋舰。巨大的实力差距使得海军战争学院"根本无法实施有效的战争计划"制定。[15]由于美国和英国均不想通过战争手段解决争端,以及"克鲁格电报"(Kruger telegramme)事件转移了英国的注意力,第一次委内瑞拉危机得以在英国接受美国仲裁、美国照顾英国的利益诉求的双方妥协的情况下和平解决。[16]虽然美国没有经过战争就使得英国让步,取得了践行门罗主义的外交胜利,但是美国海军的军事效能显然并没有通过实践的检验。这增强了美国海军军官对英国的敌视情绪,并强烈地刺激他们提出针对英国的海军建设需求。

美国海军不仅与英国海军的军事效能差距巨大,与其他对手相比也没有优势。美国从1890年开始,大举干涉拉美国家内部事务,海军却不能为外交政策提供有效支持。1891年,美国海军制定并初步启动了针对智利的战争计划。最终,智利妥协,这次危机得以化解。不过,有观点认为,如果智利不选择妥协,美国海军未必会赢得战争。[17]此后,虽然经过海军建设,美国海军的力量超过了拉美国家,但是相对于与美国展开海上竞争的法国、德国、日本和俄国等国,美国海军的军事效能仍然处于劣势。也就是说,经过海军重建,美国海军的军事效能仍然较为低下,无法应对列强的威胁,也难以为外交政策提供支持。海军军事效能,严重不足为美国海军在新的建设阶段指明了方向,也明确了目标。面临巨大压力的海军军官继续根据外部威胁情况的变化制定战争计划,推动文官领导,尤其是国会,建设足以为美国外交政策提供支撑、应对可能与海军列强爆发的战争的新型海军力量。

四、建设新海军的目标

美国建设新海军的总体目标是为对外政策提供支持。先前,美国海军重建的战略目标不明确,更多是出于受到自身海军军事效能过于低下的刺激和敬畏英国的海军力量。与之不同,美国建设新海军的战略目标基本明确。虽然美国本土被海军强国攻击的可能性依然不大,但是随着美国越过边界进行扩张,这个全球扩张的后来者与列强在西半球和太平洋争夺势力范围的斗争日益激烈。尤其是,美国需要通过商业扩张摆脱经济危机。由此,美国的外交政策由孤立主义向海外扩张转变,以维护殖民和经济利益。[18]积极维护海外利益的外交政策需要海军提供军事支持。然而,处于新老交替期的美国海军的舰队力量对付智利和巴西的海军都显得吃力,更无法抗衡英国、法国和德国等强国的海军。为了保护美国的殖民和商业利益,也为了避免在与欧洲列强的外交博弈和军事对抗中处于下风,美国必须克服经济危机的压力,继续打造足以为其强硬的外交政策提供武力支持的海军力量。要实现这一总体目标,美国需要在舰队力量、指挥管理和人员配备等诸多方面加强海军建设。

第一,打造进攻型舰队。美国海军军政精英经过长期的争论,逐渐倾向于建设以战列舰和装甲巡洋舰为主的进攻型舰队。尤其是,海军部长特雷西受到具有新海权思想的海军军官们影响,坚决主张建造吨位仅次于英国海军的战列舰舰队。这种海军建设思路也得到了萨摩亚危机和智利危机的印证。不仅如此,在马汉的海军学说和海军技术革命的推动下,英国、法国、德国和俄国等海军强国都在加强海军建设,海军竞赛的苗头开始出现。这对世界排名第 12 位的美国海军造成了严重的压力。[19]然而,美国海军正处于新老交替期,海军建设完全转向进攻型舰队并不容易。海军军官团的新老更迭尚未完成,在国会中,除了出于党派斗争和认为海军开支巨大而反对海军建设的声音外,亲海军议员对建设进攻型主力舰队的支持也有保留。毕竟除了是联邦立法者,他们还是地方利益的代表,需要为本州和选区老旧的海军岸上设施争取联邦预算。可见,保守的国会对腐败而低效的造船厂和维修厂的庇护正在成为美国建设新海军的阻力。比如,众议院海军事务委员会主席、亚拉巴马州民主党资深议员希拉里·A.赫伯特(Hilary A. Herbert)虽然强烈支持授权建造"ABCD"四艘战舰,但是却反对特雷西的战列舰舰队计划。[20]外部的压力和内部的矛盾给美国海军建设进攻型新舰队蒙上了阴影。

第二,完善美国海军的管理与指挥机构。海军重建使海军部的管理工作增多,针对假想敌准备战争使指挥官负责的部门权力增大。负责军事行动的航海局等部门的扩权对分工条块隔离、管理混乱低效的海军部造成冲击。海军部长从航海局收回人事调派权的命令遭到指挥军官的抵制,海军部长在军官的协助下改革海军管理与指挥机构的努力又得不到国会支持。经过重建,美国海军的装备设施焕然一新,正朝着现代化的方向发展,其指挥管理却因现状急剧改变而陷入新的不协调状况。最为典型的是,海军战争学院的发展陷入了危机。这所高级海军指挥学院是美国海军指挥管理部门改革的标志性成果,凝聚了具有新思想的老派指挥官的心血,寄托着新派军官的梦想。然而,由于它有可能动摇海军学院在海军中的正统地位,思想顽固的海军军官学院院长弗朗西斯·拉姆齐(Francis M. Ramsay)海军准将和装备局(the Bureau of Equipment)局长温菲尔德·S.施莱(Winfield S. Schley)海军准将等人不断游说海军部长惠特尼和国会关闭海军战争学院。面对压力,鲁斯等德高望重的资深海军军官一再直接游说国会保留这所培养高级海军人才的海军军官学院和参谋机构。这种做法却引起海军部长的反感。结果,1889 年 1 月,海军战争学院与一个鱼雷站合并,原有的校舍设施被海军装备局接收。[21]马汉、卢斯和西奥多·罗斯福等人只能为扭转海军战争学院的衰亡命运继续奔走。在新旧交替的过程中,美国海军中出于提高海军军事效能的动机推动海军指挥管理体制改革的力量仍然势单力孤。

第三，提高军官团的职级、军衔和待遇。在“镀金时代”，美国物价飞涨，海军军官的工资却没有得到相应提高。到19世纪90年代中期，一些军官已经因为道德问题(过度负债)而被剥夺晋升机会。[22]海军军官不像驻外外交官那样收入来源多样。他们也经常在海外执行任务，却几乎没有额外的收入。对职业军官来说，提高工资和津贴待遇的最好机会就是晋升到更高的军衔上去。海军虽然建造了新军舰，但是也在淘汰旧军舰。所以，虽然海军军官们向上级指挥官、海军部长乃至国会要求晋升职级，同僚之间甚至展开激烈争斗，但是除非有非凡的际遇，大部分人在和平时代还是不得不遵循《海军登记表》，耐心等待属于自己的人生跨越。此外，美国海军的职级体系引起正在融入指挥军官的技术军官的强烈不满。海军总工程师乔治·M.梅尔维尔(George M. Melville)抱怨道：“工程师是军事组织中很关键的一部分。他们也执行军事命令，并且人数越来越多。他们有军衔，却仍被视为文职人员。这在船上是一种耻辱。”[23]于是，不甘人后的技术军官仍在为争取与职业军官平等的待遇而抗争。

总之，美国海军的军事效能依然严重不足，海军建设总目标是使美国海军有能力与列强的海军力量进行对抗，有效支持美国的对外政策。美国海军不仅需要继续建造新式进攻型军舰，淘汰老旧无用的旧军舰，而且需要在海军军事思想上去旧迎新，同时推进海军管理和指挥体制改革，并切实提高海军人员的地位和待遇。强国之间的海上竞争已经展开，政府对海军建设的支持力度却并没有显著提高。新派海军军官需要在国内外巨大的压力下推动整个海军军官转型，这是美国能够实现建设新海军目标的先决条件。

第二节　推动海军转型的军官团

随着美国海军军官团代际更迭，新派海军军官开始成为军中骨干。指挥军官与技术军官的融合也初见成效。掌握新技术、具有新思想的新派海军军官迫切希望推动美国海军从建设进攻-防御平衡型海军力量向建设进攻型舰队转变，并迎头赶上世界海军发展的潮流。虽然指挥军官和技术军官仍有隔阂，但是他们均明白，只有效仿欧洲列强建设新海军,美国海军才能够遂行文官领导交付的安全任务。

一、美国海军技术的发展

世界海军技术新发展持续推动了海军革命。海军是技术密集型军种,装备和技术落后的海军很难在海战中占据优势。19世纪90年代,世界进入海权竞争时代。一度被忽视的战列舰重新受到各海军强国的青睐,工业革命的成果也在战列舰建造方面得到集中体现。欧洲国家竞相开发大功率蒸汽机、大威力火炮和钢制装甲板等战列舰新技术。其中,作为头号海军强国,英国在主力舰设计和建造方面领先于其他国家。[24]海军技术的新发展带动了世界范围的海军革命。首先,马汉的攻势制海学说被各国普遍接受。战列舰重新受到重视,使得各海军强国都在发展以"舰队对决"为目标的主力舰队。其次,各国争相建造大炮巨舰,以争夺制海权。随着进攻性的海军哲学深入人心和海军新技术的发展应用,各国都在建造以战列舰为主力的进攻舰队,以赢得帝国主义竞争的先机。这预示着世界范围的海军竞赛即将到来。再次,各国通过训练提高舰队交战的技战术水平。由于世界数十年没有爆发大规模海战,各国海军只能通过改进火炮射击、编队作战等军事训练方式提高海军的军事效能。其中,英国海军的训练水平依然领先于他国海军,并成为包括美国在内的各国海军学习的榜样。

美国海军军官团追赶先进的海军技术。历史上,美国几乎没有远洋作战经验和海军传统。美国的大型商船和军舰通常需要从欧洲购买,或者由英法等国设计并提供造船材料。在这种情况下,虽然美国的工业生产总值已经跃居世界首位,但是工业技术尤其是军舰建造技术依然落后于欧洲国家。经过重建,海军虽然出现了新气象,但是海军部下辖造船厂并没有得到根本改观,新建立的私营造船厂也不足以胜任建造大型军舰的任务。这导致美国在海军重建时代建造的军舰落后于世界先进水平,甚至存在质量问题。[25]尤为突出的是,故步自封的老派海军指挥军官一味打压具有新思想的同辈指挥军官和接受海军新技术的技术军官、年轻指挥军官。这导致美国一直缺少设计和建造战列舰等主力舰船的技术人才。海军技术的显著落后迫使美国海军军官克服指挥军官与技术军官的斗争,派遣海军军官学院优秀毕业生前往欧洲,尤其是英国学习。这为美国海军建设提供了人才基础。不过,这些军官成长为技术骨干需要较长的成长期。尤其是,1896年后,英国担心泄密,不再接受从美国前来学习造船技术的军官,美国不得不开始自己培养新型舰船建造的人才。

海军军官团的保守性逐渐消退,海军开始建设进攻型舰队。老派海军指挥官以美国海军发展为代价进行的斗争,使美国海军在重建时代一直没有摆脱近岸防御和远洋巡航的发展思路。海军军官团又是文官领导的专业顾问,军官团内部的这种不和与保守倾向影响美国军舰的建造。最为典型的是,在军官团的相互妥协和推动下,美国国会在1890年授权建造的印第安纳级战列舰(Indiana-class battleship)过于看重火力和防护等防御能力,使得载煤量和抗风浪等远洋航行能力不足。这种"岸防战列舰"(coast defense battleship)背离了发展战列舰的初衷。[26] 1893年后,由于面临的外部压力越来越大,在具有海军新思想的军官的推动下,美国海军的行政和立法领导均意识到保守的海军建设政策的巨大危害,开始建造近岸防御-远洋巡航战列舰(coast defense sea-going battleship),并增建鱼雷艇。这意味着美国海军开始发展进攻型主力舰队。同时,国会支持培养具有新海军战略战术思想的指挥人才和掌握海军新技术的技术人才。美国建设新海军的过程,也是美国海军军官团逐渐褪去保守色彩并推动文官领导建设舰队决战海军的历史过程。

海军军官团推动海军技术革新。波特一代的保守的老派海军军官对海军新技术持否定态度,马汉、鲁斯等海军军官具有新思想,却对海军新技术持怀疑态度。不过,与他们不同,正在经历指挥军官和技术军官融合的年轻海军军官对海军技术的发展持浓厚兴趣和兴奋态度。19世纪80年代末90年代初,每一种新武器在海军的应用和每项海军技术革新都会在美国新派海军军官中引起热烈讨论。1874年创刊的《美国海军学会会刊》(*Proceedings of the Naval Institute*)也成为海军技术探讨的平台,再次引领美国海军变革。[27]不过,虽然海军的工程师和建造师等技术军官正在融合进指挥军官,但是这是一个较长的过程,其他类型的技术军官还在努力保持独立性。于是,技术军官也利用海军技术革命强调自身的重要性。甚至有机械师在媒体撰文表示，现代军舰就是一个机器，船上的问题没有工程师是解决不了的。[28]技术军官对自我价值的过度强调自然引起占据主导地位的新派指挥军官的反应。他们不愿意继续打压工程师，却也不能忍受逆向歧视。由此，海军军官团内部的争斗仍在持续。

二、海军军官的理念转变

19世纪90年代初，舰队决战理念在美国海军中开始成为主流学说。全球帝国主义竞争的时代即将到来。海军是拓展海外利益和支持外交政策的有力工具。各强国都意识到，在克里米亚战争以后流行的近岸防御和破坏交通线的作战理念已经很难适应新时代海战的需求，纷纷革新海战理念。马汉在总结英国崛起经验的基础上提出的攻势制海学说在国际上引起轰动后，在美国国内也开始被海军军政精英和社会舆论广为接受。1892年，马汉的海权论续作《海权对法国大革命和帝国的影响(1793—1812)》(*The Influence of Sea Power upon the French Revolution and Empire, 1793—1812*)出版，更是引起美国海军内外攻势制海理念支持者的追捧。除了海军学说创新之外，马汉在鲁斯等人的支持下克服重重困难，以海军战争学院为平台，培养了大批信奉攻势制海学说的海军中级军官。[29]这些人是美国海军的基层骨干。他们使攻势制海学说迅速在海军中得到普及，成为美国海军的主流学说。然而，美国政府，尤其是国会，仍然坚持落后和保守的海军建设理念，对运用这个当时世界上最为先进的海军理念、建立足以保护美国安全和海外利益的进攻型海军没有足够兴趣。

1893年后，建设以主力舰为主的大海军逐渐成为美国海军军官团的共识。虽然美国海军重建缓慢的决定性因素是保守的国会对海军建设持犹疑态度，但是位高权重的老派军官坚持风帆时代海军的传统、迷信美国南北战争的经验则是更为直接的原因。指挥军官与技术军官内部的争斗更是干扰了美国海军的重建过程。随着以波特海军上将一代为代表的、对风帆时代有近乎信仰的热爱、思想保守却在军中享有崇高地位的高级将领退出历史舞台，近岸防御和破坏交通线的作战理念在美国海军中失去了最强有力的支持者。与之相一致,美国海军中要求建设低舷铁甲舰和轻型巡洋舰的呼声也在衰落,建设战列舰和装甲巡洋舰等主力舰只日渐成为美国海军的共识。此外,随着指挥军官和技术军官的融合,年轻的海军军官都熟悉并且乐于接受新技术。海军大量入列大型战舰使得海军军官的职业前景变得光明,海军事业也能够赢得国内公众和国际同行的尊重。这表明,美国建设以战列舰为主的新海军不再仅是目光敏锐、具有战略头脑的海军军官具有前瞻性的主张,也在成为整个海军军官团的共同诉求。具有坚实内部基础的美国海军即将进入新的发展阶段。

美国海军军官团的领导力量力主发展大海军。马汉呼吁政府在和平与战争时期均应维持一支"同海运的发展以及同其有重要利害关系的行业相适应的""武装齐备"的海军,得到海军、政界、媒体和社会人士的热烈呼应。[30]这表明建立一支足以保护海外利益和支持外交政策的大海军正在成为美国社会的共识。同马汉一样,鲁斯和拉姆齐等具有新思想的海军军官虽然对海军新技术存有疑虑,但是却赞同进攻性海军战略,主张发展舰队决战型海军。他们已经成为美国海军军官团的领导者和中流砥柱。此时,海军军官团内部虽然争斗不断,但是主导美国海军发展方向的高级军官基本上都认识到了战列舰对于海军竞争的关键意义。尤其是,拉姆齐和施莱等反对海军事务局的首长虽然出于部门利益和个人偏好反对设立海军战争学院,但是他们也负责管理和指挥海军。美国海军在与英国、德国和智利等国的对峙中均体现出军事效能不足。无论是基于军人职责,还是对海军的情感,这些海军的高级将领都愿意带领海军军官团为推动行政和立法领导建设以战列舰为主的大海军而奋斗。

年轻军官的海军理念更具进攻性。在海军技术革命和军官团现代化的推动下,美国海军军官的技术素养迅速提高。此外,海军军官学院和海军战争学院都注重培养学员的编队作战能力和战略意识。美国海军的指挥军官团不仅开始出现威廉·西姆斯和亨利·C.泰勒(Henry C. Taylor)这样既掌握海军新技术,同时也精通舰艇指挥的新式复合型人才,他们还可以去英国和法国这样的海军强国深造和派驻,直接感受到世界海军革命的冲击和美国与其他强国之间的差距。[31]这些新派军官没有对风帆时代的海军传统的迷恋，却有对美国海军处于“黑暗年代”的深痛记忆。他们虽然接受了马汉的攻势制海学说，但认为马汉的海军哲学过于保守，因而无论在海军使用理念还是建设理念上都更为激进和富有进攻性。随着这些年轻的军官在舰队、海军院校乃至海军部中居于更为重要的位置，他们既会培养出更具有进攻性海军理念的新生代军官，也会主导美国海军沿着进攻性海军的路线发展。同时，这些新派军官经历了美国海军重建的艰难历程，对军官团内部的争斗、军官团与行政和司法领导之间的互动都有更为深刻的了解和精准的把握。因此，他们可以更为有效地表达海军军官团的诉求，为美国海军建设争取经济和政治方面的公共资源支持。

三、海军军官的迫切要求

海军军官继续要求建造以装甲巡洋舰和战列舰为主力的舰队，并要求为舰队活动提供必要的基地。在整个重建时期，美国一直以进攻防御平衡的理念建设海军。这不仅对海军军事效能的提升有限，也浪费了钱财。在美国海军发展的新阶段，海军军官团以建造舰队决战海军力量的共识，要求深陷经济危机的美国政府建造进攻型的强大海军，停止建设岸防型的海军力量，并淘汰过时老旧的舰只。海军军官的造舰要求既需要争取海军部长乃至总统的支持，也需要赢得一直对海军建设持保守态度的国会的支持。除此之外，美国面临的外部威胁也在迫近，海军执行的对抗任务日渐增多。传统的远洋巡航活动已经无法维护美国的海外利益。然而，在19世纪90年代初，美国海军在东海岸以外还没有永久性的海军基地。于是，在巨大战争风险的压迫下，海军军官不但要求集中资源建造进攻型主力舰队，而且也要求在西半球、太平洋乃至远东地区建设能够支持更多海军活动的军事基地，尤其是加煤站。[32]这意味着美国海军军官已经做好准备，带领海军真正从近海走向远洋，成为一支足以比肩欧洲海上强国的海军力量。

指挥军官寻求改革美国海军的组织与指挥体系。美国海军的重建过程阻力重重。其中，推动改革美国海军的组织与管理体系比建设新型主力战舰更为艰难。行政领导和立法领导虽然对海军部的管理混乱深恶痛绝,却对海军军官团提升在海军管理中的地位的企图一直保持高度警惕。同时,行政和立法机构为了争夺对海军的领导权,都愿意拉拢海军军官,以防止对方在海军改革问题上获得更多权力。因此,虽然海军军官团一直要求并推动文官领导对海军进行组织改革,但是文官领导却一直对此持回避、推诿甚至阻挠的态度。不仅如此,海军军官团内部由于个人成见、职业嫉妒和官僚利益等因素,在海军组织改革上也争斗不断。其中,技术军官联合文官领导反对指挥军官在海军指挥和管理上发挥更大作用,海军部的一些高级指挥军官也一直反对建立海军战争学院之类的机构。随着外部威胁增大,美国海军随时面临战争考验,海军组织改革势在必行。然而,如何改革、如何协调军官团内部以及与行政和立法部门之间的利益关系、克服改革的阻力则是致力于海军改革的海军军官迫切需要解决的关键问题。

海军军官寻求提高自身军衔和待遇。美国海军的装备发展已经步入正轨。在指挥军官与技术军官融合的大背景下,一直遭受指挥军官打压的老一代技术军官希望在退休前为自己争取到指挥军官享受的军衔和待遇,正在经历融合的海军军官学院学生和新派技术军官更不愿再受到指挥军官的歧视,也要求平等地位。除此之外,美国海军的军衔体系一直过低,这一点在海军重建时期也没有得到改变。1891 年,波特海军上将去世后,海军少将就成为美国海军的最高军衔,并且现役的海军少将也十分稀少。海军军官无法获得更高军衔,许多有才华的海军军官更是在整个职业生涯中都未能获得准将或少将军衔。被誉为“海权之父”的美国海军思想家马汉在海军中服役近半个世纪,直到退休仍然是海军上校军衔。这既不利于他们在对外交往中获得相应的礼遇,也容易挫伤军官投身海军事业的积极性。因此,海军军官团要求文官领导,尤其是国会,改革海军的职级体系,以改变传统上海军军官职业生涯暗淡的状况。

海军军官团要求文官领导尤其是国会对海军建设投入资源和政策。海军军官团对于海军发展和自身职业发展有诸多要求,但是他们虽然是海军的实际使用者、海军建设的发起者,却不直接参与海军建设政策的制定。美国海军重建以来,虽然历任部长都致力于建设强大的海军,国会中也有不少亲海军议员为海军建设奔走,但是国会对海军建设的拨款水平仍然没有超过海军“黑暗年代”的最高水平。美国的海军建设若想取得突破性进展,海军军官团就必须在争取国会拨款方面取得实质性进步。同时,海军军官需要争取海军部长、总统和国会制定政策,支持海军进行组织改革,并提高他们的军衔和待遇。在海军军官的努力下,马汉的海权学说为特雷西和赫伯特等海军部长推动海军建设提供了理论指导,并且在国会的海军事务委员会和外交事务委员会等与海军发展息息相关的专门委员会中也拥有众多信徒。总之,海军军官团推动海军建设的努力越来越得到手握大权的关键人物的积极回应,海军军官团长期而迫切追求的海军梦想正在成为现实。

四、海军对假想敌的认知

美国海军继续以英国为主要假想敌。由于历史上多次与英国交战且在与英国的海上霸权之下活动,美国海军有疑惧英国皇家海军的传统。1890 年后,海军部将英国预设为假想敌,海军军官也针对英国制定了战争计划。这使得美国海军军官将应对英国海军封锁美国东海岸或者损害美国在西半球和太平洋地区的利益为主要目标,一方面制定新的对英战争计划,进行军事斗争准备,另一方面推动文官领导尤其是国会制定积极的海军建设政策。1893 年后,美国加速对外扩张,与英国在从加拿大到拉美的美洲地区均发生了争端。对美国海军来说,英国海军的绝对优势日益成为现实威胁。于是,美国海军继续将英国海军视为主要假想敌,更新针对英国的战争计划。[33] 尤其是,第一次委内瑞拉危机暴露出美国海军的军事效能依然十分低下,也使得美国海军军官直观地认识到美英海军实力的差距。其中不少人对英国的敌意上升,强烈要求文官领导为对抗英国加强海军建设。更为重要的是,美国海军对英国的敌意深深影响了一大批海军军官,而这些军官将成为美国海军的高级将领。随着美国海军实力的增长,他们会重新审视英国皇家海军的卓越地位。

除了实力强大的英国,美国迫切需要对付自己在拉丁美洲的其他假想敌。19 世纪 80 年代末 90 年代初,美国同时在拉美和太平洋两个方向扩张。不过,由于美国传统上视拉美为势力范围,希望践行门罗主义,美国将在拉美遇到的对手视为更具现实对抗性的敌人,甚至不惜与它们发生战争。作为美国海军的实际管理者和指挥者,海军军官时刻准备用武力手段支持美国的外交政策,维护美国的海外利益。1891年,马汉在海军部长的命令下,领衔制定美国海军针对智利的战争计划,这是美国历史上第一份在战前制定的战争计划。此后,海军战争学院就作为美国海军战争计划的主要制定者,接连制定针对美国假想敌的战争计划。随着美国老一代保守的海军军官淡出历史舞台,支持海军进攻思想的海军军官与美国新兴的帝国主义者相结合。这些帝国主义海军军官从1895年起就着手制定旨在夺取西班牙在拉美的殖民地的战争计划,并不断更新这些计划。[34]不过,虽然海军军官认为越来越不可能与英国爆发战争,开始着手认真制定与西班牙的战争计划,但是助理海军部长西奥多·罗斯福一直无法说服海军部长和总统发动对西班牙的战争。[35]可见,由于主要行政领导对发动针对西方大国的战争持谨慎态度,海军至上主义者与帝国主义者的相互支持仍然受到限制。

在太平洋方向上,日本也是美国无法忽视的假想敌。美国在太平洋上扩张的行为与日本保护侨民和海外利益的军事反应,如日本派“浪速”号访问夏威夷,以军事手段回应美国海军颠覆夏威夷政府的行为,表明美国和日本开始发生军事对抗。1895年,日本在甲午战争中战胜清王朝,改变了东亚的地缘政治格局。这使得美国不得不认真评估与日本爆发冲突的可能性。[36]此时,日本在太平洋上已经成为仅次于英国海军的海上力量,美国海军军官开始考虑日本占领美国在太平洋的殖民地和进攻美国西海岸的情形,将日本视为假想敌。不过,此时美国专注于巩固在西半球的势力范围,日本的主要精力也集中在大陆扩张,美国和日本的海外利益尚未发生直接的激烈冲突,美国并未真正制定针对日本的战争计划,而是仅仅将日本视为一个战略问题。更为具体地来说,由于将英国视为主要假想敌,同时也要干涉智利、哥伦比亚等拉美国家的事务,更要应对与西班牙不断恶化的关系,美国既没有精力也没有多余的实力对日本进行军事回应。

跃跃欲试的德国在太平洋和拉美两个方向都在成为美国海军新的主要假想敌。德国皇帝威廉二世上台后,一改俾斯麦满足于维持欧洲大陆均势的政策,转而推行世界政策,希望占领“阳光下的地盘”,其中拉丁美洲和太平洋地区是重要的扩张方向。[37]尤其是,德国想在加勒比地区获取“战略支点”,这引起了美国军政精英的不满。美国海军和德国海军在萨摩亚争端中走到战争边缘,这既暴露了美国海军针对德国海军的军事效能不足,更增加了美国海军军官团对德国的敌意。1898年,美国对西班牙发出战争威胁后,威廉二世对西班牙公开表示了同情。美国在菲律宾击败西班牙舰队后,德国东亚分舰队(Ostasiatische Kreuzergeschwader)不但无视美国对马里拉湾的封锁禁令,与被围困的西班牙军队取得联系,而且运载了1 000多名陆军,伺机登陆。[38]与之相对比,“克鲁格电报”事件后,英国主动释放与美国和解的信号,并在美西战争后为美国提供道义支持和有限的军事支持,美英关系开始缓和。在美国海军军官看来,英国的威胁在下降,德国的威胁在上升,德国海军正在成为美国海军需要对付的头号敌人。

第三节　进攻性的海军建设政策

美国国内发展空间不足,开始越过边界向拉美和太平洋扩张。相较于其他海军强国,美国海军的军事效能不足,无法为美国的海外扩张政策提供可靠支持。主张发展进攻型海军的美国海军军官团与对外扩张主义者结盟,并借助日益壮大的海军军工复合体推动美国国会制定进攻性的海军建设政策。不过,在与英国和解前后,美国海军针对的目标和建设重点均较以往有显著不同。

一、借重海外扩张主义者

19世纪90年代初,美国掀起了海外扩张的社会思潮。随着美国国内发展空间日益变得狭小,美国越过边界向拉美和太平洋地区扩张。这促使美国的扩张主义者随之论证美国需要向外看的主张。1893年,美国爆发的经济危机使美国经济遭到空前打击,城市和农村受到重创。联邦政府严厉镇压经济危机引起的工人罢工和农村暴动。这种公开使用军队解决国内问题的做法不仅加剧了美国的党派矛盾,而且使公众怀疑美国的政治制度。[39]经济低迷不振、社会持续动荡和公众对未来失去信心，使专注于国内发展的理念失去市场。美国与贸易伙伴实行关税互惠和降低关税等措施虽然促进了美国的对外贸易，但是这不仅引起激烈的党派争斗，而且使其与西班牙和英国等欧洲强国的竞争更加激烈，进而发生直接或间接对抗。内外交困的克利夫兰(Stephen Grover Cleveland)政府开始认同美国需要实践门罗主义、向海外扩张、在西半球拓展势力范围和在太平洋占领殖民地的观点。扩张主义者趁机对全社会进行拓展"新边疆"的思想动员。在美国社会中，在大陆扩张的理念开始转向在海外扩张的理念。其中，在美国社会的对外扩张理念转变的过程中，知识精英起到了催化作用。

在当时的时代背景下，知识精英宣扬向海外扩张是美国的必由之路。除了特纳和马汉立足于美国现阶段发展存在的问题试图从历史找出答案，提出"新边疆学说"和呼吁"美国向外看"外，持有各种抽象甚至极端思想的学者也加入论证美国进行海外扩张的必要性的行列。如，社会达尔文主义、新教加尔文主义、盎格鲁-撒克逊主义乃至鼓吹白人优先的形形色色的"种族优越论"都堂而皇之地出现在美国的大学课堂上，并成为社会上的流行观点。[40]持这些观点的知识分子推崇德国人和英国人等雅利安人的后裔，宣扬种族优越性，歧视没落的西班牙。这些人也赞扬日本适应社会达尔文主义的"进步"，却将广大非西方、不发达地区的民族视为需要教化的落后民族。他们的观点契合权力政治的现实，将美国正在进行的海外扩张美化为神的旨意、理所当然的事情，乃至一种善行。这种思想动员不仅为美国政府进行海外扩张制造了舆论，也为既希望美国继续向外扩张又有朴素道德感的美国公众提供了心理慰藉。为对外扩张而进行的思想动员最终塑造了要求政府不惜使用武力进行海外扩张的社会心理。

美国海军军政精英要求美国对外进行海外扩张。美国进行海外扩张，需要海军保护。海外扩张主义在美国海军中也相当流行。事实上，美国海军军官中的海军至上主义者到19世纪90年代初基本上都已经转化成海外扩张主义者。无论是指挥军官还是技术军官都要求美国扩大势力范围和占有殖民地，并建立一支足以为海外扩张政策提供支持的强大舰队。除了马汉这样的知识精英通过著述动员全社会支持美国在拉丁美洲和太平洋进行扩张外，更多的海军军官通过行动践行海外扩张政策。虽然美国的海军实力还无法抗衡海军强国,但是海军军官已经对目标国家进行武力威胁,实施强制甚至颠覆行动。与此同时,海军的行政领导们也积极推动美国进行海外扩张。虽然国务卿奥尼尔和海军部长赫伯特等部分内阁成员积极主张对外扩张,但是民主党的克利夫兰政府整体上对扩张的态度是谨慎的,甚至是不情愿的。[41]麦金莱(William Mckinley)上台后,在这个"温和的共和党人"的领导下,美国以解决西班牙镇压古巴的人道主义危机为契机,迅速带领整个国家走上海外扩张道路。在这一过程中,西奥多·罗斯福这样狂热的海军至上主义者和海外扩张主义者不仅参与制定美国的对外政策,他们在美国对西班牙发动的战争中也发挥关键作用。战后,麦金莱总统也成为了积极的海外扩张主义者,批准美国吞并夏威夷。[42]不过,虽然这一时期国会总体上支持海外扩张,但是反对对外扩张的力量也占有相当的分量。海军是海外扩张的象征,在美国对外政策的转型过程中自然深受影响。海军军官团更是借重海外扩张主义推动海军发展。

在国内外形势的影响下,美国社会舆论开始要求政府进行海外扩张。随着美国积极在拉美和太平洋地区拓展海外利益,社会公众在海外扩张主义者的煽动下,强烈要求政府对抗欧洲强国,保护美国的海外利益。无论是处理与智利的战争危机,还是与英国的委内瑞拉危机,美国都面临好战的社会氛围的压力。终于,美国公众对美国进行海外扩张施加的压力在古巴危机上达到了新的强度。1895 年,古巴再次爆发反抗西班牙殖民统治的独立战争。美国公众同情古巴和由于"弗吉尼厄斯"号事件仇恨西班牙,要求政府干涉西班牙在古巴的暴行。强烈的民意对国会造成巨大的压力,国会要求总统"劝说"西班牙允许古巴独立,或者将古巴卖给美国。不过,西班牙政府婉拒了美国获得古巴的企图。[43]"缅因"(Maine)号事件后,虽然西班牙宣称与爆炸事件无关,但是美国公众却认为是西班牙摧毁了美国传递善意的军舰,要求政府进行复仇。[44]在社会舆论的支持下,美国的海军至上主义者和海外扩张主义者发动了对西班牙的战争。此后,战争的胜利更是加强了社会舆论对于海外扩张的支持,美国正式加入了帝国主义瓜分世界的狂潮。美国海军也借助美国的海外扩张迎来了难得的发展机遇。

二、团结海军军工复合体

在美国海军建设的过程中,海军军工复合体逐渐形成。传统上,海军部负责提供技术支持的各局所辖的造船厂、修理厂和其他岸上设施工作低效、管理混乱和腐败不堪。它们的主要目标不是为美国海军提供必要的支持,而是维持自身的存在。国会议员虽然为了地方和选区利益需要维持岸上设施的存在,但是却利用这些岸上设施的腐败低效抨击海军和政治对手。海军军官团更是对海军岸上设施十分不满。这一时期,军工复合体基本上还不存在。在海军重建的过程中,海军军官团团结国际贸易和钢铁等海军相关产业,推动海军建设。行政部门大力扶持私营造船厂、私营钢铁企业和军火企业。随着海军的重建告一段落,军官团、政治家、军火企业相互关联的军工复合体初具雏形。随着美国海军建设的过程加快,海军军官、以国会议员为主的政治家和工商业企业主之间的利益融合进一步加强。尤其是,支持海军建设的国会议员既为自己所代表的州激烈争夺海军建设项目,又相互支持。与美国海军建设伴生的海军军工复合体也日益得到巩固。

亲海军议员协同海军军工复合体对美国海军建设起到有效推动作用。首先,这些议员联合海军军官、行政领导克服国会中反海军议员的阻力,推动国会持续支持海军建设。由于在海军专门委员会中,委员会主席和人事、拨款等分预算委员会的成员是具体制定海军建设政策的关键人物,因此他们可以力排干扰,甚至不顾反对,推动国会制定庞大的海军建设预算。例如,1890 年资深民主党议员黑尔呼应共和党海军部长建设"吨位仅次于英国的海军"的呼声,指出美国海军应能对抗"世界上最强大的海军力量",然后跨党派联合参议院海军事务委员会主席、共和党参议员查斯·A.鲍特尔(Charles A. Boutelle)和洛奇等重量级议员,与对此持强烈反对态度的纽约州民主党参议员弗朗西斯·斯平诺拉(Francis Spinola)等人相抗衡,制定了规模空前的海军建设法案。[45]其次,国会对军舰"国产化"的要求既使本国钢铁等产业获利,也促进了海军现代化。国会一再通过法案,要求尽可能地采用美国企业去建造美国的军舰,为此扶植和新建了大量的造船厂和钢铁厂,其中多为私营企业。[46]这不仅有助于美国海军现代化,也刺激了本国的工业发展,更使议员所代表的州和选区获利。

不过,军工复合体内部不同的利益追求对美国海军建设也有一些阻碍作用。虽然海军军官、政治家和企业结成军工复合体一起推动海军建设,但是他们的利益并不完全一致,因而对美国海军建设也并不总是起到促进作用。首先,延误美国海军建设的进程。鉴于国会庇护下的海军造船厂腐败低效,海军部为拿到订单的造船厂和钢铁厂等企业制定了严苛的产品标准。然而,当时美国企业的生产工艺不高,难以达到海军部的要求,这就减慢了美国海军建设的速度。比如,根据美国国会规定,美国军舰的装甲板必须由美国企业制造。但是,美国钢铁厂制造的装甲板价格偏高,且质量不如英法等国的产品。为此,海军部在支持伯利恒钢铁厂改进工艺的同时,要求国会允许进口装甲板。[47]其次,造成海军建设中新的腐败现象。由于大量拨款用于支持私营企业,海军部又负责产品验收,种种漏洞导致的质量问题使得海军部受到腐败质疑。[48]最后,干扰美国海军建设。由于军官团可以直接游说国会,国会也希望借机干涉海军的行政管理事务,然而,这通常会引起海军行政部门的不满。行政领导和立法领导失和自然不利于海军建设。

随着海军军工复合体不断壮大,海军相关产业和国会中的海军利益相关者都是海军军官团推进海军建设需要团结的力量。虽然有种种不足,海军军工复合体对美国海军建设的促进作用却贯穿于建设新海军的整个政策过程。作为海军军工复合体的倡建者,海军军官团自然是其中最活跃的力量。仅就海军预算而言,海军军工复合体的相互团结和配合就十分重要。海军军官根据战争计划,将海军建设的公共资源需求提交给海军部。总统将包括海军建设要求在内的联邦预算要求提交给国会。国会的海军事务委员会或拨款委会审核和听证海军的预算请求,并制定海军授权法案和拨款法案。其中,大海军派国会议员多代表海军利益,与海军密切合作。他们与海军军官和其他海军利益群体一直努力推动国会通过对海军建设有利的预算法案。然后,海军军工复合体在法案执行的过程中都会得到各自追求的利益。不仅如此,海军利益群体的外围组织指挥官协会和海军联盟等院外利益集团虽然不直接参与海军建设政策的制定,但是它们对美国海军发展所起的作用也不可低估。由于处于海军政军体制之外,这些院外集团可以激烈地批评美国的海军政策。[49]可见，无论是直接还是间接参与美国海军建设，海军军工复合体中的各利益群体都可以从中获得好处。不过，克服军工复合体的弊端并团结各利益主体形成合力、共同推动新海军建设进程一直是海军军官团的重要努力方向。

三、美英和解前的海军建设

虽然美国深陷经济危机，但海军仍然以英国为主要假想敌进行海军建设。随着海外利益的拓展和愈来愈深入地参与国际权力争夺，美国必须加快建设一支能够保护海外利益和支持外交政策的海军力量。由于英国的海军实力最强，且最有可能在海外冲突中损害美国的利益，因此美国依然以英国为主要假想敌进行海军建设。然而，处于内外交困中的克利夫兰总统根本无暇也无力推动国会支持海军建设。于是，他任命众议院海军事务委员会前主席赫伯特担任海军部长，负责领导美国的海军建设。赫伯特不仅熟悉海军事务，而且在国会的海军事务委员会有跨党派的盟友。成为海军部首脑后，他就不再从成本角度考虑海军建设，而是努力提高海军的军事效能。很快，赫伯特部长在信奉攻势制海理念的海军军官的影响下，改变了保守的海军建设观念，支持建设以战列舰为主力的进攻型舰队。[50]然而，这位强势的海军部长带领锐意变革的海军军官团建设新的进攻型海军并非易事。他们必须解决美国海军在重建时代并没有解决的痼疾，并确立海军建设的新目标。

美国海军持续发展的当务之急是解决国会庇护下的造船厂、钢铁厂、维修厂和其他岸上设施浪费低效的问题。在海军重建的过程中，国会议员出于选区利益考虑，一直庇护生产效率低下的海军部所属的造船厂、维修厂等岸上设施。海军部为了推动舰船建造，扶持了一些私营的造船厂和钢铁厂等企业。然而，这些私营企业制造的钢铁乃至军舰不但不符合海军部的要求，而且加剧了海军的腐败。海军军官团继续抨击美国海军岸上设施的浪费和低效，其中尤为严重的是装甲钢板制造问题。美国国会早在1885年就规定，美国主力舰的装甲板必须为美国企业制造。然而，以卡耐基钢铁厂为代表的美国钢铁企业生产的镍钢装甲板存在以次充好的欺诈行为，且价格高于国外同类产品。赫伯特授命海军部对此进行调查,确认属实后给问题企业开出了严厉的罚单。虽然克利夫兰总统检讨了监管失控的责任,并减轻了对钢铁厂的处罚,但是国会却对海军部采购的装甲板限定了最高价格。[51]到1895年,装甲板的问题才得到解决,1886年授权建造、1889年铺设龙骨的2艘二级战列舰"缅因"号和"得克萨斯"(Texas)号的建造进程才得以继续。虽然赫伯特部长在整个任期内都没能解决军工复合体的低效甚至欺诈问题,但是在海军部的严格监管下,随着这些企业收到的订单增多,它们的制造工艺和产品质量水平确实在迅速提高。

美国海军推动国会拨款建造进攻型主力舰队。1893年11月,赫伯特部长并没有向态度消极的国会争取建造新的主力战舰。他回顾了美国海军的军舰服役和建造情况,向国会坦承了仅有19艘军舰适航、世界排名第七的美国海军现在面临的困难和压力。[52]次年,海军部试图向国会争取建造主力舰,但是由于正处于经济危机的艰难时期,国会在一番争论后仅授权建造3艘鱼雷艇和1艘拖船。[53]1895年,委内瑞拉危机爆发,美国在民意的推动下对英国进行战争威胁。然而,两国的海军军事效能差距悬殊。意识到美国处于危险中的国会在1895年和1896年授权建造包括4艘一级战列舰、13艘鱼雷艇在内的25艘军舰。[54]新的大型主力战舰订单使生产装甲板的美国企业渡过了难关,整个海军制造业也受惠于海军发展。除此之外,从1894年起,美国海军为了适应新的形势,重组了巡航站点,海军部要求每个站点的军舰都要定期集合操练。[55]不过,因东海岸的议员不愿意在选区外兴建海军岸上设施,海军部在太平洋沿岸和加勒比地区增建加煤站的要求没有得到国会支持。

与发展进攻型舰队相适应,海军军官团和海军部迫切争取国会支持进行海军组织改革。克利夫兰总统和赫伯特部长都明白美国要重点解决经济动荡造成的社会问题,国会不大可能提供巨额资金支持海军建设。于是,在海军军官团的协助下,海军部将海军建设的重点放在海军组织改革方面,以"重组海军部,提高海军的人事效率"。海军军官晋升缓慢、技术军官与指挥军官待遇不平等一直是困扰美国海军发展的大问题。在不得志的军官的推动下,海军部试图进行军官制度改革。虽然赫伯特部长有在众议院海军事务委员会任职11年的资历,参众两院都在民主党的控制之中,但是立法者仍不愿意对海军人事制度做任何激进改革,否决了海军部的人事改革计划。不过,海军部在组织改革方面却取得了突破。长期以来,国会及其专门委员会与海军部的 8 个事务局联系密切,国会议员希望海军拨款流向自己的选区,海军部事务局则在乎手中的权力。虽然海军军官团一再指责国会、海军部各局和岸上设施腐败混乱、效率低下,但是历任部长的改革努力最终都在国会遭到冷遇。赫伯特部长以管理事务增多为由,推动国会同意供应局(the Bureau of Provisions and Clothing)和航海局各设一名助理局长,国会失去了对行政分支的控制,因为海军首次在没有国会监督的情况下进行了改革。[56]此外,在赫伯特部长的支持下,海军战争学院终于在 1895 年摆脱海军官僚的压制,恢复独立建制。[57]此后,这所高级海军军官学院开始发挥在海军军官战略素质培养方面的巨大作用,并在很长一段时间是美国海军战争计划的具体制定者。

四、美英和解后的海军建设

英美和解后,美国开始针对西班牙进行海军建设。"克鲁格电报"事件后,英美和解使得英国威胁下降。美国干涉西班牙对古巴独立运动的镇压和德国公开同情西班牙,使得美国同时面临两个欧洲敌人。西班牙虽然实力较为弱小,却可能直接考验美国的海军实力和战略意志。德国咄咄逼人,海军实力强于美国,却暂时没有意愿与美国发生冲突。于是,美国海军开始准备针对西班牙的战争。同年,海军战争学院开始制定针对西班牙的战争计划。西班牙拒绝了美国的劝说和购买古巴的要求后,古巴局势恶化。1897 年 4 月,助理海军部长罗斯福在海军战争学院发表以《实力换取和平》为题的演说,对西班牙发出战争威胁。海军战争计划制定者心领神会,于 6 月 30 日向海军部长约翰·朗新召集的战争计划委员会提交了针对西班牙的战争计划。[58]同时,美国海军情报办公室的驻欧洲人员密切关注西班牙的备战情况,以及英国、法国和德国对美国和西班牙之间的危机的态度变化情况。不过,虽然西奥多·罗斯福带领美国海军积极备战,但是麦金莱总统对使用武力还是持保留态度,一再强调古巴问题要以人道的方式解决,并对与西班牙新政府进行合作持乐观态度。[59]

在外部威胁复杂化的情况下,美国加紧进行舰队的备战和建设。麦金莱政府上台后,约翰·朗不愿意具体处理海军行政事务,领导海军的权力经常掌握在助理海军部长西奥多·罗斯福手中。后者既是一位坚定的海军至上主义者,也是位狂热的海外扩张主义者。他既敏锐地意识到列强在美西争端中的暧昧态度对美国的威胁,也想通过打击虚弱的西班牙促进美国在加勒比和太平洋地区的扩张。1898 年新年伊始,古巴爆发了暴乱,西班牙为报复暴动分子,屠杀了 20 多万岛民。美国驻古巴总领事致电华盛顿,要求保护本国侨民和财产。[60]在这种情况下,罗斯福极力说服约翰·朗进行备战,让亚洲分舰队和大西洋舰队"储备煤炭、待命而战",并建议为每条战舰"配备运煤船"。[61]"缅因"号事件后,罗斯福更是积极调配海军力量,做好了战争准备。[62]在海军备战的过程中,国会也提供了慷慨的赞助。3 月,国会向海军追加 5 000 万美元的紧急战争拨款。5 月,国会通过高达 6 300 万美元的海军预算法案,并授权建造 3 艘一级战列舰和多艘其他舰只。[63]战后,受惠于美西战争的美国社会认识到建设强大海军的好处。1899 年和 1900 年,在全社会爱国主义情绪的鼓动下,国会批准建造 5 艘战列舰和 6 艘装甲巡洋舰。美国终于以海军强国的姿态加入了列强之间的海军竞赛。

美国开始建立海外海军基地。由于国会的阻挠,美国海军在国外有补给站、加煤站和巡航站,却一直没有功能完善的海军基地。负责攻击菲律宾的亚洲分舰队的大部分战备工作都是在英国管辖下的香港进行的。中立国英国虽然同情和支持美国,但是出于国际惯例,还是要在美国对西班牙宣战后"驱逐"美国舰队。早在 1897 年 5 月,助理海军部长就询问马汉在太平洋和大西洋"为舰队建立稳固的基础设施"的必要性。马汉认为,美国应该在夏威夷和西印度群岛建立军事基地,并修建尼加拉瓜运河,方便美国海军调动兵力。[64]美国战胜西班牙后,占领古巴和菲律宾,正式加入了帝国主义列强瓜分世界的潮流。无论是否情愿,新的"帝国责任",尤其是保卫遥远的菲律宾,要求美国调整保守的军事态势。[65]事实上,早在美国刚取得美西战争的初步胜利之时,弥漫着帝国主义情绪的国会就开始酝酿兼并夏威夷事宜。1898 年 6 月 15 日、7 月 6 日,众议院和参议院分别通过关于兼并夏威夷的决议。两天后,麦金莱就签署了国会通过的决议。[66]此后,这个美西战争的“副产品”很快成为美国维护战争成果的前沿阵地。1899 年,美国把在夏威夷的加煤站升级为海军站,开始建设海军基地。与此同时,美国也谋求在加勒比地区兴建海军基地。肩负保卫新兴的美利坚帝国的美国海军正在成为一支真正的远洋海军。

美国缓慢进行海军组织改革。美西战争扩大了美国海军的行动范围,也挑战了其落后的管理与组织体系。战前,按照传统,美国海军部召集海军战争委员会(Naval War Board)协调海军在战争中的行动事宜。这个由海军部长领衔的委员会不仅组成人员都不固定,而且对海军部各事务局工作的协调也非常混乱。在美西战争期间,马汉就曾致信约翰·朗,指出应该授权一位军官进行指挥或者设立海军参谋部,而非通过委员会成员“多数表决”指挥战争。参议员洛奇给鲁斯写信,也表达了同样的观点。不过,总统和海军部长都忽略了他们的看法。其中,约翰·朗对马汉指摘海军的指挥体系感到非常不满,认为他虽然是顶级的海军战略思想家,但是指挥能力还“有待观察”。[67]美西战争结束后,海军战争委员会解散,其大部分职能归还给航海局。即使经历了战争,鲁斯和泰勒等海军军官推动的“1897 海军重组计划”也没有获得海军部和国会的支持,建立海军参谋部、统一海军指挥权暂时还看不到希望。[68]不过,国会为了提高“海军和陆战队的人事效率”,还是在 1899 年 3 月通过法案,将技术军官中的蒸汽工程师正式纳入指挥军官,技术军官的其他工种也享受和指挥军官同等的军衔、薪水和待遇。更为重要的是,各级军衔不再有名额限制。[69]经过数十年的斗争,海军军官在个人职业发展方面终于得到文官领导的认可。

第四节　关于建设新海军的评价

面临日渐临近的外部威胁和空前严重的经济危机,海军军官团推动复苏中的美国海军继续发展。在富有处理海军事务经验的前国会资深议员、后来担任海军部长的赫伯特和约翰·朗的领导下,美国海军以保护海外利益和支持外交政策为目标,争取国会支持建设一支军事效能足以对付较为弱小的海军强国的海军力量。最终,到 19 世纪末,美国初步建成了一支不同于执行近岸防御和远洋巡航任务的、赶上世界海军发展潮流的进攻型新海军。与此同时，美国海军的建设效率也有了很大提高。

一、进攻性的战争计划

在建设新海军的过渡时期，进攻性的海军学说基本成型。与第一本海权著作在国内产生影响速度缓慢不同，马汉的第二本著作《海权对法国革命和帝国的影响(1793—1812)》契合美国即将参加全球竞争，建立帝国的时代背景，迅速在国内受到追捧。赫伯特海军部长担任众议院海军事务委员会主席时，一意废除海军战争学院，而他在去废除这所学院"潜在的、昂贵的海军衙门"的路上阅读了此书，不但改变了想法，而且成为了海军战争学院的庇护者。[70]海军战争学院在艰难的生存中更是培养了一大批信奉马汉攻势制海学说、具有一定海军战略思维能力的中级海军军官。[71]他们不仅将以舰队决战为核心的海军理念贯彻到美国海军基层，尤其是舰队中，其中一些军官也成为海军战争学院的教员。不少人成为新的海军思想家，继续推动美国进攻性海军学说的创新。自此，美国海军摆脱了自成立以来近岸防御与远洋巡航的保守思想的束缚，在军事学说上做好了迎接世界海军竞争的准备。

进攻性的海军学说指导制定应对美国外部危机的海军战争计划。在海军重建时期，美国海军战争计划也是秉持进攻性海军学说，甚至由马汉本人主持制定。不过，这种计划是由少数精英依据虚假的战争情景制定的。19世纪90年代后，海军战争学院成为美国海军战争计划的主要制定机构。其中，信奉攻势制海学说的新派海军军官是海军战争计划的具体制定者，他们自然将进攻性的海军理念运用于战争计划之中。不仅如此，他们还将海军技术和战术最新的发展成果，如战争推演(war game)，应用于战争计划的制定。这提高了战争计划的制定水平。随着美国扩大海外活动，美国与拉美国家、英国和西班牙等国经常发生冲突和危机。这既要求美国海军军官频繁制定战争计划，也给他们根据事态发展修订战争计划提供了可能。比如，海军战争学院早在1895年就开始制定单独针对西班牙的战争计划，次年这个计划被提交给海军部长。[72]这一计划随着古巴局势的发展不断完善。及至美西战争爆发,美国海军才可以按照计划有条不紊地进行战争准备。

美国海军的战争计划制定渐成体系,足以应用于战争准备。由于美国需要对付的假想敌增多,美国制定的战争计划类型开始增多。首先,针对主要假想敌英国的战争计划。海上霸主英国的威胁一直是美国需要优先应对的"战略问题"。虽然实力差距悬殊,但是美国海军一直针对英国制定战争计划。即使英美开始和解,这种战争计划也没有停止,只是其重要性显著降低。其次,针对紧迫威胁的战争计划。英国的威胁降低后,残暴镇压古巴革命的西班牙成为美国海军可能的攻击对象,后者便在行政领导的指导下制定具有操作性的针对西班牙的战争计划。美西战争后,美国海军便立即着手制定应对菲律宾反抗运动的战争计划。不过,这种针对当前威胁与紧急事态的战争计划是军事行动方案,而非为海军建设指明方向的远期战争预案。[73]总之,这两类体现进攻性海军战略的战争计划表明,美国海军日常训练与战争策划相结合、指导长期海军发展与应对紧急事态兼顾的战争计划体系基本成型,战争计划的现实性、针对性和操作性都大为提高。

二、遂行战争任务的海军

以海军战争学院为主的海军战争计划制定体系虽然日渐完善,却也面临着新问题。海军战争学院在为生存而战的同时,一直在为美国海军应对军事安全危机提供战争计划。在提供优于航海局的战争计划后,海军战争学院最终得到了文官领导的认可和支持。它不但可以从国会得到稳定的预算和人事支持,而且成为稳定的战争计划制定机构,成为美国海军参谋体系的一部分。[74]这样一来,它在美国海军的军事行动中非常具有话语权,在海军官僚机构中的地位也得到了很大提升。不过,如何避免海军战争学院成为"昂贵的海军衙门",一直是不少文官领导甚至其创办者鲁斯担心的事情。此外,随着美西战争后海军和陆军联合行动增多,两者势必需要在战争计划层面进行密切协调,海军战争学院与陆军战争学院必须在战争计划制定、与上级参谋机构的关系上解决军种协调的问题。随着在海军部内的地位上升和任务更加复杂,以海军战争学院为主的美国海军战争计划体系需要解决这些新问题,以为跻身海军强国的美国的战争准备和海军建设提供高效的战争计划。

担负着支持美国外交政策使命的新海军已有能力击败敌人,遂行战争任务。经过十余年的发展,一直以英国为主要假想敌进行建设的海军力量终于成为美国推行对外政策强有力的武力工具。这种支持不是像19世纪80年代末90年代初应对与德国、智利和西班牙的危机一样展示实力,而是直接使用武力。1893年初,搭载162名全副武装的海军陆战队队员的"波士顿"号巡洋舰护送美国驻夏威夷公使登陆檀香山,直接颠覆了夏威夷女王的统治。[75]虽然在与英国因委内瑞拉危机引起的对抗中遇到挫折,但是美国的海军实力在西半球已领先于其他对手。"缅因"号事件后,美国有4艘一级战列舰、1艘二级战列舰、2艘装甲巡洋舰和16艘防护巡洋舰,而西班牙只有适航能力和战斗性能都很差的4艘装甲巡洋舰、10艘防护巡洋舰、无防护巡洋舰和一些轻型舰艇。[76]因此,美国海军在菲律宾和加勒比海域轻松击败了西班牙舰队。这场战争之后,美国海军更是为了巩固新建立的殖民帝国频频使用武力,遂行政府交给的战争任务。

跻身世界前列的美国海军面临更严峻的挑战。虽然战胜西班牙标志着美国海军足以为拓展美国的海外利益提供军事支持,但是战后美国面临更为强大的外部威胁。德国不仅在美国和西班牙的战争危机发酵阶段就公开同情西班牙,干扰杜威海军少将攻击和围困西班牙驻菲律宾的军队,而且在美西战争一结束就从西班牙手中购买了马绍尔群岛、加罗林群岛和除关岛外的马里亚纳群岛。[77]不仅如此,德国不仅继续对美国的新增殖民地采取机会主义态度,反对美国兼并夏威夷,还推行世界政策,试图在拉美地区进行渗透,并寻求立足点。德国海军在1898年就拥有7艘战列舰和4艘装甲巡洋舰,实力超过美国海军。[78]德国的海军优势及与之发生全面冲突的可能对美国海军而言是巨大的挑战。除此之外,甲午战争之后,日本在远东和亚太地区继续进行扩张。它也可能损害美国在这一地区的利益,尤其是威胁菲律宾的安全。总之,美国已经开始成为殖民帝国,其"新增财产"面临着其他强国的威胁,而美国的海军军事效能尚不足以慑止这些国家的野心。因此,美国需要继续进行更高水平的海军建设。

三、空前的建设资源投入

国会愿意建设一支能够支持外交政策的新海军。艰难的海军重建取得阶段性成果之后,美国遭受了经济危机的严重打击。进行海外扩张有助于摆脱危机,但是美国的海军力量不足以支持美国推行海外扩张政策,财政紧张又使得国会很难提供巨额预算,以建设符合美国对外政策和野心需要的海军力量。因此,建设新海军之初,行政部门避免向海军提出激进的要求,国会也只拨款建造少量的非主力舰只。军事效能依然低下的美国海军在应对委内瑞拉危机时表现乏力,海军险些被英国海军全歼的落后状况再次促使国会接受海军军官团和行政部门的要求调拨资源,建造进攻型舰队。一些亲海军议员甚至认为美国海军“应该与英国对等,以主导美洲水域”。[79]此后,美西战争危机不断发酵,美国社会群情激奋。国会加大了对海军的赞助力度。战后,维护美国新建立的殖民帝国更需要强大海军力量。于是,国会基本上愿意建设能够慑止和击败欧洲强国、支持美国参与全球扩张的强大海军力量。由此,美国海军建设因立法部门的保守态度而难以为继的困难状况也有所好转。

在内外合力的推动下,国会对海军建设的支持达到新水平。除了美国海军面临严峻的战争考验这一背景外,以海军军官团为核心的军工复合体成为推动美国海军建设的强大力量。在海军重建时期,美国扩大了海外商业利益,扶持和兴建了新的造船厂、修船厂、钢铁厂和军械厂等岸上设施。虽然它们之间并不团结,利益之争和监管薄弱也使得军工复合体内部出现腐败现象,甚至使美国海军建设的过程变得迟滞,但是在各海军利益群体的推动下,美国海军建设不再仅仅是复兴海军的军事使命、应对外部威胁的政治使命,也是一项惠及各州经济、议员本人也可以借此赢得政治资本的前景广阔的新兴产业。尤其需要指出的是,国会内的大海军主义者不但数量增多,而且开始走向联合,成为国会中强大的政治势力。于是,在内外需求的共同作用下,国会拨给海军的预算才整体超过“黑暗年代”的水平。当然,国会对海军的支持不只是在加大预算方面,还体现在有限度地进行海军改革。如,国会批准海军进行人事改革,指挥军官和技术军官开始走向融合。

国会依然回避美国海军改革的问题。国会虽然开始慷慨地支持海军建设主力舰只并为舰队活动提供更多的军事基地,也开始改变不符合时代要求的人事制度,但是对于海军管理与指挥体系改革仍然持否定态度。首先,不支持海军部的部门改革。国会在海军重建时期就阻挠海军部长改革主要由过时低效的海军部事务局组成的海军管理体系。原因在于,在利益格局没有被打破之前,国会不愿意放弃与各事务局长期形成的牢固的利益关系,也不愿意放弃利用与事务局的关系来干涉海军的管理工作。其次,无意于建立独立的参谋指挥机构。美国海军的指挥军官一直要求建立享有独立指挥权的参谋机构,但是出于文官统制军队的考虑,立法部门和行政部门都无视指挥军官的强烈请求。然而,由于缺乏统一高效的指挥,美国海军在美西战争中行动并不一致。这使得鲁斯、泰勒和杜威等负责策划和指挥舰队行动的高级军官再次敦促文官领导建立独立的参谋机构。[80]随着德国和日本的威胁上升,美国海军随时可能遭遇比西班牙强大得多的敌人。仅加速进行主力舰队建设,忽视海军改革,国会的这种机会主义态度可能让美国在下次战争中付出沉重的代价。

四、建设新海军的效率

美国建设新海军的政策基本匹配提高海军军事效能的需要。美国海军继续以英国为主要假想敌进行海军建设。行政领导支持的海军军事效能建设需求虽然无法得到国会不折不扣的公共资源支持,但是国会提供的预算已经使美国海军有能力对付较弱的对手。尤其是,英国皇家海军一度由远方的假想敌变成现实中的强大敌人。受此刺激,国会更是空前慷慨地提供了海军建设预算。[81]这些预算更多被用来建造用于进攻的战列舰、装甲巡洋舰、鱼雷和鱼雷潜艇,符合美国建造进攻型舰队的需要。[82]除此之外,国会还批准海军部进行人事改革。工程师军官在法律上并入指挥官军官,这消除了海军军官团内斗的一大源头。指挥军官的晋升空间被彻底打开,技术军官获得与指挥军官平等的军衔、晋升和待遇,都有助于海军军官们的个人职业发展,也有助于他们在国内外受到尊敬,增加事业荣誉感。另外,国会支持海军部有限地进行组织改革也符合着眼于未来战争、提高海军军事效能的要求。

国会不但积极增加公共资源投入,而且与海军部一起降低海军建设的成本。美国建设新海军的过程始于经济危机正严重的时期。海军建设在国会受到小海军派的抵制。海军部不敢提过多的造舰要求,财政压力巨大的国会对海军建设的热情不高。美国政府的行政和立法部门都不得不尽量压低海军建设的成本。于是,海军部不惜延迟舰船建造速度,也要维持国会制定的价格标准。新兴的私营造船和钢铁企业在严格的质量和价格标准下提高了创新能力和工艺技术,最终还是提供了符合海军部要求的产品。此外,美国海军在第一次委内瑞拉危机中的危险遭遇也没有降低国会对成本的要求。立法者一再压低钢铁价格,拒绝对已经授权建造的军舰进行拨款,甚至要求海军部以小型舰只的装甲板价格采购主力舰的装甲板。[83]国会这种过于看重成本的状况直到美西战争爆发前才得到缓解。此外,国会不到万不得已绝不对海军的人事、组织和管理体制进行改革,这在一定程度上也是出于公共资源投入的成本考虑。在经济危机的重压之下,美国政府建设新海军的成本已经被尽可能地压低。

虽然美国的海军发展上了新台阶,但是其建设效率与军事效能失衡的状况依然严峻。经过不到 10 年的发展,美国海军走上了进攻型海军的发展道路,其军事效能已经超过较为弱小的海军强国,且能够支持政府的战争政策。不过,美国海军的迅速发展掩盖了海军建设效率与军事效能失衡的状况。经济危机使得国会无法拿出更多预算支持海军建设,庇护政府造船厂的议员也想为其选区产能低下的造船厂带回订单。因此,国会批准建造了大量落后于时代的炮艇和一些低舷铁甲舰。不仅政府造船厂的产品难以满足海军发展需要,新兴的、技术先进的造船企业和钢铁企业在成本压力下也出现了无法生产的状况。[84]总之,议员的私心和国会对成本的过分强调影响了舰船建造的效果,反而产生了不应该出现的公共资源浪费。此外,虽然有了战争教训,国会总体上对海军组织改革尤其是设立指挥军官负责的独立参谋机构的保守态度仍然没有改变。因此,从效果看,美国海军建设进步巨大,但是建设效率与军事效能的失衡状况仍很严重，这种失衡也正在被海军军工复合体固化。

第五节 小 结

迭代中的海军军官团在矛盾中推动美国政府，尤其是国会，继续建设青黄不接的海军力量。随着美国的海外扩张，美国海军承担的安全任务和面临与强敌发生对抗的风险都在加大。然而，这支海军的舰队正在进行新旧更替，军官团在进行融合和迭代，现役主力舰只不足和军官团内部的矛盾使美国海军处于军事效能较为低下、难以遂行战争任务的困难状态。指挥军官内部、指挥军官与技术军之间的尖锐矛盾仍不时爆发，甚至威胁美国海军的军事效能，如航海局一直竭力取消海军战争学院。在这种状况下，海军军官团推动和协助行政领导，借助正在形成的军工复合体，向国会争取海军建设资源。紧迫的外部威胁和立法机关内外亲海军力量的上升促使国会克服经济困难，大力建设进攻型的主力舰队，并为其提供辅助舰只和必要的岸上设施。以海军军官团为核心的海军利益集团走向联合，为美国海军建设打下了稳固的国内政治基础。随着美国继续对外扩张，海军开始针对新的主要假想敌提高军事效能。美国海军在技术和装备上已经赶上世界海军发展潮流，海军组织改革却到了刻不容缓的地步。海军建设效率虽然有很大提高，但是仍需要克服被军工复合体固化的顽疾，如因国会与政府造船厂的利益关联而加剧的产能低下问题。

跻身世界先进行列的美国海军将参加激烈的全球海军竞赛。军事效能低下的美国海军经过不到10年的建设已足以遂行战争任务，成为美国推行海外扩张政策的有力工具。然而，美国面临的主要威胁已经变成咄咄逼人的德国。此时，德国与英国的海军竞赛已经开始。美国将以德国为参考目标进行海军建设。为了防止德国在拉美获得立足点，美国将在本土之外建立军事基地，准备迎击德国的进攻，同时防止拉美国家与德国进行联合。此外，美国新占领的菲律宾不但面临德国威胁，而且面临在远东和太平洋地区更具野心的日本的威胁。总之，美国海军面临的外部威胁更为强大、更为复杂，却也更为清晰。海军军官审视日趋激烈的海权竞争形势和美国海军的种种不足,更迫切地推动文官政府继续建设足以对抗任何海军强国的海军力量。美西战争已经使美国享受到海军带来的胜利果实,建设强大的海军已经成为全社会的共识。此后,在美国海军军政精英和社会舆论的共同努力下,美国海军彻底走出"黑暗年代",迎来了大发展的黄金期。

注释

1. 徐弃郁:《帝国定型:美国的 1890—1900》,第 1—4 页;刘贻绪、杨生茂主编:《美国通史》第 3 卷,北京:人民出版社 2002 年版,第 332—334 页。

2. [美]哈罗德·斯普雷特、[美]玛格丽特·斯普雷特:《美国海军的崛起》,第 197—199 页;[美]凯文·乔恩·费尔南德伦:《美国例外论或大西洋共同体——特纳与美国史研究中的一个恒久议题》,载《史学理论研究》2004 年第 2 期,第 129—136 页。

3. 袁鹏:《论镀金时代美国社会思潮之主流》,载《北方论丛》1997 年第 2 期,第 37—43 页;丁则民:《"新"、"旧"资本主义交替时期的美国——〈内战与镀金时代的美国〉序》,载《东北师大学报》(哲学社会科学版)1989 年第 4 期,第 33—36 页。

4. Frederick Jackson Turner, "The Significance of the Frontier in American History," in Martin Ridge, ed., *Frederick Jackson Turner: Wisconsin's Historian of the Frontier*, Madison: State Historical Society of Wisconsin, 1986, p.18;刘贻绪、杨生茂主编:《美国通史》第 3 卷,第 334—338 页。

5. James Monroe: "Seventh Annual Message," December 2, 1823. Online by Gerhard Peters and John T. Woolley, The American Presidency Project, http://www.presidency.ucsb.edu/ws/? pid=29465.

6. 章骞:《不列颠太阳下的美国海权之路》,第 201—209 页;Samuel Flagg Bemis, *Beneath the United States: A History of U.S. Policy toward Latin America*, New York: Bemis Harcourt, Brace and Company, 1998, pp.125—128。

7. [美]罗伯特·卡根:《危险的国家:美国从起源到 20 世纪初的地位》,第 354—356 页;[美]詹姆斯·布拉德利:《1905 年帝国巡游:美国塑造亚太格局的伏笔》,刘建波译,北京:北京联合出版公司 2016 年版,第 126—133 页。

8. 赵学功:《第一次委内瑞拉危机与美英关系》,载《历史教学》2003 年第 3 期,第 19—22 页。

9. 徐弃郁:《帝国定型:美国的 1890—1900》,第 90—92 页。

10. 同上书,第 92—93 页;Jennie A. Sloan, "Anglo-American Relations and the Venezuelan Boundary Dispute," *The Hispanic American Historical Review*, Vol.18, No.4, 1938, p.488。

11. [日]麻田贞雄:《从马汉到珍珠港:日本海军与美国》,朱任东译,北京:新华出版社 2015 年版,第 10—11 页。

12. [美]罗伯特·卡根:《危险的国家:美国从起源到 20 世纪初的地位》,第 427—432 页;H. Wayne Morgan, *America's Road to Empire: The War with Spain and Overseas Expansion*, New York: John Wiley and Sons, Inc., 1967, pp.26—31。

13. 徐弃郁:《帝国定型:美国的 1890—1900》,第 90 页;George T. Davis, *A Navy Second to None: The Development of Modern American Naval Policy*, p.61。

14. Robert Greenhalgh Albion and Reed Rowena, *Makers of Naval Policy, 1798—1947*, p.260.

15. 章骞:《不列颠太阳下的美国海权之路》,第 221—222 页。

16. 赵学功:《第一次委内瑞拉危机与美英关系》,载《历史教学》2003 年第 3 期,第 22—23 页。

17. Timothy S. Wolters, "Recapitalizing the Fleet: A Material Analysis of Late-Nineteenth-Century U.S. Naval Power," p.105.

18. Walter Lafeber, *The New Empire: An Interpretation of American Expansion, 1860—1898*, Cornell University Press, 1963, pp.197—203.

19. [美]劳伦斯·桑德豪斯:《德国海军的崛起:走向海上霸权》,第 174—187 页;Paolo E. Coletta, *A Survey of U.S. Naval Affairs, 1865—1917*, pp.42—43。

20. Walter R. Herrick, "Hilary A. Herbert: 7 March 1893—5 March 1897," in Paolo E. Coletta, *American Secretaries of the Navy, Vol.I, 1775—1913*, p.425.

21. Ronald Spector, *Professors of War: The Naval War College and the Development of the Naval Profession*, pp.55—57.

22. Peter Karsten, *The Naval Aristocracy: The Golden Age of Annapolis and the Emergence of Modern American Navalism*, pp.63—64.

23. Donald Chisholm, *Waiting for Dead Men's Shoes: Origins and Development of the U.S. Navy's Officer Personnel System, 1793—1941*, p.419.

24. Robert L. O'Connell, *Sacred Vessels: The Cult of the Battleship and the Rise of the U.S. Navy*, Boulder: Westview Press, 1991, pp.40—48.

25. William M. McBride, *Technological Change and the United States Navy, 1865—1945*, p.19.

26. Paul Silverstone, *U.S. Warships of World War I*, London: Ian Allan, 1970, p.29.

27. Ronald Spector, *Professors of War: The Naval War College and the Development of the Naval Profession*, p.6.

28. Monte Calvert, *The Mechanical Engineer in America, 1830—1910: Professional Cultures in Conflict*, Baltimore: Johns Hopkins University Press, 1967, p.25.

29. 海军战争学院以培养具有战略才能的海军中高级军官为目标,开设了大量关于攻势制海学说的课程,其中马汉亲自主讲海军战略和舰队战术等课程。Ronald Spector, *Professors of War: The Naval War College and the Development of the Naval Profession*, pp.32—35.

30. [美]A. T. 马汉:《海权对历史的影响:1660—1783》,第 106 页;Mark Russell Shulman, *Navalism and the Emergence of American Sea Power: 1882—1893*, pp.46—57。

31. Elting E. Morison, *Admiral Sims and the Modern American Navy*, pp.25—36; Ronald Spector, *Professors of War: The Naval War College and the Development of the Naval Profession*, pp.64—66.

32. Seward W. Livermore, "American Naval-Base Policy in the Far East 1850—1914," *The Pacific Historical Review*, Vol.13, No.2, 1944, pp.116—117;[美]乔治·贝尔:《美国海权百年:1890—1900 年的美国海军》,第 19—20 页。

33. Steven T. Ross, *American War Plans: 1890—1939*, p.11.

34. Ibid., pp.12—14;[美]詹姆斯·布拉德利:《1905 年帝国巡游:美国塑造亚太格局的伏笔》,第 60—61 页。

35. "Roosevelt to Lodge, 21 September 1897"; "Roosevelt to Kimball," 19 Novem-

ber 1897, in Elting E. Morison, ed., *The Letters of Theodore Roosevelt*, *V.I*, Cambridge: Harvard University Press, 1951, pp.690—716.

36. Steven T. Ross, *American War Plans*: *1890—1939*, p.15.

37. 徐弃郁:《脆弱的崛起:大战略与德意志帝国的命运》(修订版),第 176—179 页;Ivo Nikolai Lambi, *The Navy and German Power Politics*, *1862—1914*, Winchester: Allen & Unwin, Inc., 1984, pp.185—186, 232—235。

38. Charles Campbell Jr., *Anglo-American Understanding*: *1898—1903*, Baltimore: the Hopkins Press, 1957, pp.30—36; Thomas A. Bailey, "Dewey and the Germans at Manila Bay," *The American Historical Review*, Vol.45, No.1, 1939, pp.60—79.

39. 刘贻绪、杨生茂主编:《美国通史》第 3 卷,第 196—197 页;徐弃郁:《帝国定型:美国的 1890—1900》,第 4—7 页。

40. 徐弃郁:《帝国定型:美国的 1890—1900》,第 18—22 页;[美]詹姆斯·布拉德利:《1905 年帝国巡游:美国塑造亚太格局的伏笔》,第 19—26 页。

41. [美]罗伯特·卡根:《危险的国家:美国从起源到 20 世纪初的地位》,第 395—407 页。

42. Paul E. Pedisich, *Congress Buys a Navy*: *Politics*, *Economics*, *and the Rise of American Naval Power*, *1881—1921*, p.121.

43. 王立新:《踌躇的霸权:美国崛起后的身份困惑与秩序追求(1913—1945)》,北京:中国社会科学出版社 2015 年版,第 18 页;H. Wayne Morgan, *America's Road to Empire*: *The War with Spain and Overseas Expansion*, pp.26—31。

44. Paul E. Pedisich, *Congress Buys a Navy*: *Politics*, *Economics*, *and the Rise of American Naval Power*, *1881—1921*, pp.51—52.

45. George T. Davis, *A Navy Second to None*: *The Development of Modern American Naval Policy*, pp.96, 99; Mark Russell Shulman, *Navalism and the Emergence of American Sea Power*: *1882—1893*, pp.130—134.

46. Kurt Hackember, *the U.S. Navy and the Origins of the Military-Industrial Complex*, *1847—1883*, pp.125—126.

47. Benjamin Franklin Cooling, *Gray Steel and Blue Water Navy*: *Formative Years of America's Military-industrial Complex*, *1881—1917*, pp.72—74.

48. 徐弃郁:《帝国定型:美国的 1890—1900》,第 41 页。

49. George T. Davis, *A Navy Second to None*: *The Development of Modern American Naval Policy*, pp.147—149.

50. Robert Seager II, *Alfred Thayer Mahan*: *The Man and His Letters*, pp.273—274.

51. Paul E. Pedisich, *Congress Buys a Navy*: *Politics*, *Economics*, *and the Rise of American Naval Power*, *1881—1921*, pp.100—101, 105.

52. *ARSN*, *1893*, pp.3—13.

53. Paul E. Pedisich, *Congress Buys a Navy*: *Politics*, *Economics*, *and the Rise of American Naval Power*, *1881—1921*, pp.95—96; Elwin A Silsby, *Naval Yearbooks*, *1920—1921*, p.854.

54. Elwin A Silsby, *Naval Yearbooks*, *1920—1921*, p.855.

55. *ARSN*, *1894*, Washington D.C.: United States Government Printing Office, 1894, p.23.

56. Daniel Wicks, *New Navy and New Empire*: *The Life and Times of James Grimes Walker*, Ph.D. dissertation, University of California, 1977, p.76.

57. Ronald Spector, *Professors of War*: *The Naval War College and the Develop-*

ment of the Naval Profession, p.70.

58. [美]詹姆斯·布拉德利:《1905年帝国巡游:美国塑造亚太格局的伏笔》,第60—61页;Steven T. Ross, *American War Plans: 1890—1939*, p.14。

59. William McKinley, "First Annual Message," December 6, 1897, The American Presidency Project, http://www.presidency.ucsb.edu/ws/? pid=29538.

60. [美]斯蒂芬·豪沃思:《驶向阳光灿烂的大海:美国海军史(1775—1991)》,第296页。

61. Roosevelt to Long, 14 January, 1898, in Elting E. Morison ed., *The Letter of Theodore Roosevelt*, Vol.1, 1951, Cambridge: Harvard University Press, pp.795—762.

62. Don Lawson, *the United States in the Spanish-American War*, New York: Abelard-Schuman, 1976, pp.23—27.

63. H. Wayne Morgan, *William McKinley and his America*, Syracuse: Syracuse University Press, 1963, p.275; Paul E. Pedisich, *Congress Buys a Navy: Politics, Economics, and the Rise of American Naval Power, 1881—1921*, pp.114—115.

64. Roosevelt to Mahan, 3 May, 1897, in Elting E. Morison ed., *The Letter of Theodore Roosevelt*, Vol.1, p.607.

65. Steven T. Ross, *American War Plans: 1890—1939*, p.11;[美]斯蒂芬·豪沃思:《驶向阳光灿烂的大海:美国海军史(1775—1991)》,第328页。

66. Julius William Pratt, *Expansionists of 1898: The Acquisition Of Hawaii And The Spanish Islands*, Gloucester: Peter Smith, 1959, p.317.

67. Robert Seager II, *Alfred Thayer Mahan: The Man and His Letters*, pp.269—271.

68. Donald Chisholm, *Waiting for Dead Men's Shoes: Origins and Development of the U.S. Navy's Officer Personnel System, 1793—1941*, p.449.

69. Paul E. Pedisich, *Congress Buys a Navy: Politics, Economics, and the Rise of American Naval Power, 1881—1921*, pp.123—124.

70. Ronald Spector, *Professors of War: The Naval War College and the Development of the Naval Profession*, p.62.

71. Ibid., pp.36—37.

72. Steven T. Ross, *American War Plans: 1890—1939*, pp.12—13.

73. Ronald Spector, *Professors of War: The Naval War College and the Development of the Naval Profession*, p.91.

74. Ibid., pp.99—100.

75. [美]詹姆斯·布拉德利:《1905年帝国巡游:美国塑造亚太格局的伏笔》,第129—130页。

76. 章骞:《不列颠太阳下的美国海权之路》,第235页;徐弃郁:《帝国定型:美国的1890—1900》,第180—181页。

77. Don Lawson, *The United States in the Spanish-American War*, pp.94—95; Julius William Pratt, *Expansionists of 1898: The Acquisition of Hawaii And the Spanish Islands*, pp.342—343.

78. [美]劳伦斯·桑德豪斯:《德国海军的崛起:走向海上霸权》,第217页。

79. George T. Davis, *A Navy Second to None: The Development of Modern American Naval Policy*, pp.97—100.

80. [美]斯蒂芬·豪沃思:《驶向阳光灿烂的大海:美国海军史(1775—1991)》,第319—320页;Paul E. Pedisich, *Congress Buys a Navy: Politics, Economics, and the Rise of American Naval Power, 1881—1921*, p.125。

81. 国会在 1898 年提供的海军预算达到南北战争期间的水平,其中包括战争开支。不过,海军在建设新海军时期得到的拨款超过了历史上任何和平时期。参见 Budget of the US Navy: 1794 to 2014。

82. Elwin A Silsby, *Naval Yearbooks, 1913—1914*, pp.830—832.

83. Paul E. Pedisich, *Congress Buys a Navy: Politics, Economics, and the Rise of American Naval Power, 1881—1921*, p.104; *Naval Appropriations Act (1896)*, US. Statutes at Large, pp.378—379, https://www.loc.gov/law/help/statutes-at-large/54th-congress/session-1/c54s1ch399.pdf.

84. 如,Benjamin Franklin Cooling, *Gray Steel and Blue Water Navy: Formative Years of America's Military-industrial Complex, 1881—1917*, pp.123—124。

第五章
次等海军(1901—1913)

必须稳定推进海军建设。我们的内外政策没有哪一项比这个更重要。

——西奥多·罗斯福 美国第26任总统

海军报告和国会听证凝结着企业主、政治家和美利坚帝国海军将领们的私交和默契。

——《灰钢与蓝水海军:美国军工复合体的形成年代,1881—1917》

19世纪末20世纪初,美国成为一个帝国。美国海军不但需要保卫本土安全,而且还需要保护太平洋上的殖民地和在拉丁美洲的势力范围。经过近20年的海军建设,虽然美国跻身于世界海军强国之列,但是与英国、法国和德国等国家还有不小差距。尤其是,美国海军的管理与指挥体系改革缓慢,已经影响到美国海军整体军事效能的提升。全面接管海军的新派军官团在弥合内部纷争的同时,努力争取文官领导尤其是国会的支持,继续针对主要假想敌建设主力舰队,并艰难地推动海军改革。这为美国海军崛起为头等海军力量奠定了坚实的基础。

第一节 军事效能失衡的美国海军

美西战争后,美国加速对外扩张,成为新兴的帝国主义国家。保护菲律宾和波多黎各等新增的“帝国财产”成为美国军政精英无法回避的问题。与此同时,随着英国和德国等展开海军竞赛,全球进入了海权竞争时代。来自大西洋和太平洋两个方向的威胁和海军竞赛的压力使得初具实力的美国海军军事效能失衡,且依然相对不足。美国海军需要针对主要假想敌进行海军建设,以应对海上强敌可能对美国本土、殖民地或势力范围发起的进攻。

一、海权竞争时代的到来

海军为帝国主义扩张护航。19 世纪末 20 世纪初,在工业革命的推动下,英国、法国、俄国、德国、美国和日本等主要资本主义国家进入帝国主义发展阶段。帝国主义强国的权力格局出现失衡,它们在扩张海外利益,在争夺殖民地方面的竞争日益激烈。紧张的国际局势使得列强之间的关系剑拔弩张,军事冲突风险加大。[1]与此同时,这些国家通过召开国际会议解决争端的方式也渐渐难以协调彼此激化的矛盾,武装对峙和冲突成为常态。尤其是,作为重新瓜分世界的第一次帝国主义战争,美西战争标志着帝国主义列强采用战争手段平衡利益的时代已经到来。在当时的历史背景和军事技术水平下,海军通常是列强进行海外扩张和彼此较量的有力工具。于是,包括美国在内的各主要强国纷纷建设足以为对外扩张提供军事支持的强大海军力量。中日甲午战争和美西战争中的海战更是证明了主力舰队对决对夺取海战乃至整场战争胜利的决定性作用,海军强国纷纷全力打造以战列舰和装甲巡洋舰等大型进攻型舰只为主力的强大舰队。可以说,帝国主义列强均希望建设足以为夺取瓜分世界赢得先机的强大海军力量。

帝国主义列强展开激烈的海军竞争。甲午战争和美西战争中的海战是具有先进理念和新式装备的强大海军对思想保守和装备老旧的弱小海军的胜利,其结果也呈现了海军决战中胜利者所能取得的巨大战果和失败者所需要付出的惨重代价。海军列强纷纷打造高军事效能的海军力量,避免在激烈的海权竞争中居于人后。英国在 1880 年之前几乎不担心防务问题,但是由于新闻界渲染法俄的危险和海军战略家进行的思想动员,[2]英国在 1884 年开始针对颇具实力的法国海军进行海军建设,并在 1889 年正式确立了“两强标准”即优于仅次于自身的两支海军实力之和,并接连针对紧随其后的法国海军和俄国海军进行海军建设。[3]经过短期而急促的海军建设,德国在 1898 年和 1900 年通过了规模庞大的《第一海军法案》(The First Naval Act)和《第二海军法案》

(The Second Naval Act)。英国海军情报部门指出,到 1906 年,德国海军将超过俄国,因此英国需要将海军建设的参照标准确定为法国和德国,英国海军部重新研判德国海军建设的意图。[4]可见,欧洲列强为了争夺海权,已经开始进行海军竞赛。

美国海军仍然处于军事效能相对不足的不利状态。虽然美国海军能够轻松击败已经衰落的西班牙海军,在西半球也已经是最强大的海军力量,但是其实力仍落后于英、法、俄、德等强国的海军,甚至日本海军。这些国家掀起的海军竞赛给美国造成很大的压力。尤其是,德国1900 年针对英国的为期 16 年的海军建设法案同样引起了美国的警惕。是年 11 月,美国海军部在提交国会的报告中指出,这个海军建设计划将使德国主力舰的数量翻倍。[5]作为首次海权竞争时代战争的胜利者,美国自然不敢置身于这场海军竞赛之外。不过,与欧洲强国公开声称海军建设所针对的目标不同,美国政府为了避免外交纠纷和激起国内反对,美国"政府从来没有公开声明敌人是谁"。美国海军为了减少内部阻力和外部压力,低调地争取行政和立法领导投入资源,进行海军建设,追赶实力强劲的潜在对手的海军力量。

美国与其他海军的军事效能差距不仅存在于舰队实力对比方面,还体现在战术、训练、管理和指挥等诸多方面。虽然有先进的海军战略理念,但是美国海军的战术和训练水平落后于其他强国,尤其是英国。如,英国珀西·斯科特(Percy Scott)海军上校指挥的"可畏"(Terrible)号的"连续瞄准"舰炮系统进行实弹射击,英国皇家海军舰炮的命中率从 30%提高到 80%,而美国海军在美西战争中的命中率却仅为2.3%。[6]西姆斯观摩了"可畏"号的实弹射击后认为,其火力相当于美国大多数军舰的总和。除此之外,美国的舰船设计理念和建造技术也落后于欧洲海军强国,仍需要向法国和荷兰派遣留学深造人员。除了这些海军建造和使用方面的问题,美国海军的管理混乱也已经到了不进行根本性治理不足以应对激烈的海权竞争的地步。美国海军部所属的各事务局与国会依然紧密结合在一起,既阻碍海军部重组,也影响海军建设效率。基本完成新旧更迭的海军军官团内部也再起纷争。海军军官以自己把持的海军部门为工具,并各自联合文官领导进行内斗。这严重影响了美国海军军事效能的提升。

二、面临的两洋防御任务

美西战争后,美国海军需要承担大西洋和太平洋两个方向的防御任务。传统上,美国海军除了支持外交政策之外的主要防御任务在于确保东海岸的安全。南北战争前,美国便将领土拓展到太平洋沿岸,保护西海岸的安全也开始成为美国海军的任务。击败西班牙后,美国迅速走上扩张之路,需要海军保护的新增领土、殖民地和势力范围也在增多。其中,在大西洋方向,美国海军不但要保卫东海岸的安全,而且还要加强在拉美尤其是加勒比海地区的防务,以巩固在西半球的主导地位;在太平洋方向,美国海军要保卫西太平洋"新边疆",尤其是菲律宾的安全。然而,美国海军长期处于弱小状态,一直重点防守政治和经济的核心地带东海岸。虽然经过长期建设,美国海军的军事效能大幅提升,但仍然无法对海军列强们采取进攻姿态,因此只能采取立足确保本土安全、通过投送军事力量保护殖民地和海外利益的两洋防御战略。[7]不过,虽然美国面临的威胁都远隔重洋,但是美国的防御战略已经不是在沿岸进行防御,而是通过击败来犯之敌遂行防御任务。这种舰队决战式的防御理念决定了美国海军的发展方向。

美国的防御重心在于来自大西洋方向的德国对美国本土和西半球主导地位的威胁。"克鲁格电报"事件后,英德关系恶化,英美化敌为友,英国开始从西半球撤退,也于1903年召回了英国皇家海军西印度洋分舰队。[8]急剧升温的英美关系解除了英国皇家海军对美国的传统威胁。与此同时,德国对美国的威胁却在迅速上升。德国为了推行世界政策,对美国新增殖民地和西半球势力范围采取机会主义的态度。为了在美洲得到战略支撑点,德国在1899年制定了以攻占诺福克、新港和巴尔的摩为目标的战争计划,在1901年末挑起的第二次委内瑞拉危机被美国挫败后,又在1905年制定出与美国爆发全面冲突的"三号战争计划"(Operation Plan Ⅲ)。[9]德国咄咄逼人的态势遭到美国军政精英和公众的憎恶,德国取代英国成为美国的主要假想敌。[10]正在与英国进行海军竞赛的德国穿越大西洋进攻已经颇具实力的美国海军胜算不大,它必然需要拉美国家的协助,因而美国也需要防止拉美地区对美国不满的国家与德国联合,使美国的主导地位受到损害。

来自太平洋方向的日本对菲律宾乃至美国本土的威胁也不可忽视。美国兼并菲律宾和夏威夷后,在中国推行"门户开放"政策,这就与在甲午战争后加紧在亚洲大陆进行扩张的日本发生利益冲突。美国海军整体实力强于日本,但是在太平洋方向上,实力不如日本。尤其是,日本在1902年与英国结成军事同盟后,日本和美国的海军实力对比天秤更是向日本倾斜。不过,日俄战争前,美国并不认为日本是紧要威胁,甚至在战争中对日本持同情态度。日本战胜俄国后,成为西太平洋地区仅次于英国的主要海军强国,并把美国列为最重要的假想敌。美国不得不考虑日本可能对美国西太平洋利益造成的损害。[11]不过,由于日本明白自己的整体实力不如美国,且以中国为主要目标,专注于在大陆进行扩张,日美矛盾尚没有激化。此外,西班牙战争后,德国取得了西班牙在太平洋地区的大部分殖民地,美国、日本和英国在对付一心推行世界政策的德国方面也有共同利益,因而日本并非美国迫切需要对付的对手。

美国海军必须协调大西洋和太平洋两个方向的防御任务。在海权竞争时代,美国需要针对两洋威胁进行海军建设。首先,美国海军要对付主要假想敌德国。德国海军的实力长期强于美国,且以咄咄逼人的姿态威胁美国本土安全和英国在西半球的主导地位。因此,美国不仅在美西战争后就将德国预设为主要假想敌,进行战争准备,而且海军战争学院在1905年就制定出应对德国进攻加勒比地区的黑色战争计划。[12]此后,直到美国参加一战前,德国都是美国的头号敌人。其次,美国也需要兼顾太平洋地区的防务需求。虽然集中精力对付德国威胁,但是美国对于来自日本的威胁并非无动于衷。美国一方面利用美、英、法、德、日多边关系牵制日本的野心,[13]另一方面进行有限的军事回应。比如,日俄战争后,美国派遣"大白舰队"(Great White Fleet)访问日本,对其进行威慑,并取得迫使日本通过谈判协调美日矛盾的成果。[14]然而,美国海军的整体实力仍然不足,尤其是军事效能严重失衡,在应对来自两洋的威胁方面力不从心。

三、严重失衡的军事效能

美国海军军事效能失衡中最明显的,也是最严重的是两洋兵力部署失衡。到1899年,虽然美国摆脱了海军陈旧无用的状况,跻身世界海军强国之列,但是美国海军力量的部署是极不平衡的。以战列舰为代表的美国舰队主力大多部署在北大西洋的海军站,并巡驻在古巴和波多黎各的海军基地,而在太平洋和亚洲的海军站多为防护巡洋舰和炮艇以下的战舰和辅助舰只。尤其是,在西海岸,美国仅在加利福尼亚州有一个综合性海军基地,且远远无法为主力舰队跨洋作战提供支撑。[15]虽然美国需要保护夏威夷以西的新增殖民地,且加利福尼亚也因美日关系紧张有遭受日本进攻的可能,但是由于国会制定海军政策时过于照顾选区,而海军事务专门委员会中来自太平洋沿岸的议员一直较少,所以西海岸海军基地的建设一直处于滞后状态。到1904年,美国在东海岸有12个海军船厂和海军站,在墨西哥湾有2个,在西海岸却仅有2个。为扭转海军力量分配不均衡造成的海军军事效能的失衡,美国先是策动巴拿马从哥伦比亚独立,然后于1904年开始修建巴拿马运河。[16]这条运河便于美国在大西洋的主力舰队快速向太平洋移动。

不仅美国海军舰队的部署不均衡,而且美国海军的舰队力量构成也呈现出不均衡的状况。在美国海军重建的很长一段时间内,保守的国会对海军建设持怀疑态度,支持建造轻型舰只,而非以战列舰和装甲巡洋舰为代表的主力战舰。1890年后,虽然美国开始建造多艘主力战舰,但是这并不意味着国会毫无保留地扩充舰队。此后,国会对建造军舰有两个基本原则。第一,新舰换老舰。国会一方面授权建造新型舰只,同时也在淘汰老旧军舰。这虽然造成美国海军的军事效能暂时不足,却推动了美国海军的现代化。第二,小舰换大舰。在海军军官团和行政部门的支持下,国会不断授权建造能够与对手进行舰队决战的海军力量,但是同时却削减了鱼雷艇和炮艇等轻型舰只。这提高了美国海军对付强大外部威胁的军事效能,却使得美国海军的主力舰只与辅助舰只之间的比例失衡,不利于海军的长期发展。美国指挥军官与技术军官的不同偏好和持续内斗加剧了这种失衡,西奥多·罗斯福总统推动的主力舰队建设更使军舰类型失衡达到了难以扭转的地步。加上新建成的战列舰一直部署在东海岸以防范德国的进攻,这又加剧了美国海军两洋力量的失衡。

除了海军的部署和建造情况失衡，美国海军对不同方向的假想敌的战争计划的重视程度也是明显失衡的。美西战争后，几乎在德国海军制定对美战争计划的同时，美国海军战争学院就开始考虑德国“进攻西印度群岛”的战略问题，于1901年制定出防御德国进攻的“第一套作战方案”(War Portfolio No.1)，并根据德国的实力和敌意对计划进行持续更新。[17]在1905年美国海军制定的黑色战争计划中，美国防御德国进攻西印度群岛的战争设想已经基本成型。这份战争计划假设德国与哥伦比亚签订收回巴拿马的协定，并寻求在巴拿马附近的卡塔赫纳建立军事基地。为了应对德国为达到这个目的可能分四步采取的行动，美国将加强在加勒比海的军事存在，结集舰队主力于波多黎各海域，在德国建立永久海军基地前击败其舰队力量。[18]这个计划奠定了美国对德战争计划的基本思路。直到美国参加一战前，德国都是美国的主要假想敌，美国海军的对德战争计划基本上也是对1905年计划的修订和完善。与之相比较，虽然应对日本威胁也是海军战争学院另一个重要的战略议题，但是美国海军一直没有认真考虑过日本对美国太平洋和远东利益的具体威胁。如，1906年，美日关系因加利福尼亚人质事件恶化，海军在罗斯福总统的要求下开始制定橙色战争计划，但是这个战争计划制定得非常缓慢，也没有得到文官领导的重视。[19]

战争计划的失衡反映了美国海军的决策者对两洋威胁的重视程度不一。美国海军主要以德国为参考标准建设主力舰队，并且把绝大部分主力舰只部署在东海岸，这是因为美国军政精英把德国当成头号敌人，努力推进决战型舰队建设，而非将日本对美国远东和太平洋利益的威胁视为重大威胁。德国频繁对美国释放敌意和在西半球寻求立足点的努力遭到美国海军军政精英的普遍厌恶。西奥多·罗斯福、资深参议员洛奇和海军军官团的领军人物杜威海军上将等海军高层人物都将德国视为迫切需要应对的主要假想敌。不仅如此，率先号召警惕英国威胁的马汉也在英美和解后将矛头转向德国，教育公众注意德国威胁，并宣称英国的海上霸权“对我们的事业有利”。[20]虽然主要由于陷入与英国的海军竞赛，德国在1906年就放弃了进攻西半球的计划[21]，但是美国海军领导层仍然基于德国海军实力增长进行海军建设。同时，美国也采取措施，提防加勒比国家与德国联合，损害美国的西半球主导权。与之对比,对于实力较弱的日本,美国军政精英无暇顾及,更多通过外交手段或军事威慑进行遏制。总之,由于来自两洋的威胁存在显著差异,美国海军的造舰和部署情况失衡,海军政军领导对来自两洋的假想敌威胁也没有给予同等重视,使得从 20 世纪开始的美国海军军事效能失衡的状况一直在加剧。

四、建设次等海军的目标

美国海军的总目标为建设仅次于英国皇家海军的海军力量。19 世纪 90 年代末,列强开始用帝国主义战争而非召开国际会议的方式解决彼此之间的争端。其中,主力舰队决战是帝国主义战争中最为直接,也最有决定性意义的战争形式。在这种海权竞争激烈的背景下,包括美国在内的任何大国都承受不起由于海军军事效能不足而可能付出的代价。既然美国在大西洋方向面临针对英国皇家海军进行海军建设的德国的威胁,那么美国海军的军事效能就必须高于德国海军。[22]德国公开与英国进行海军竞赛。英国几乎倾尽国力,并在全球进行收缩,以应对德国的挑战。[23]于是,英国尊重美国在西半球的主导地位,支持美国拓展海外利益。与之对应,美国不仅不再面临英国的威胁,也可以借助英国牵制德国和日本。不过,尽管英国一度将美国视为“两强标准”的参考对象,德国与英国进行海军竞赛的教训也使得美国不愿意成为英国的首要对手。总之,美国为了应对外部威胁,保护本土、殖民地和势力范围的安全,努力建设仅次于英国海军的海军力量,并尽量保持低调,以免引起外交纠纷和遭到国内反海军力量的抵制。

尽可能多地建造战列舰是美国建设仅次于英国皇家海军的海军力量的主要目标。按照马汉的海军学说,在海权竞争时代,海军的主要作战力量是能够遂行越洋作战任务的战列舰。随着海军技术的发展,战列舰在世界范围取代低舷铁甲舰和巡洋舰成为进攻型海军的主力舰只。美国虽然从 19 世纪 90 年代初也开始建造多艘战列舰,但是美国海军战列舰不仅数量少,而且设计理念保守,落后于世界海军发展潮流。面对主要假想敌德国的战列舰建造计划,美国不得不致力于发展足以对抗越洋而来的德国战列舰舰队的强大舰队。尤其是,在日俄战争中,日本联合舰队接连歼灭俄国的主力舰队,从而掌握战争主动权,这给像沙俄一样面临多条战线且战列舰不足的美国海军敲响了警钟。[24]不过此时,无论是军官团内部,还是国会,都没有达成集中精力建设战列舰舰队的共识。美国的海军军政精英需要在海权权威西奥多·罗斯福总统的指导下统一认识,并极力争取国会的支持,建设适应海战变革、足以应对德国和日本威胁的以战列舰为主力的强大舰队。

激烈的海权竞争要求美国海军建立功能完善、相对独立的参谋指挥体系。虽然指挥军官无意动摇文官对海军的领导地位,但是建立具有一定自主性、能独立指挥海军的参谋机构是他们的不懈追求。由于文官领导的反对和技术军官的抵制,这一努力一直未见成效。虽然麦金莱总统与约翰·朗在美西战争后仍然对建立海军参谋机构态度冷淡,[25]但是美国海军在战争中的行动迟缓和指挥混乱已经让国会感到有必要调整海军的指挥体系,建立由指挥军官负责的海军指挥体系。麦金莱遇刺后,继任总统西奥多·罗斯福一直支持指挥军官建立参谋机构的主张,尤其是,他希望海军部"全力打造一支高效的舰队"。[26]于是,他的密友、海军部长保罗·莫顿(Paul Morton)力推建立有效的海军参谋机关,以提高舰队的军事效能。不过,在这一时期,与指挥军官争斗不断的技术军官继续抵制建立海军参谋机关,并与国会中反对西奥多·罗斯福总统海军政策的议员形成合力。美国建立符合海权竞争时代要求的海军参谋机构虽是当务之急,却也异常艰难。

为提高海军建设效率,美国还需要重组海军部。美国的海军建设取得很大成就,各造船厂正在加紧建造国会批准的战列舰、装甲巡洋舰及其辅助舰只,1898 年后国会就再也没有授权建造过低舷铁甲舰和撞角舰等过时军舰。[27]海军军舰增加、人员增多使得海军的管理工作更为复杂。然而,在国会的庇护下,海军组织管理体系改革基本上没有成效。海军部所属的各个事务局依然功能分割严重,互相缺乏协调,这不仅使美国海军在美西战争中出现一定程度的混乱,也增加了海军建设过程中的浪费和低效问题。尤其是,大海军派国会议员一如既往地通过直接将建设经费拨付到各局的预算体系,支持产能落后的海军部所属的造船厂和修船厂,压制指挥军官乃至海军行政领导支持的新兴私营造船厂和其他海军相关企业。这些虽然是海军建设中存在的老问题,但是在各海军强国都在加强海军建设的时代,这些问题得不到解决,不仅会迟滞美国海军的建设速度,而且有可能使得美国在激烈的海权竞争中落败。因此,美国海军军官和文官领导必须推动国会重组海军部,建立高效的海军管理体系。

第二节　接管海军的新派军官团

20世纪初,美国海军开始承担两洋防御任务,保护庞大的美利坚帝国。与此同时,在海军重建过程中成长起来的新海军军官团已经全面接管美国海军的管理工作。然而,当初致力于军官团融合的复合型军官在走上领导岗位后,由于立场和利益不同,又掀起了军官团内部新的争斗。这场指挥军官与技术军官关于舰队建设与海军部改革的争论和较量不仅极大影响了美国海军的发展方向,也为未来美国海军的组织改革埋下了伏笔。不过,同老派海军军官一样,新派海军军官共同希望美国海军发展壮大。精通与国会打交道的方式且亲近社会舆论的新派海军军官仍团然是美国海军建设最积极的推动力量。

一、海军总委员会

在世界海权竞争的巨大压力下,美国成立了海军部的辅助机构海军总委员会。自美国海军成立以来,文官领导一直都担心其对海军的领导权受到海军军官的侵蚀,所以行政和立法部门都对海军军官团持既倚重又防范的态度。因此,自美国海军重建以来,总统和国会都不大支持指挥军官建立由后者负责的参谋机构的要求。然而,美国海军建设过程中的政军失调、在美西战争中的指挥混乱都迫使文官领导检讨对海军组织改革的保守态度。1900年3月,根据海军部长的行政命令,海军成立了由指挥军官负责的海军总委员会,以"确保发生战争和需要保卫沿海时舰队准备充分"。[28]这个行政命令虽然表明了建立总委员会的目的,但是并没有明确其具体职能,因此,这个辅助海军部长工作的新组织基本上没有法定权力。然而,在德高望重的杜威海军上将的领导下,它不但担负起准海军总参谋部的职能,而且成为美国海军建设的有力组织者和推动者。[29]由于军官团在海军建设政策制定中有了一席之地,海军建设彻底摆脱了在进攻与防御之间摇摆的状态,美国海军沿着进攻型海军路线迅速发展。

海军总委员会是由指挥军官负责的协调海军事务的常设机构。美国海军的舰队要在战前做到"准备"充分,就需要海军部各负责军事行动和后勤支持的事务局相互协调,通力合作。然而,事实证明,工作协调确实是美国海军建设过程中的短板。因而,美国政府希望通过着眼于战争准备工作的海军总委员会解决海军建设过程中的种种问题。赢得对西班牙的马尼拉之战、备受朝野推崇的杜威上将亲自担任总委员会主席。按照行政命令,总委员会的其他成员还有航海局局长及其助手、海军情报办公室主任及其助手、海军战争学院及其助手。此后,总委员会不断完善。1914 年,海军陆战队司令及其助手也加入其中。不过,如果助手的军衔低于少校,那么该助手的位置则由少校以上的相应军官代替。总委员会是常设机构,其中委员会主席和高级军官为定期举行会议的"当然成员"(ex officio member),日常工作由低军衔军官全职担任的执行委员负责。总委员会的成立表明美国政府有意于让负责指挥舰队的指挥军官统筹美国海军建设。当然,这种制度安排将打破指挥军官与技术军官势均力敌的状态,引发海军军官团内部新一轮的斗争。

总委员会的主要作用是在海军部长与事务部门之间协调和推动海军建设工作。虽然杜威上将喜欢称总委员会为"美国海军的总参谋部",其创始人海军战争学院院长泰勒的本意也是建立一个"缩水版的海军总参谋部"。[30]但是,总委员会并非美国海军的总参谋部,因为它没有指挥海军行动的权力,仅仅是协助海军部长处理海军事务的机构。为了减少海军内外的阻力,泰勒声称成立总委员会只是为了推进美国海军战争计划的制定,这个机构绝不会插手海军部所属其他机构的工作。[31]不过,从后来的实践看,总委员会的工作包括指导制定海军战争计划、提出舰队发展需要和军舰建造建议。[32]战争计划的制定工作由指挥军官负责,舰队发展则需要指挥军官与技术军官协商一致,而军舰建造一向是技术军官垄断的领域。总委员会要使舰队准备充分,就不可能将工作停留在向海军部长提供政策建议层面,而不介入各事务局的工作。然而,它一旦具体推动海军为未来的战争进行准备,就必然触动海军部原有机构乃至国会的利益。

法律地位缺失和缺乏具体授权使得海军总委员会存在诸多不足。国会对总委员会持保留态度,直到 1916 年才承认其法律地位。在之前的十余年间,总委员会凭借杜威在海军中的崇高威望和在军内外的巨大影响力才得以引领美国海军发展。不过,虽然总委员会有了合法地位,其职能却逐渐被新成立的海军作战部长剥夺。1917 年,杜威去世后,总委员会更加迅速地被海军作战部长取代,成为形同虚设的协调和咨询机构。[33]除了地位尴尬、依靠领袖人物发挥作用外,总委员会在工作中也由于政策与实际情况有出入而存在严重不足。第一,战争计划制定的冲突并没有消除。海军部长的行政命令规定,战争计划由海军航海局在海军情报办公室的协助下制定,但是只有海军战争学院的参谋军官有能力制定海军战争计划。[34]负责指挥舰队行动的航海局与制定战争计划的战争学院之间的矛盾并没有化解,而是暂时被杜威上将的权威掩盖了。第二,总委员会插手军舰设计与建造工作,引发其与技术军官负责的机构之间的冲突。总委员会按照战争计划,对舰队发展和军舰设计与建造提出要求与建议,这不但侵入了技术军官负责各局的领域,而且引发了与主要由技术部门组成的建造委员会之间的尖锐矛盾。这些不足和矛盾长期得不到解决,不仅影响了美国海军建设的效率,而且使总委员会注定难以成为海军总参谋部,这也预示海军指挥军官团将克服阻力,建立一个真正的海军参谋机构。

二、军官团的纷争

19 世纪末开始,以新派复合型军官为主体的海军军官团内部由于立场不同而爆发激烈的争执。南北战争结束后,美国海军的指挥军官与技术军官就矛盾重重。美国海军重建之初,掌握实权的指挥军官为了压制得益于海军技术革命、地位得到提高的技术军官,一方面让年轻的海军军官学院学员学习海军建造和维修技术,另一方面推动工程师和建造师军官等技术军官融入指挥军官。这为美国海军培养了精通主业,又具有较强技术或指挥能力的复合型军官,也有助于缓和海军军官团内部的矛盾。然而,由于他们毕业后分别进入长期明争暗斗的指挥部门和技术部门,复合型的知识结构反而加剧了军事行动部门与后勤支持部门之间的冲突。于是,新派的指挥军官依托海军总委员会、技术军官依托海军建造委员会围绕美国海军建设的方方面面,尤其是舰队构成和军舰设计问题,展开了激烈争论。指挥军官在多数情况下能够得到锐意推进海军改革、试图打破军工复合体利益关联的总统和海军部长的支持,而技术军官在国会也有稳定的支持力量。因此,指挥军官和技术军官均难以在争斗中获得稳定的优势。

对美国的海军建设来说,海军军官团内部斗争最为明显、影响最为深远的是指挥军官介入舰船建造这个后勤支持部门的专属领域。美国海军开始使用蒸汽机后,指挥军舰的军官由于不掌握新技术,只能依靠技术军官,对军舰的建造和维修问题即使心存不满也无可奈何。不过,随着掌握先进海军技术的新一代指挥军官成为美国海军的骨干力量,并取代鲁斯和马汉一代思想开明的老派军官,指挥军官在海军发展过程中话语缺失的尴尬地位得到改变。他们凭借自己的身份,依托海军总委员会对美国海军军舰建造和舰队配置发表意见,并猛烈抨击技术军官保守低效、不顾美国海军的现实需求。[35]指挥军官的指责使得技术军官相当不满。他们以海军建造委员会为平台,为自己辩护并维护对舰船建造的垄断性地位。不过,值得指出的是,1901 年,建造委员会的成员包括建造和维修局(the Bureau of Construction and Repairs)局长、工程局局长、军械局(the Bureau of Ordnance)局局长、装备局局长和海军情报办公室主任。[36]其中,仅建造和维修局局长、蒸汽机局局长为技术军官,军械局与装备局虽然是以技术军官为主的部门,但是局长却是指挥军官。由此,表面上,指挥军官的发难让技术军官在海军发展之争中处于不利地位,事实上,情况要复杂得多。

除了由于职责不同而发生的争执外,指挥军官与技术军官也在工作和待遇问题上存在尖锐冲突。与指挥军官插手舰船设计和建造问题引起技术军官不满类似,技术军官希望指挥海军军舰也招致指挥军官的强烈反对。虽然技术军官通过不懈奋斗,到 19 世纪末已经享有与指挥军官同等的军衔和薪金待遇,但是仍然不能指挥军舰。为此,技术军官游说文官领导,希望打破指挥军官对军舰指挥岗位的垄断。1907

年，美国海军的总军医官、医药局（the Bureau of Medicine and Surgery）局长、西奥多·罗斯福的密友和私人医生普雷斯利·里克西（Presley Rixey）海军少将成功游说总统任命一名军医担任一艘医疗船的船长。这在指挥军官中引起了轩然大波。其中，负责人事派遣的航海局局长威拉德·布朗森（Willard Brownson）少将以辞职对抗总统的命令。结果，总统不但坚持原有任命，而且剥夺了他的一切职务，让其提前退休。[37]罗斯福总统对技术军官的支持打破了指挥军官担任军舰指挥官的传统，也向在海军建设过程中成长起来的咄咄逼人的新派指挥军官表明，信奉海军至上主义的文官领导对于他们的支持也是有限度的。

虽然美国海军军官团内部矛盾不断，但是军官共同期望美国海军强大的态度却没有发生变化。新派指挥军官和技术军官，以及思想已显落后的马汉与鲁斯一代愿意接受新生事物的老派海军军官，均认为战列舰是未来决定海战胜负的关键，都同意扩建以战列舰为主力的进攻型舰队。即便由于职责和待遇争斗不断，新派海军军官也不会像“黑暗年代”的老派海军军官那样，为了小集团利益和个人利益互相倾轧，甚至不惜牺牲海军的整体利益。带领海军走出低谷的海军军官只是在海军建设的具体方向和思路上存在不同看法，希望在海军建设过程中，实现自身利益的最大化。在整体的海军建设问题上，他们会联合起来，共同争取文官领导的支持，推动国会为建设强大海军持续投入资源和政策。具体来看，在海权竞争时代，战列舰是建设强大海军的关键。美国海军军官团内部的斗争与合作集中体现在日俄战争后，他们对于舰队发展尤其是战列舰建造和海军新技术应用的不同态度。军官团的态度差异和在文官干预下进行的美国海军技术革命使美国海军建设呈现出不同于欧洲海军强国的特色。

三、建造主力舰队

指挥军官和技术军官对战列舰及其火炮配置就存在明显不同的看法。美西战争后，美国就以德国为主要假想敌，建造进攻型的主力舰队。然而，由于美国海军的技术积累薄弱和英国的技术封锁，美国技术军官的战列舰设计理念落后于欧洲先进国家。相比之下，西姆斯和菲斯克等新锐指挥军官不仅掌握海军建造技术，而且长驻英国和法国等海军设计、建造理念先进的国家，对世界一流的军舰设计和建造技术有直观的了解。于是，西姆斯海军中尉评价道，于1900年建成的美国引以为傲的最先进的“肯塔基”(Kentucky)号战列舰根本不是战列舰，而是白人在舰船建造方面最糟糕的牺牲品。他甚至揶揄道：“难以相信白人文明已经发展到这个层次了，还会造出这么个东西。”[38]其中，最受西姆斯诟病的是这艘战列舰过于暴露、易受攻击的13英寸重炮的弹药库。不仅如此，由指挥军官掌控的军械局要求叠加式安装13英寸主炮炮塔与8英寸近防炮炮塔，而技术军官负责的主持战列舰设计和建造工作的建造和维修局主张安装背负式主炮和近防炮炮塔。后来，技术部门又希望用7英寸远程炮取代老旧的8英寸炮。这两个部门在建造委员会僵持不下，海军部长让杜威上将进行仲裁。[39]这使得杜威领衔的海军总委员会不仅可以插手军舰设计与建造，而且具有高于建造委员会的权威。

具体到战列舰设计问题上，指挥军官与技术军官也争执不下。指挥军官一向指责技术军官没有战争经验，不听指挥军官的意见，也不关注世界先进的海军技术发展。他们拥有在战列舰的设计和建造问题上的话语权后，继续与技术军官在战列舰是否装备鱼雷发射管的问题上进行较量。1902年11月，尼布拉克(A.P. Niblack)海军少校撰文指出，舰炮仅仅是一种抵消敌方战列舰舰炮和人员作用的武器，只能靠运气击沉对方，要想重创敌舰，必须依靠撞角或者鱼雷击破其水下部分。[40]几乎与此同时，建造委员会取消了“康涅狄格”(Connecticut)号战列舰上的鱼雷发射管的建造工作。海军部长询问其原因，希望保留鱼雷发射管的指挥军官就把这篇文章交给了约翰·朗。不过，建造委员会的解释是，军舰的指挥官更偏爱水下而非水上发射的鱼雷发射管，并且鱼雷发射管也将占用火炮的位置。[41]虽然部分指挥军官、海军部长最终都同意了不安装鱼雷发射管，但是海军装备局局长和不少军官仍希望保留鱼雷发射管。这一争论并没有得到平息。次年，默多克(J.B. Murdock)海军中校利用鱼雷之争，攻击海军建造师对舰船设计的控制。他在美国海军学会会刊发文指出，只有指挥军官基于战术需求才能决定军舰是否需要鱼雷，并抨击了建造师们对鱼雷的偏见。[42]随后，海军军械局的希尔(Frank K. Hill)海军中尉要求在战列舰上恢复装备鱼雷发射管,并声称外国战列舰已经装备了射程达 3 000 码的鱼雷,但是这一要求被建造委员会以证据不足拒绝。最终,总委员会查明,国外战列舰确实装备了射程超过 3 000 码的鱼雷,并要求建造委员会恢复装备鱼雷。建造委员会的信誉再次受损。不过,总委员会和建造委员会的争论仍在继续。

海军军官团在舰队组成和使用方面的争论更为激烈。关于战列舰设计的细节问题的争论主要在指挥军官与技术军官之间展开,而美国需要的战列舰类型的争论则更多发生在新派指挥军官和老派指挥军官之间。1902 年,日本和英国缔结了军事同盟。一些指挥军官认为,这将助长日本在亚洲和远东的扩张势头,威胁美国的海外利益。由于美国在太平洋上尚没有合适的海军基地,一些指挥军官要求建造装备远程重炮的大型战列舰,以满足越洋作战的要求。不过,这种声音一度被战列舰的技术细节争论淹没。在日俄战争中,俄国的主力舰队遭到全歼,这在美国海军军官团中掀起关于战列舰装备和使用的激烈讨论。基于对日俄战争的反思,菲斯克海军中校认为美国应发展速度超过鱼雷、足以抵抗火炮攻击的“发动机推力尽可能大的”战列舰。[43]但是,这一观点遭到了马汉的反对。马汉认为,正是日本舰队中机动灵活、火力凶猛的小型战列舰是战争胜利的决定因素;舰队的速度是由最慢的军舰决定的。因此,他支持美国发展小型战列舰。[44]他们之间的分歧难以弥合,信奉马汉海军学说的菲斯克等年轻军官毫不客气地公开批评这位海权之父思想保守、不懂新海军技术。[45]与偏好平衡和节制的老派海军军官不同,新派海军军官几乎全部是全重型火炮战列舰的推崇者。

除了战列舰之争,是否集中使用主力战舰和是否需要配属大量的辅助舰只也是海军军官团内部争论的重要内容。马汉率先提出,美国应集中使用相对英国和德国来说并不强大的主力舰队,并提出“运河贯通前不要分散主力舰队”,但是他在意识到德国无力进攻美国后,却也建议临时调动部署在东海岸的战列舰前往太平洋威慑日本。[46]然而,深受德国陆军战略思想影响的新派海军军官却把集中使用主力舰队的原则发挥到极致。由他们掌控的海军战争学院制定的战争计划甚至一度与试图遂行两洋防御任务的总委员会发生冲突。[47]在舰队构成方面,这些极具进攻性的军官更是不顾具有新思想的老派指挥军官和技术部门要求装备驱逐舰和鱼雷艇等其他辅助舰只的意见,紧盯德国战列舰和战列巡洋舰的建造情况,力主全力打造以战列舰和装甲巡洋舰为主力的舰队。另外,他们有远超前辈军官的驾驭舆论和与文官领导沟通的能力。于是,随着这些军官的晋升,美国海军开始沿着发展进攻型主力舰队的道路快速发展。视野开阔、具有进攻思想和掌握新技术的新派海军军官是美国海军崛起为世界上首屈一指的海上力量的最为强劲的推动力。

四、海军部的重组

海军军官团试图打破事务局体系对海军管理事务的分割,重组海军部。美国海军部下属的军事指挥和后勤支持等 8 个事务局条块分割、权责不明,这不仅严重影响美国海军的发展,也一直遭到海军军官团的批评。指挥军官早就批评海军部的管理混乱和低效低下,也一直以进行战争准备为由,试图在海军部压倒技术军官。为此,在以航海局局长领导其他事务局的努力失败后,指挥军官便试图成立新的更高级别的机构,如海军总委员会。然而,对于技术军官来说,现有的管理体制对他们也相当不利。虽然技术军官所在的后勤支持事务局与负责军事行动的事务局地位平等,但是除了建造和维修局、工程局和医药局等技术性极强的事务局局长由技术军官担任外,其他事务局的局长通常均由指挥军官担任。[48]这种状况不仅不利于技术军官职位和待遇的提升,指挥军官局长们还一再站在军事行动部门一方,对后勤支持部门施压。这经常使技术军官处于被动地位。同时,即使这些由高级指挥军官领导的技术部门因出现了工作偏差而被文官领导问责,他们也往往仅被派遣到舰队任职,而专业性强、无法调动工作的技术军官却可能因此前途暗淡。因此,技术军官也希望改革目前的管理体制,获得与指挥军官真正平等的地位。

指挥军官试图使海军总委员会合法化。海军总委员会使得自 1842 年海军部设置各事务局以来指挥军官首次在海军部管理体系中事实上凌驾于技术军官之上。虽然其倡议者声称总委员会不介入海军部的管理事务,但是由于其职责在于为舰队做好战争准备,加上杜威海军上将不但是整个海军军官团的领军人物,而且深受文官领导信赖,杜威领衔的总委员会不仅是指挥军官与技术军官进行争斗的平台,也经常受海军部长指派调节两者的矛盾。由此,它就因行政领导的倚重而获得了超越各事务局的权威。这样一来,海军总委员会除了指导战争计划的制定外,在舰队建设方面也超出了对文官领导提供建议的功能,并通过提出对舰队的组成、类型和规模的建议对美国海军建设起到统筹作用。[49]不过,海军总委员会只是按照行政命令成立的临时性机构,国会难以监督它,自然也不愿意支持它。这个美国海军的准总参谋机构能够发挥如此巨大的作用,完全依靠杜威的个人威望。因此,指挥军官团希望推动国会以立法的形式确定其在海军管理体制中的地位,以巩固指挥军官团在海军部中的地位。然而,与舰队建设之争类似,指挥军官的努力也遭到了技术军官的抵制。

新海军军官团借重文官领导。老一代海军军官秉持军事专业主义,对政治采取淡漠和疏离的态度。他们虽然是文官领导的海军顾问,但是仅在军事领域提供专业建议,对政治采取疏离的态度。与之相比较,海军重建过程中成长起来的海军军官具有新思想、新技术,海军至上主义运动又推动了海军发展并使他们实现了个人升迁,因此他们熟悉社会舆论操作,也不排斥与文官领导尤其是与国会议员打交道。海军军官与文官领导的交往也出于不同的立场和利益,指挥军官和技术军官对于文官领导的偏好也不同。一般来说,行政领导由于看重海军的军事效能,依赖指挥军官,指挥军官也倾向于通过海军部长和总统表达自己的诉求;由于参与造船和其他岸上设施的建设,技术军官与国会有紧密的利益联系,国会也希望通过技术军官对行政部门施加影响,因而技术军官通常通过与立法领导沟通,实现自身的要求。[50]不过,由于利益一致或者人际关系等因素影响,这种军官团与文官领导沟通的路径也会被打破,如里克西少将对西奥多·罗斯福施加的影响和指挥军官以专业的名义在国会发表不同于海军部观点的“个人看法”。

海军军官团倡导成立海军联盟。西奥多·罗斯福总统当政后,大力推动海军建设。这为海军军官团提供了强大的支持。不过,海军军官和行政领导不断向国会提出增加海军建设资源要求还是在国会引起剧烈反应。国会议员经常出于政治利益而非海军发展考虑对美国海军建设持有不同看法。为了推动国会制定积极的海军建设政策，美国军官团在1903年效仿英国、德国和法国等欧洲国家，联合退役的海军军官、政治家和海军相关产业的企业家、银行家等从海军发展中获利的人士，成立海军联盟，并由美国海军部前部长特雷西担任首任主席。[51]海军联盟聚集了海军、政界、商界和舆论界的有影响力的人物，掌握着巨大的经济和政治能量，在向全社会普及海军的主张和对政府施压上都起到了不可低估的作用。尤其是，这个海军利益组织既有强大的社会影响力，又不在政军体制的框架之下，可以公开对美国现行海军政策提出严厉批评，并敦促国会制定积极的海军建设政策。然而，海军联盟的成员大多数不懂海军事务，他们的海军扩张主张基本上来自海军军官。海军联盟是海军军工复合体的具体化和组织呈现形式之一，也是海军军官团影响海军政策制定重要的非正式途径。

第三节　全力建设进攻海军的政策

美西战争后，美国的军政精英一致将德国视为主要假想敌，步步紧跟，针对德国海军力量的发展进行海军建设。在海军军官团的推动下，西奥多·罗斯福和威廉·塔夫脱(William Howard Taft)执政期间均尽可能地集中精力，调集公共资源，打造对抗德国进攻的主力舰队。与此同时，虽然日本的海军实力也在上升，但是美国海军的决策者并没有对日本进行有针对性的军事准备。这一状况一直延续到美国参加一战。

一、对德国的敌意上升

以杜威海军上将为首的海军军官团仇视德国。杜威不仅是海军总委员会主席，而且是军官团的领袖。虽然他是指挥军官的领军人物，却并不像波特海军上将那样压制技术军官。他肩负着为舰队做好战争准备的重任，一直从战争需要的角度去弥合军官团内部的分歧和矛盾，并倚重有技术专长的军官，因而也深得后者的敬重。作为整个海军军官团的灵魂人物，他对海军主要敌人的认知直接影响美国海军对假想敌的研判。由于在率领舰队围攻马尼拉期间遭到德国东亚分舰队的干涉,杜威与德国舰队司令奥托·冯·迪德里希斯(Otto Von Diederichs)海军中将进行了激烈的外交斗争。这使得他本人对迪德里希斯和德国都产生了很强的敌意。[52] 1900 年元旦,杜威的这位昔日对手出任德国海军总参谋长。虽然德国海军对美国的具体敌对行动难以探查,但是杜威基于不愉快的经历还是指导海军战争学院加紧制定对德国的战争计划。于是,防御德国海军的进攻便成为美国海军军官团的头等大事。第二次委内瑞拉危机期间,杜威指挥舰队在加勒比海举行军事演习,以配合罗斯福总统对德国的强制性外交。[53]这种在预设战场的军事行动既使海军军官感受到德国海军威胁的真实性,也增加了他们对德国的敌意。马汉等美国海军的宣传家也在全社会渲染德国的威胁。

美国海军的文官领导对德国的敌意也在上升。萨摩亚危机前,德国移民对于美国建设起到很大贡献,德国也是美国学习的榜样。美国的政治精英也一度对德国深怀好感。然而,美国和西班牙爆发战争危机后,德国干涉美国夺取西班牙殖民地和试图在拉美取得战略支撑点的行动遭到美国政府中关键人物的共同愤恨。由于德国希望利用"太平洋问题"阻止美国在太平洋的扩张,帝国主义者、美国国务卿海约翰(John Hay)不信任威廉二世,对德国也没有好感,西奥多·罗斯福在出任总统前就非常不信任德国。参议员洛奇在德国驻美大使眼中就是"一位毫不遮掩的德国的敌人"[54]。除了这些位高权重的美国海军政策制定者,海军联盟中的政治精英更是一直渲染德国威胁,积极配合海军总委员会,推动美国海军建设。美国政界对德国敌意积聚的一个重要结果就是海军的行政领导持续指示和批准海军军官制定针对德国的战争计划。[55]也由于海军军政精英集中精力应对来自德国的威胁,美国政府专注于在大西洋方向防御德国舰队的进攻,暂缓应对日本在太平洋方向的威胁。

美国海军不断提高海军扩张的要求。美西战争后,麦金莱总统由一位对海外扩张持温和态度的共和党人转变成帝国主义者,他对在危机和战争期间横加阻挠的德国也怀有不信任的心理。因而,麦金莱支持 1900 年海军部在年度报告中对德国海军实力增长的评估和提出的海军建设要求。海军总委员会和建造委员会共向国会要求建造 7 艘战列舰、6 艘装甲巡洋舰和 8 艘防护巡洋舰和其他轻型战舰和辅助船只。[56]虽然国会的反对声音很强烈，但还是授权海军建造2艘一级战列舰、3艘装甲巡洋舰、3艘防护巡洋舰和7艘鱼雷潜艇。[57]1901年9月，威廉·麦金莱总统遇刺身亡，西奥多·罗斯福继任美国总统。国会在1901年底通过的财年预算中没有批准建造任何军舰。在海军防务压力不断增加的情况下，这位美国帝国主义政策的坚定主张者、海权权威需要带领海军军官团，并指导海军部建设仅次于英国海军的力量。其中，罗斯福总统和海军军官实现美国海军发展目标的关键在于推动保守力量上升的国会持续为美国海军建设提供资源和政策。

美国建设海军的参考目标为应对德国威胁。虽然日俄战争的经验和教训引发了美国海军军官团对于美国海军发展的大讨论，保护远东和西太平洋利益成为海军军官团的基本考量，菲斯克和阿萨·沃克(Asa Walker)也主张建造航程超过7 000英里的战列舰以应对日本可能对菲律宾等地发动的进攻，但是美国海军进行的战争准备主要是针对德国的，因为德国可能进攻拉美、否定门罗主义。[58]西奥多·罗斯福总统及当时的海军部长均认为，唯有强大的海军力量才能让德国人不敢轻举妄动，将德国视为美国争夺世界第二海军强国的对手。[59]为了与德国进行主力战舰竞赛，海军总委员会于1903年提出了要求建设由48艘战列舰及辅助舰只组成、仅次于英国海军的"48艘战列舰计划"(the 48 Battleship Program)。[60]由于过于宏大，这一在海军部长的要求下制定的海军建设计划遭到海军行政领导的拒绝。不过，它却成为美国在参加一战前的海军建设的蓝本。此后，不仅西奥多·罗斯福领导美国海军全力进行海军建设，其继任者威廉·塔夫脱也不敢放松海军的建设，哪怕德国已经深陷与英国的海军竞赛而无法分身，对美国的安全构成威胁。[61]这是因为德国可能在战胜英国后进攻美国的暗淡前景一直困扰着美国的海军军政精英。需要指出的是，虽然美国海军军官和行政领导一直集中精力为对付德国做准备，但是国会才是建设强大海军的最终政策制定者。

二、国会中的大海军派

国会中一些亲海军议员的态度变得保守。20世纪初，除了国会中的反帝国主义者、小海军派和海军利益冲突者等海军建设的反对势力外,已经结成军工复合体的亲海军议员的态度也发生了分化。虽然这些支持海军建设的"老卫兵"(old guard)出于海军至上主义情结和选区利益考虑,通常不会强烈反对海军建设,[62]但是却对美国海军的发展方向持不同看法。首先,以尤金·黑尔参议员为代表的反帝国主义者反对美国建设以大炮巨舰为主力的进攻舰队。黑尔是海军事务资深参议员,在1883—1911年担任参议院海军事务委员会委员,其中1897—1909年担任委员会主席。1909年转任拨款委员会主席,也是海军分委员会委员,1911年退休。黑尔是国会中决定海军建设政策的实权人物之一,一直积极推动美国建设进攻型海军力量。不过,他担任参议院海军事务委员会主席后,由于反对美西战争和此后的美国帝国主义扩张,开始反对建设大炮巨舰的主力舰队和参与海军竞赛,主张发展中等规模、够用的海军。[63]其次,由于个人恩怨和选区利益等因素不支持西奥多罗斯福的海军政策。西奥多·罗斯福继任总统后,邀请黑人社会活动家布克·华盛顿(Booker T. Washington)访问白宫。这不但让南方的白人感到不满,而且激怒了南卡罗来纳州民主党人本杰明·蒂尔曼参议员。蒂尔曼也是海军政策资深议员,从1895年开始一直是参议院海军事务委员会成员。[64]此外,罗斯福刻意联合立场更为一致的国会议员,触动了一些议员的选区利益,使得他们对海军建设持保留态度。可以说,他们是立场不坚定的大海军派。

不过,国会中支持建造大炮巨舰的大海军派一般支持行政部门的海军建设方向。由于种种原因态度趋于保守的亲海军议员原则上是可以争取的,主张建造大炮巨舰的大海军派仍然是国会中制定海军建设政策的核心力量。随着美国海军军工复合体壮大,他们在国会中的代言人地位也得到巩固。洛奇和蒂尔曼等人在参议院主张建造大炮巨舰,众议院海军事务委员会主席、伊利诺伊州共和党人乔治·福斯(George E. Foss)、委员会成员马萨诸塞州共和党人欧内斯特·罗伯茨(Ernest W. Roberts)和弗吉尼亚州民主党人约翰·里克西(John Rixey)等人都在众议院坚决支持建造以战列舰为主力的进攻舰队。需要指出的是,这些议员跨党派地支持美国紧盯德国海军力量增长进行海军建设,不仅由于他们赞同海军军官与行政领导的海军发展理念,而且因为他们代表着造船厂、修船厂、军械厂和钢铁厂,乃至海外贸易公司等相关产业。西奥多·罗斯福及其领导的海军军官团正是抓住了国会中大海军派的本质需求,与他们结成利益联盟,其中包括总统的政敌蒂尔曼,才推动了美国海军的持续快速建设。此外,国会中的大海军派对海军建设的这种支持是跨党派的,这也保证了美国海军建设政策的稳定性。

大海军派追求选区利益。国会中的亲海军议员大多集中在两院的海军事务委员会及拨款委员会的海军事务分委员会,大海军派更是如此。不过,由于这些大海军派议员都肩负着为本州的海军产业带回联邦的“面包与黄油”的重要责任,钢铁、造船和其他岸上设施等所在的具体选区的利益不同,他们在国会中的实力不同,对海军的支持也存在很大差异。比如,缅因州拥有朴茨茅斯海军造船厂和巴斯钢铁厂,产生了最多的两院海军事务委员会主席,宾夕法尼亚州拥有费城造船厂和生产美国所有舰船装甲钢材的钢铁厂,担任委员会主席的议员数仅次于缅因州。[65]总体来说,原来的造船厂为海军部所属的造船厂,技术储备差、生产效率低下,代表其利益的议员对美国追赶世界一流的海军建设持保留态度;新兴的私营造船厂历史包袱轻,着眼于美国海军的需求,引进先进技术,代表其利益的议员积极响应总统的海军建设要求。西奥多·罗斯福和威廉·塔夫脱两位总统一直带领海军军官团,采取借重本党议员支持、大力扶持私营企业并团结民主党和整顿海军部所属企业的海军建设策略。

由于议员对海军建设的立场和选区利益不一致,美国国会对海军建设持保留态度。从 1899 年开始,参议院海军事务委员会负责修改众议院海军事务委员会提出的拨款案,相关的参议员在海军预算中的地位大大上升。在罗斯福总统的争取下,主张建设轻型战舰的黑尔参议员和蒂尔曼参议员有条件地支持行政部门的海军建设要求,洛奇则一直积极支持罗斯福建设主力舰队。与之对比,虽然福斯支持罗斯福建设大炮巨舰的诉求,但是众议院议长、伊利诺伊州共和党人约瑟夫·加农(Joseph Cannon)却不认可行政部门过于进取的海军建设政策。[66]因此,若要推动建设以战列舰为主力的舰队,西奥多·罗斯福需要倚仗国会中的大海军派,争取其他亲海军人士的支持。相比之下,继任总统的威廉·塔夫脱虽然没有西奥多·罗斯福的旺盛精力和政治技巧,但是同样也得益于他不够强势,许多亲海军议员愿意与他进行合作。从这个意义上讲,罗斯福的海军建设政策得到了延续。不过,需要指出的是,两任总统都不热衷于推动美国海军的根本性组织改革。这使得美国海军建设仍然体现在舰队建设方面,海军军事效能的提升也有局限性。

三、罗斯福时期的海军建设

西奥多·罗斯福继任总统后,立即推动加快建造进攻型舰队。作为帝国主义者和海军权威,罗斯福总统深知全球海军竞赛正在进行,仇视德国的海军军官也向其汇报德国正在上升的敌意。在他的指示下,1901 年 11 月,海军部向国会提交了包括 3 艘一级战列舰、2 艘一级装甲巡洋舰在内的造舰计划。[67]次月,他又在国会发表的咨文强调:“必须稳定推进海军建设。我们的内外政策没有哪一项比这个更重要。”[68]不过,由于国会小海军派、反帝国主义议员和政敌的阻击,以及新总统无暇争取大海军派议员们的支持,海军部的造舰计划罕见地一无所获。不过,西奥多·罗斯福紧接着就领导海军部及军官团向完全由共和党控制的国会争取海军建设资源。虽然总委员会于 1903 年提出的“48 艘战列舰计划”由于不切实际而遭到行政和立法领导的双重否决,但是国会还是在 1902—1905 年这四年间授权建造了 10 艘战列舰、4 艘装甲巡洋舰、17 艘其他军舰,每年海军预算也从 8 500 万美元增加到 1.18 亿美元。[69]到 1905 年 12 月,美国海军实力仅次于英国和法国,罗斯福总统认为暂时没有必要扩建海军了,只需要“每年建造一艘战列舰”,替换老旧无用的主力战舰。[70]可以看出,美国海军在着力建造现代化战列舰舰队的同时,也在努力建造装甲巡洋舰舰队。

不过,世界海军竞争形势很快迫使罗斯福总统改变了对海军建设的态度。主张建造全重型火炮战列舰的更具进攻意识的新指挥官们在军官团内部的辩论中胜出,罗斯福总统也深为正在铺设龙骨的英国皇家海军“无畏”(Dreadnought)号战列舰所震撼,也希望建造无畏舰。与此同时,以英国为主要假想敌,也是美国主要假想敌的德国也紧急启动了无畏舰建造计划。[71]为此,西奥多·罗斯福再次求助于大力支持其海军建设主张的福斯、加农和洛奇等大海军派议员。国会在1906年授权海军建造装有10门12英寸火炮,航速超过20节,排水量达20 000吨的特拉华(Delaware)号无畏舰。此后,在西姆斯等海军顾问的支持下,他进一步争取反对建设大炮巨舰海军的黑尔参议员的支持,并采用将与国会重量级人物的通信公之于众的方式向国会施压,终于在1907年再得到建造1艘无畏舰的授权。[72]此后,在众议员雷蒙德·P.霍布森和参议员阿尔伯特·J.贝弗里奇(Albert Beveridge)参议员等大海军派的支持下,美国海军在1908年得到建设2艘无畏舰的预算支持,并确立了“每年建造2艘无畏舰”的原则。[73]不过,罗斯福与国会进行的激烈斗争,恶化了他与国会的关系。随着罗斯福宣布不竞选连任,他对国会的影响力下降,国会反对继续大规模建设主力舰队。

为了优化海军的军事效能,美国重组了舰队力量。西奥多·罗斯福在海军顾问们的辅助下,按照马汉集中使用兵力的原则,克服了杜威和泰勒等将领按照3∶7在两洋部署战列舰的主张,将所有战列舰都集中部署在大西洋沿岸。1906年,美国海军从欧洲和南太平洋基地召回了战列舰,与北大西洋分舰队合并,成立大西洋舰队(Atlantic Fleet)。大西洋舰队拥有美国所有16艘战列舰,其序列内编有两个战列舰分舰队、一个轻型巡洋舰分舰队、一个炮艇分舰队和其他辅助舰只。[74]次年,美国合并亚洲分舰队和太平洋分舰队,成立太平洋舰队(Pacific Fleet)。太平洋舰队仅有一个装甲巡洋舰分舰队、一个轻型巡洋舰分舰队和一个轻型舰艇分舰队。[75]不过,为了改变美国舰队力量两洋部署不均衡的状况,美国一方面加紧建设巴拿马运河,以便于主力舰队从大西洋往太平洋调动,另一方面按照橙色计划的构想,以演习为名,耗时5个月,将战列舰舰队从汉普顿调动到旧金山。[76]不过,出于选区利益考虑,国会议员们不愿意改变船厂建设政策,已经在舰船建造和舰队重组方面取得重大进展的罗斯福总统没有为美国海军争取到足以在太平洋驻泊战列舰舰队的海军基地。

尽管在全力打造主力舰队方面取得有目共睹的成就,但是西奥多·罗斯福总统改组海军部的努力却不那么成功。在指挥军官的支持下,西奥多·罗斯福就任总统后不久就推动建立整合海军战争学院、海军情报办公室和总委员会的职能，建立海军总参谋部。不过，由于国会担心海军总参谋部会削弱文官的权威，进而威胁到自己利用立法领导海军的权力为选区谋取利益的便利，坚决不同意设置这一机构。[77]此后，指挥军官并不甘心就此罢休。在总统的默许下，海军军官让瑞典裔美国海军作家亨利·雷乌特达尔(Henry Reuterdahl)在《麦克卢尔》(*McClure*)杂志上发表《我们海军的需求》(The Needs of Our Navy)一文，公开指责美国海军的军舰存在严重设计缺陷，海军部所属各局无力使舰队保持良好的战备水平。[78]这篇文章引起舆论哗然。技术军官在媒体上撰文回击指挥军官的指责，为海军部门和国会进行辩护。此外，舰队指挥官批评海军部无力保持舰队的战备水平，也就否定了总委员会的工作。因此，在总委员会中立的情况下，舰队指挥官在与海军管理部门和国会的斗争中失败。海军部重组再次受阻。总之，除了1903年设立了协调陆海军战争计划和其他问题的陆海军联合委员会、提高军官的待遇外，西奥多·罗斯福及其领导的美国海军在组织改革方面并没有取得多少进展。

四、塔夫脱时期的海军建设

塔夫脱努力延续罗斯福的造舰政策。虽然相对于罗斯福来说，塔夫脱的对外政策趋于保守，极力避免美国卷入欧洲的大国竞争，但是他却努力延续罗斯福的海军建设政策。[79]塔夫脱任命谙熟国会政治的共和党领袖乔治·冯·伦格克·迈耶(George von Lengerke Meyer)为海军部长。1909年，海军总委员会按照罗斯福时期的惯例要求建造4艘无畏舰，不过，由于政治和财政形势严峻，海军部的年度报告只向国会要求建造2艘无畏舰和维修1艘战列舰。[80]国会经过半年的辩论，批准了海军部建造无畏舰、一些小型舰只和辅助舰只的要求，但是拒绝了维修战列舰的请求。[81]在接下来的两个财年，海军部仍然各向国会要求建造2艘无畏舰，然而，国会在1911年批准建造2艘无畏舰，1912年只批准建造1艘无畏舰。[82]事实上，这个结果与西奥多·罗斯福从非洲回国后不久便与塔夫脱公开决裂、民主党趁机在1910年11月的国会选举中控制了众议院有很大关系。这使得国会中反对建设大炮巨舰的势力开始反弹。国会削减无畏舰的建造计划不仅遭到海军联盟的猛烈抨击,而且塔夫脱和迈耶也通过检阅大西洋舰队的形式调动公众的海军情绪,向国会施压。1912 年底,海军部以罗列海军总委员会要求的形式向国会提交了包含 3 艘无畏舰的庞大的海军建设计划。[83]值得注意的是,国会虽然只授权建造 1 艘无畏舰,却授权建造 6 艘驱逐舰(destroyer)、4 艘潜艇(submarine)和辅助舰只。[84]对此,西奥多·罗斯福批评道:"国会中投票反对建造 2 艘无畏舰的人不适合代表美国人民。"[85]

美国增强海军在太平洋的存在。美国海军不仅要防御主要假想敌帝国的进攻,实力不断增强且与英国结盟的日本对美国在远东及太平洋地区的利益的威胁也在加大。此外,远东也是塔夫脱外交政策的关注点之一。尤其是,他打着"道德外交"的旗号与欧洲列强以及日本展开竞争,开拓美国在华利益。[86]保护美国在远东和太平洋的利益需要美国加强在这一地区的海军力量。然而,塔夫脱总统所有将战列舰部署到太平洋地区的提议都被国会否决了。这主要是因为东海岸的议员及其选区一直从主力舰队的部署中得到巨大利益,不愿意因其调动而受到损失,更不愿意在选区之外建造大型海军岸上设施。[87]1910 年,美国成立仅装备少量巡洋舰和一些其他轻型舰艇的亚洲舰队(Asiatic Fleet)保护美国在远东,尤其是在政局动荡、列强环伺的中国的利益。[88]不过,亚洲舰队实力弱小,根本无法与日本、英国和法国等在远东的海军力量抗衡。按照橙色计划,一旦美国在远东遭到攻击,亚洲舰队需要撤回夏威夷,然后会合主力舰队遂行反击作战。因此,在加强菲律宾防御不可行的情况下,美国开始大力修建在夏威夷的海军基地,以为主力舰队提供结集地。

除了建设舰队外,塔夫脱政府对海军组织结构进行了重大调整。罗斯福及其海军部长曾经提出设立海军总参谋部和将 8 个事务局压缩为 4 个的建议。这些海军部重组要求遭到国会的坚决反对。谙熟于国会政治的迈耶海军部长在 1909 年的报告中,回顾了海军组织变革的历史,表示要将海军部的现在 8 个局按照职能分为行动、人事、物资和检查等 4 个部门。每个部门由一名高级指挥军官领导,头衔为"助理"(aide),负责协助海军部长工作。[89]这 4 个助理构成一个咨询委员会,在整体上向部长提出海军发展的意见和建议。这样既不触动与国会利益密切的以局为基础的海军管理体系，又有助于发挥指挥军官的能动性，提高海军的行政效率和军事效能。不过，国会仍然担心这会导致海军行政管理体系发生重大和永久性的变化，因而在同意海军部调整的同时，却不愿意以法律的形式将“助理”这一职位固定下来。不过，这一行政性措施还是继成立总委员会之后再次并且更为明确地使指挥军官凌驾于技术军官之上。除了增设“助理”的改革外，迈耶提出的其他改革措施都没有得到国会批准。

海军部试图整顿以船厂为主的岸上设施的努力以失败告终。在国会的庇护下，美国海军部所属的岸上设施的效率一直十分低下。迈耶部长在 1910 年的海军部年度报告中向国会指出，美国有 7 个一级船厂、4 个二级船厂、英国有 3 个一级船厂、3 个二级船厂，德国有 2 个一级船厂、1 个二级船厂。然而，英国最大的一个船厂的干船坞数量就超过了美国 11 个船厂的总数。虽然政府每年都投入巨额资金，它们依然设备不足。[90]为此，迈耶接连以提高效率、削减经费的名义，要求关停这些低效浪费的岸上设施。[91]对此，视选区内造船厂和维修厂等政府所属海军设施为政治生命线的议员们互相支持，抵制海军部长的清理努力。国会议员们以拒绝批准授权建造战列舰来威胁海军部打消关停岸上设施的想法。他们不仅反对重组这些落后的设施，甚至不允许海军部以“科学管理”的名义对这些设施进行整改。[92]塔夫脱和迈耶以及海军军官努力争取国会批准建造更多的无畏舰，自然不敢得罪支持建造大炮巨舰却坚决捍卫选区利益的大海军派。因此，海军部对其所属岸上设施的整顿收效甚微。不过，这也使得海军部更加依赖私营的造船厂、维修厂和钢铁厂等岸上设施，从而一定程度上加剧了国会内部对海军建设的不满。

第四节　关于建设次等海军的评价

在海上强国激烈进行竞争的情况下，美国海军军官团经过内部的斗争并协助文官领导确立了海军进一步发展的方向。指挥军官与技术军官发挥各自的优势，以德国为主要假想敌，努力推动行政和立法领导进行海军建设。西奥多·罗斯福总统领导海军军官团掀起建设仅次于英国海军的海军力量的新高潮。继任的塔夫脱总统也努力延续罗斯福以建造无畏舰为主的海军建设政策。经过十余年的发展,美国海军一度实现了仅次于英国皇家海军的建设目标,海军建设效率也有了质的提高。

一、激进的海军战争计划

成为海军骨干的新派军官团提出以战列舰舰队为核心的激进海军学说,并付诸实践。接受马汉海军学说的教育成长起来的新派海军军官尽管依然赞同马汉的海军战略原则,却对来源于风帆时代的舰队战术和海军建设理念产生了怀疑。尤其是,在与英国、法国和德国等海军先进国家的交流过程中,像马汉等具有新思想的老派海军军官一样,他们也受到了先进海军理念和技术的冲击。他们不仅在舰船设计制造、舰队组成等方面猛烈抨击技术军官团及其负责的海军事务局,而且与思想显得保守却非常宽容的老派海军指挥官展开了激烈论战。最终,这些已经成为海军骨干甚至担任海军战争学院等关键部门领导的军官的海军发展理念成为美国海军建设的主流学说。除了海军学说之争,他们还排除万难,将外军先进的海军技战术引入美国海军的实战化训练。比如,在西奥多·罗斯福总统的亲自支持下,西姆斯克服海军部的阻碍,在舰队推行英国海军的"连续瞄准"技术,极大提升了美国海军的单舰战斗力。[93]除了具体的海军技术革新,海军军官尤其是指挥军官还在马汉海军学说基础上,受德国的军事思想影响,发展出了以战列舰舰队对决为主要内容的进攻型海军思想。[94]不过,海军军官对技术的过于看重和对德国军事思想的推崇也会对美国海军发展产生非常负面的影响。

以海军战争学院为核心的战争计划制定体系已经成熟。海军战争学院稳定后得到迅速发展。招生人数增加,课时增多,参谋军官的任期也得到了延长。这使得参谋军官制定战争计划的经验可以传承,专业水平得到快速提升。尤其是,围绕"战略问题"进行的战争推演更为精细,操作性更强。虽然按照规定海军战争学院只是辅助海军总委员会战争计划处制定战争计划,但是由于后者并不具备相应的能力[95],海军战争学院仍然是制定美国海军战争的唯一机构,总委员会只是负责指导和审核计划。随着参谋人员代际更迭和海军战略思想更加激进,海军战争学院制定的战争计划在一段时期内与较为保守的总委员会的海军战争意图经常发生冲突。1910年开始,海军战争学院引入陆军战争学院的更强调案例而非原则的"应用系统"(applicatory system)课程,并在战争计划制定中借鉴德国参谋作业模式。[96]在这种情况下,海战理念愈加激进并且日耳曼化的海军战争学院持续制定防御性战争计划。其中,海军战争学院的年轻参谋忽视前辈强调的战略原则,倾向于将制定战争计划看成针对假想敌实力的技术性工作。这些在很大程度上导致美国的海军战争计划脱离了国际政治现实。

在海军总委员会的指导下,海军战争学院一直制定针对主要假想敌德国、兼顾其他假想敌的战争计划。只有德国既有实力又有野心威胁美国,且制定了与美国全面敌对的战争计划。因此,德国是美国海军军官团和文官领导共同提防的对象,也是美国的主要假想敌。海军总委员会指导海军战争学院根据德国海军实力增长情况,不断制定和更新针对德国的"黑色计划"。这种战争计划也是海军总委员会提出造舰要求的重要依据。由于当时各海军强国既遵循马汉确立的舰队决战原则,又接受了以战列舰决战为主要交战方式的海军理念,同时引入德国的参谋作业流程,它们能大体上预测到对方战争计划的内容。因此,早在德国制定出"三号战争计划"两年前,美国海军战争学院在海军情报办公室的协助下就基本上掌握了德国可能的攻击目标、进攻路线和兵力使用情况。[97]不过,与美国不断更新"黑色计划"不同,虽然罗斯福总统早在1906年加利福尼亚日本移民事件后便指示总委员会制定针对日本的战争计划,但是海军战争学院直到1911年3月才向总委员会提交"橙色计划"。此后,这一计划也没有得到行政领导的批准。[98]不过,美国虽然担心拉美国家与德国联合损害其利益,但是这些国家过于弱小,美国并不针对它们制定战争计划,并据此进行海军建设,而是直接通过军事入侵或者强制外交清理对周边安全环境的威胁。

二、准备舰队对决的海军

舰队决战的战争计划要求海军向文官领导寻求建造更多的主力战

舰。海军总委员会的职责是为舰队进行战争做好准备,并指导海军战争学院制定战争计划。因此,它提交海军部的、经行政领导认可的战争计划就成为向海军文官领导争取海军舰只的重要依据。杜威领导的海军总委员会的军官一直是罗斯福和塔夫脱两任政府海军建设的有力助手。虽然这两位总统既是帝国主义者,也是海军至上主义者,但是总委员会的海军建设要求更加野心勃勃。在 1903 年提出的仅次于英国海军的“48 艘战列舰计划”被拒绝后,海军总委员会便一直主要通过协助罗斯福总统向国会提出舰队建设诉求。罗斯福离任后,总委员会也一再不顾塔夫脱政府在国会面前的艰难处境,坚持向海军部提交建造 4 艘无畏舰的年度造舰计划。需要指出的是,同这一时期其他国家的海军军官团一样,总委员会代表的海军军官将主要精力都放在战列舰方面,信奉攻势制海战略。这也是美国需要在战列舰建造上压倒德国的主要原因。[99]然而,虽然海军军官和行政领导竭力争取,但是由于国会对美国海军建设的态度波动,美国海军还是最终失去了对主要假想敌德国主力舰队的绝对优势。

美国海军的主力舰队取得了对于德国的相对优势。在海军军官团的推动下,罗斯福和塔夫脱均全力推动以战列舰为主力的决战舰队建设。在罗斯福的领导下,1906 年美国海军的战列舰吨位超过德国,次年便实现了仅次于英国皇家海军的目标。不过,由于罗斯福离任后,塔夫脱对于国会没有掌控能力,德国的造舰计划开始超过美国。到 1913 年,德国在战列舰总吨数上超过美国,位居世界第二。虽然美国的战列舰总数为 36 艘,略少于德国(德国为 39 艘),但是由于德国需要跨越大西洋作战,一路兵力和士气会有所损耗,美国事实上处于优势。[100]此外,德国深陷于与英国的军备竞赛,根本无力对美国构成威胁。然而,由于美国的海军军官和文官领导一直关注德国海军实力增强的情况,而非德国海军对美国的军事效能变化,美国并没有改变针对德国建造决战舰队的计划。美德海军军备竞赛一直处于胶着状态。不过,随着塔夫脱结束任期,海军的新行政领导满足于美国海军军事效能的相对优势,对建设以无畏舰为主力的大海军不感兴趣。长达十余年的美国海军快速建设时期也暂时告一段落。

美国海军相对于日本海军的军事效能严重不足。美国一直在为未来的舰队决战做准备,但是其 36 艘战列舰均部署在大西洋方向,以防御德国进攻,而在太平洋方向,太平洋舰队仅拥有一个有 4 艘现役装甲巡洋舰的准主力分舰队,亚洲舰队更是仅装备了轻型舰只。[101] 虽然日本的海军实力整体上无法与美国和欧洲海军强国相抗衡,但是随着英国、德国和法国的主力舰只调回本土,俄国舰队主力被歼灭,日本海军成为太平洋上最强大的海军力量,并且以美国为主要假想敌。[102] 在这种情况下,美国为了保护在远东和太平洋地区的利益,一方面对日本开展外交活动,另一方面一直在做美国利益受到侵犯时大西洋舰队西调、进行反击作战的准备。然而,由于国会一直反对美国在大西洋地区建立可以驻泊战列舰舰队的前进基地,美国海军能否遂行对日反攻作战任务一直没有确切答案。此外,一旦美国主力舰队对日本发动进攻,德国会不会趁机发动进攻也是困扰美国海军政军高层的难题。虽然美国侧重防御大西洋方向之敌,但是毕竟面临两洋防御任务。因此,美国海军若要保证本土、海外殖民地和势力范围的安全,必须建成巴拿马运河、继续建造战列舰。

三、国会有条件投入资源

在海军军官团和部分文官领导的争取下,国会对海军建设投入了巨额资金。在海军强国掀起海军竞赛的情况下,为了使海军足以在未来的海战中承担保卫国家安全和海外利益的使命,海军军官团竭力要求文官领导投入资源建设海军。西奥多·罗斯福继任后便表示,建设海军为政府第一要务。此时,国会中虽然仍然有反对建设海军的议员,一些长期支持海军建设的亲海军议员也对以大型战列舰为主要目标的海军建设持保留态度,但是在国会中大海军派的支持下,美国国会对海军建设给予了慷慨支持。1901 年,美国国会对海军的拨款约为 6 754 万美元,到 1909 年达到 1.26 亿美元,之后到 1913 年,国会每年的拨款大体与 1909 年持平。[103] 海军预算几乎翻倍,这给海军军事效能迅速提高提供了资金保证。在这个时期,美国国会共授权建造了 27 艘战列舰,其中 10 艘为无畏舰,4 艘为装甲巡洋舰。此外,随着军舰数量增多,美国海军兵力也得到壮大。[104] 不过,值得注意的是,美国在 1904 年后没有再建造装甲巡洋舰，而是大量建造潜艇、鱼雷艇和鱼雷驱逐舰(Torpedo Boat Destoryer)。[105]美国海军舰队呈现出战列舰与部分种类轻型舰只增加、准主力舰装甲巡洋舰不足的不合理发展趋势。

舰队结构存在缺陷的主要原因是国会对海军建设资源投入不合理。在激烈的海军竞赛形势下，海军军官和行政领导向国会要求建造战列舰，但是国会以"小舰换大舰"的原则拨款建造战列舰的同时，取消了装甲巡洋舰的建造计划，也不批准建造战列巡洋舰(battle cruiser)。这也使得美国的主力舰队的构成出现不平衡的状况。西奥多·罗斯福在执政时期，多借助东北部共和党议员的支持。因此，美国海军的造舰订单大多交给了私营造船企业，仅为了拉拢代表政府海军船厂利益的议员，政治性地给予这些造船厂少量订单。对于政府船厂，罗斯福在整顿无望的情况下采取了抛弃的态度。这些产能低下的船厂再次处于靠修理船只维持生存的尴尬境地。塔夫脱继任后，抗拒不了代表政府船厂利益的国会议员的压力，批准建造大量轻型舰只，并将这些订单交给由蒂尔曼等海军事务重量级人物代表的政府船厂。虽然塔夫脱不再坚持原有的无畏舰建造计划，并尽量采取妥协态度，缓和了与国会的关系，但是总统、海军部长和海军军官团仍无法说服国会批准在西海岸之外的太平洋地区建造大型海军基地。

国会议员将选区利益置于海军建设之上，认为舰队是为了船厂而存在的，而不是为了舰队而存在的。[106]因此，包括大海军主义者在内的亲海军议员虽然支持拨巨款建设海军，但是不愿意在自己的选区外建造海军设施，甚至以牺牲海军发展为代价捍卫选区利益。国会不但在造舰订单方面偏向产能低下的政府船厂，而且会对海军行政部门进行报复。美日加利福尼亚移民危机爆发后，美国海军为了威慑日本，以演习为名将所有战列舰从东海岸调往西海岸，然后组成"大白舰队"在全球进行航行。这支舰队展示了美国海军的实力，震慑了日本，锻炼了美国海军主力舰队的远洋作战能力，在国内也掀起了"海军热"。然而，由于海军行政部门没有将此次军事行动计划告知国会，后者对其进行了猛烈批评，并惩罚性地仅批准建造 2 艘无畏舰。[107]国会议员不仅干涉海军行政事务，而且经常以拒绝批准建造无畏舰为由，迫使塔夫脱及迈耶屈服于国会的意志。除此之外，国会在海军改革方面的态度依然保守,拒绝给予新成立的机构合法地位,也不允许海军部整顿岸上设施。这一切都表明,国会对海军建设的态度是有条件的,即不能触动国会议员的选区利益。

四、建设次等海军的效率

美国建设仅次于英国皇家海军的海军力量的政策基本上匹配了提高美国海军军事效能的需求。美国海军的行政领导既不想引起外交纠纷,也不想在国会制造分裂,因而不可能以英国为参考目标建设海军力量。加之,美国面临两洋威胁程度不一,海军行政领导在军官团的协助下将德国确立为主要假想敌,持续更新"黑色计划"并在其指导下建设针对德国的、仅次于英国皇家海军的海军力量。为了以逸待劳,迎击德国的主力舰队,美国不但加强了在加勒比地区的海军基地建设,而且加强了对加勒比国家的控制,以防止这些国家与德国联合,对美国造成威胁。与之相对应,由于美国无暇以军事方式回应日本对美国的远东和太平洋利益的威胁,"橙色计划"制定缓慢。这一计划所需要的战争准备工作也十分缓慢。然而,面对日益激烈的海权竞争,美国海军制定的战争计划发生了偏颇,其指引的海军建设之路自然会发生偏差。因此,美国海军建设政策匹配了海军的行政领导批准的海军基本军事效能要求,也就偏离了国际政治现实。

美国在建设次等海军时期尽量控制了海军建设成本。海军部所属的政府造船厂、修船厂和军械厂技术积累不足、缺乏创新能力、产能低下,无法胜任战列舰的建造任务,政府所属的造船厂建造的大型军舰难以通过海军部的验收。与之对比,美国私营造船厂和军械厂能够迅速吸收先进技术,创新能力强,产能强大,美国海军的技术创新基本上要靠私营企业实现。[108]西奥多·罗斯福和威廉·塔夫脱总统依靠代表私营造船企业利益的大海军派推动以无畏舰为主力的海军建设,将造船订单基本上都交给了造船能力更强的私营造船厂。如,1900—1909 年国会授权建造的军舰基本上出自私营造船厂,只有 2 艘战列舰和 1 艘训练船由海军部所辖的造船厂建造。[109]由于政府的造船企业发挥的作用不大,整体浪费现象较以往要少。不过,这为代表政府造船企业的国会议员扭转海军部青睐私营造船企业的做法埋下了伏笔。同时,由于国会一直不同意在太平洋和远东地区兴建大型海军基地,对海军岸上设施的公共资源投入也不多。此外,海军组织管理改革效果有限,海军总委员会和助理体制都没有得到国会的立法支持。总之,国会的不合作也进一步降低了公共资源的支出。

美国海军的舰队力量实现了质的飞跃,但是海军建设效率与军事效能的失衡的趋势并没有得到扭转。在强势的海军行政部门、野心勃勃的海军军官团的推动下,美国全力针对主要假想敌德国进行海军建设,主力舰队以迅速、低成本的方式得到了扩充。然而,海军建设的良好效果却使得海军军事效能进一步失衡。虽然主力舰队实力足以击败任何来犯之敌,但是舰队构成更为不合理的美国海军却已经无力遂行舰队决战之外的战争任务。尤其是,美国的主力舰队部署在东海岸和加勒比地区,无力遏制日本急剧增长的实力和野心。一旦美国在远东和太平洋的利益遭到日本的破坏,缺少驻泊和补给基地的大西洋舰队恐怕更难以击败同样以逸待劳的日本海军——这支太平洋上最强大的海军力量。鉴于美国海军已经位居世界前列、建设效率提高却可能适应不了未来战争的军事效能失衡的状况,海军总委员会在1911年发出舰队处于极度失衡状态的明确声明。[110]即便如此,这并不是海军军政精英的主流看法。如果美国海军的军官团和文官领导不改变对假想敌和海军建设方向的认识,他们确立的海军军事效能需求将会继续使海军建设走向失衡。

第五节　小　　结

成为美国海军骨干的新派军官成为推动美国海军加速建设的中坚力量。成长于海军重建时代的具有新思想、懂技术的海军军官逐渐走上海军战争学院、海军情报办公室和舰队的关键岗位,成为美国海军的骨干。他们深知美国海军的军事效能虽然强于西班牙和日本之类的二流海军强国,却与英国、法国和德国等欧洲强国的海军有很大差距。在国际海军竞赛已经展开的情况下,美国面临十分严峻的两洋防御任务。于是,美国海军的军官就海军的建设方向和自身在其中发挥的作用爆发了激烈争论。通过争论,指挥军官介入了舰船设计这一由技术军官垄断的领域。在总统的支持下,技术军官也开始担任辅助舰只的舰长,成功打破指挥军官对舰队及舰只指挥岗位的传统垄断。此外,新派指挥军官也通过辩论削弱了马汉等老一辈海军思想家对美国海军的影响,发展出以大炮巨舰决战为核心的更为激进的海军学说。更为重要的是,海军军官团通过内部争斗和辩论,明确了美国海军在 20 世纪的发展方向。这为他们在行政领导的带领下,联合国会中的大海军主义者、争取国会支持建设强大海军奠定了基础。

美国海军在两任总统的领导下一度成为仅次于英国的海军力量。不同于温和派共和党人威廉·麦金莱,西奥多·罗斯福和威廉·塔夫脱都是帝国主义者和大海军主义者。他们是希望建设强大海军的军官团的天然领袖。在以海军总委员会为代表的海军军官们的协助下,两位总统努力争取国会投入资源建设海军主力舰队。同时,美国海军建设的效率也得到了显著提高。在罗斯福的领导下,美国实现了建设世界第二海军的目标。然而,在塔夫脱时期,国会中阻碍建设主力舰队的力量加大,美国海军建设的力度弱于德国,到 1913 年,德国的海军超过美国。虽然以建造大炮巨舰为标志的海军快速建设阶段告一段落,但是美国已经建成足以维护本土安全和海外利益的强大舰队。不过,此时,国会中反对建设强大海军的声音在增大,美国海军的舰队构成更加失衡,国会与海军部事务局以及政府所属企业的利益关联依然阻碍着美国的海军建设。这一切对已经呈现技术化倾向的海军军官来说,争取文官领导的支持、在飞速变化的国际、国内形势下继续推进海军建设将是相当艰难的任务。

注释

1. 帝国主义国家在海外扩张方面的竞争,参见王绳祖主编:《国际关系史》第 3 卷(1871—1918),北京:世界知识出版社 1995 年版,第七章;列宁:《帝国主义是资本主义的最高阶段》,中共中央编译局编译,北京:人民出版社 2014 年版,第 74—85 页;Paul Kennedy, *The Rise and Fall of the Great Powers: Economic Change and Military Conflict from 1500 to 2000*, London: Unwin Hyman, 1988, pp.198—248;袁明主编:《国际关系史》,北京:北京大学出版社 2005 年版,第 60—82 页。

2. D.M. Schurman, *The Education of a Navy: The Development of British Naval Strategic Thought, 1867—1914*, London: Cassell, 1965, pp.2—4;[英]保罗·肯尼迪:

《英国海上主导权的兴衰》,第 196 页。

3. [英]保罗·肯尼迪:《英国海上主导权的兴衰》,第 192—193 页;Eric J. Grove, *The Royal Navy since 1815: A New Short History*, Palgrave Macmillan, 2015, pp.70—83。

4. Eric J. Grove, *The Royal Navy since 1815: A New Short History*, pp.84—88;徐弃郁:《脆弱的崛起:大战略与德意志帝国的命运》(修订版),第 229—232 页。

5. Naval Department, *ARSN, 1900*, Washington D.C.: United States Government Printing Office, 1900, p.463.

6. Elting E. Morison, *Admiral Sims and the Modern American Navy*, pp.83—86;[美]斯蒂芬·豪沃思:《驶向阳光灿烂的大海:美国海军史(1775—1991)》,第 325—326 页。

7. Steven T. Ross, *American War Plans: 1890—1939*, pp.31—35;[美]乔治·贝尔:《美国海权百年:1890—1900 年的美国海军》,第 35—36 页。

8. William H Carter, "Anglo-American Friendship," *The North American Review*, 1903, Vol.177, No.2, pp.204—209;Charles Campbell Jr, *Anglo-American Understanding: 1898—1903*, pp.269—300;[美]乔治·贝尔:《美国海权百年:1890—1900 年的美国海军》,第 37 页。

9. [美]乔治·贝尔:《美国海权百年:1890—1900 年的美国海军》,第 37 页。

10. George T. Davis, *A Navy Second to None: The Development of Modern American Naval Policy*, pp.116—123.

11. [日]麻田贞雄:《从马汉到珍珠港:日本海军与美国》,第 57—58 页;Outten Jones Clinard, *Japan's Influence on American Naval Power, 1897—1917*, Berkeley and Los Angeles: University of California Press, 1947, pp.42—49。

12. Steven T. Ross, *American War Plans: 1890—1939*, pp.60—61.

13. Raymond A. Esthus, *Theodore Roosevelt and Japan*, pp.298—308; Outten Jones Clinard, *Japan's influence on American naval power, 1897—1917*, pp.115—125.

14. Robert A. Art, *The Great White Fleet; Its Voyage Around the World, 1907—1909*, Boston: Little Brown, 1965, pp.206—234.

15. "Shore Stations, January 1, 1899," FLEET ORGANIZATIONWEB SITE, http://www.fleetorganization.com/1899basea.html; "Forces Afloat, Major Stations, January 1, 1899", FLEET ORGANIZATIONWEB SITE, http://www.fleetorganization.com/1899stations.html.

16. [美]亨利·J.亨德里克斯:《西奥多·罗斯福的海军外交》,第 84—111 页;Gordon Carpenter O'Gara, *Theodore Roosevelt and the Rise of the Modern Navy*, pp.71—72。

17. Steven T. Ross, *American War Plans: 1890—1939*, p.36.

18. Ibid., pp.60—61.

19. Edward S. Miller, *War Plan Orange: The U.S. Strategy to Defeat Japan, 1897—1945*, Annapolis: Naval Institutive Press, 1991, pp.21—24.

20. George T. Davis, *A Navy Second to None: The Development of Modern American Naval Policy*, pp.138—139.

21. Holger H. Herwig and David F. Trask, "Naval Operations Plans between Germany and the United States of America 1898—1913: A Study of Strategic Planning in the Age of Imperialism," in Paul M. Kennedy ed., *the war plans of the great powers, 1880—1914*, New York: Routledge, 2014, p.60.

22. George T. Davis, *A Navy Second to None: The Development of Modern American Naval Policy*, pp.163—166.

23. Jan Ruger, *The Great Naval Game: Britain and Germany in the Age of Empire*, Cambridge: Cambridge University Press, 2007, pp.58—66;梅然:《德意志帝国的大战略》,第340—348、356—358页。

24. William M. McBride, *Technological change and the United States Navy, 1865—1945*, pp.72—77; William Reynolds Braisted, *The United States Navy in the Pacific, 1897—1909*, Austin: University of Texas Press, 1958, pp.175—178.

25. Elting E. Morison, ed., *The Letters of Theodore Roosevelt*, Vol.1, p.617, note 2.

26. "Roosevelt to Morton, 25 June 1904," in Elting E. Morison ed., *The Letter of Theodore Roosevelt*, Vol.4, Cambridge: Harvard University Press, 1951, p.847.

27. Naval Department, *ARSN*, *1900*, pp. 9—12; Laurence Wood Bartlett III, *Not Merely for Defense: The Creation of the New American Navy, 1865—1914*, pp.206—207.

28. John D. Long, Establishment of the General Board: General Order No. 544, Navy Department, 13, March 1900, https://www.history.navy.mil/research/library/online-reading-room/title-list-alphabetically/g/general-orders/general-order-no-544-1900-establishment-general-board.html;不过,直到1916年,它的法律地位才得到国会确认。Robert W. Neeser, "The Department of the Navy," p.65.

29. Robert Greenhalgh Albion and Reed Rowena, *Makers of Naval Policy, 1798—1947*, pp.78—80.

30. Ibid., p.81.

31. William M. McBride, *Technological change and the United States Navy, 1865—1945*, p.47.

32. John T. Kuehn, "Revive the General Board of the Navy," *U.S Naval Institute Proceedings*, Vol.136 No.10, 2010, pp.67—70.

33. John T. Kuehn, *America's First General Staff: A Short History of the Rise and Fall of the General Board of the U.S. Navy, 1900—1950*, pp.103—105.

34. Ronald Spector, *Professors of War: The Naval War College and the Development of the Naval Profession*, p.102.

35. Elting E. Morison, *Admiral Sims and the Modern American Navy*, pp.80—81; William M. McBride, *Technological change and the United States Navy, 1865—1945*, p.51.

36. William M. McBride, *Technological change and the United States Navy, 1865—1945*, p.48.

37. Paul E. Pedisich, *Congress Buys a Navy: Politics, Economics, and the Rise of American Naval Power, 1881—1921*, pp.169—170.

38. Naval Department, *ARSN*, *1900*, p.736; William M. McBride, *Technological Change and the United States Navy, 1865—1945*, p.49.

39. William M. McBride, *Technological Change and the United States Navy, 1865—1945*, pp.49—50.

40. A.P. Niblack, "The Tactics of the Gun," *U.S Naval Institute Proceedings*, Vol.28, No.4, 1902, pp.927—928.

41. William M. McBride, *Technological change and the United States Navy, 1865—1945*, p.55.

42. J.B. Murdock, "Torpedo Tubes in Battleships," *U.S Naval Institute Proceedings*, Vol.29, No.3, 1903, pp.543—551.

43. Bradley A. Fiske, "Torpedo Tubes in Battleships," *U.S Naval Institute Pro-*

ceedings，Vol.31，No.1，1905，pp.12—37.

44. Ibid.，pp. 551—552；A. T. Mahan，"Reflections，Historic and Others" *U. S Naval Institute Proceedings*，Vol.32，No.2，1906，pp.447—471.

45. William M. McBride，*Technological Change and the United States Navy*，*1865—1945*，pp.74—77.

46. "Roosevelt to Alfred Thayer Mahan，" 3 March，1909，in Elting E. Morison，ed.，*The Letters of Theodore Roosevelt*，Vol.6，Cambridge：Harvard University Press，1952，p. 1543；William Reynolds Braisted，*The United States Navy in the Pacific*，*1909—1922*，Austin：University of Texas Press，1971，pp.201—202.

47. Ronald Spector，*Professors of War*：*The Naval War College and the Development of the Naval Profession*，pp.106—107.

48. "Chiefs of Bureaus，" Naval History and Heritage Command，https://www.history. navy. mil/browse-by-topic/organization-and-administration/historical-leadership/bureaus.html.

49. Richard Wainwright，"The General Board，" *U.S Naval Institute Proceedings*，Vol.48，No.2，1922，pp.193—200.

50. Robert Greenhalgh Albion and Reed Rowena，*Makers of Naval Policy*：*1798—1947*，pp.169—170.

51. [美]哈罗德·斯普雷特、[美]玛格丽特·斯普雷特：《美国海军的崛起》，第242—243页；George T. Davis，*A Navy Second to None*：*The Development of Modern American Naval Policy*，pp.147—148。

52. Ronald Spector，*Admiral of the New Empire The Life and Career of George Dewey*，pp.74—82.

53. [美]亨利·J.亨德里克斯：《西奥多·罗斯福的海军外交》，第63—71页。

54. Kenton J. Clymer，*John Hay*，*The Gentleman as Diplomat*，Ann Arbor The University of Michigan Press，1975，pp.123—128；George T. Davis，*A Navy Second to None*：*The Development of Modern American Naval Policy*，pp.116—117.

55. 陈永：《假想敌与美国海军建设》，第66页。

56. Naval Department，*ARSN*，*1900*，p.31.

57. 这是国会首次授权建造潜艇。Elwin A. Silsby，*Naval Yearbooks*，*1920—1921*，p.856；[美]哈罗德·斯普雷特、[美]玛格丽特·斯普雷特：《美国海军的崛起》，第242—243页。

58. Kenneth J. Hagan，*This People's Navy*：*The Making of American Sea Power*，New York：The Free Press，1992，pp. 236—238；Asa Walker，"With Reference to the Size of Fighting Ships，" *U.S Naval Institute Proceedings*，Vol.26，No.3，1900，pp.515—522.

59. Holger H. Herwig，*Politics of frustration*：*The United States in German Naval Planning*，*1889—1941*，Boston：Little，Brown and Company，1976，pp.72—86.

60. Albert C. Stillson，"Military Policy Without Political Guidance：Theodore Roosevelt's Navy，" *Military Affairs*，Vol.25，No.1，1961，pp.21—22.

61. [美]乔治·贝尔：《美国海权百年：1890—1990年的美国海军》，第40页；Keith T. Ressa，*U.S. vs. The World*：*America's Color Coded War Plans and the Evolution of Rainbow Five*，p.40。

62. Robert Greenhalgh Albion and Reed Rowena，*Makers of Naval Policy*，*1798—1947*，p.136.

63. Ibid.，pp.145—146；"HALE，Eugene，(1836—1918)，" Biographical Directory

of the United States Congress, http://bioguide.congress.gov/scripts/biodisplay.pl?index=H000029.

64. Paul E. Pedisich, *Congress Buys a Navy: Politics, Economics, and the Rise of American Naval Power, 1881—1921*, pp.138—139.

65. Robert Greenhalgh Albion, "The Naval Affairs Committees, 1816—1947," pp.1231—1232; Robert Greenhalgh Albion and Reed Rowena, *Makers of Naval Policy, 1798—1947*, pp.78—80.

66. Paul E. Pedisich, *Congress Buys a Navy: Politics, Economics, and the Rise of American Naval Power, 1881—1921*, pp. 169—170; "CANNON, Joseph Gurney, (1836—1926)," Biographical Directory of the United States Congress, http://bioguide.congress.gov/scripts/biodisplay.pl?index=C000121.

67. Navy Department, *ARSN, 1901*, Washington D.C.: United States Government Printing Office, 1901, p.29.

68. Theodore Roosevelt, "First Annual Message," December 3, 1901, Online by Gerhard Peters and John T. Woolley, *The American Presidency Project*. http://www.presidency.ucsb.edu/ws/?pid=29542.

69. [美]哈罗德·斯普雷特、[美]玛格丽特·斯普雷特:《美国海军的崛起》,第242—243页。

70. 同上书,第44页。

71. [美]亨利·J.亨德里克斯:《西奥多·罗斯福的海军外交》,第197—198页;Robert K. Massi, *Dreadnought: Britain, Germany, and the Coming of the Great War*, pp.480—489。

72. Paul E. Pedisich, *Congress Buys a Navy: Politics, Economics, and the Rise of American Naval Power, 1881—1921*, p.163;[美]亨利·J.亨德里克斯:《西奥多·罗斯福的海军外交》,第199—200页。

73. [美]哈罗德·斯普雷特、[美]玛格丽特·斯普雷特:《美国海军的崛起》,第242—243页;George T. Davis, *A Navy Second to None: The Development of Modern American Naval Policy*, pp.169—170。

74. 大西洋舰队的两个战列舰分舰队各有8艘战列舰。"ATLANTIC FLEET, January 1, 1907," FLEET ORGANIZATION WEB SITE, http://www.fleetorganization.com/1907atlantic.html; Navy Department, *ARSN, 1907*, Washington D.C.: United States Government Printing Office, 1907, p.6.

75. 太平洋舰队的主力为拥有8艘装甲巡洋舰的第一分舰队。William Reynolds Braisted, *The United States Navy in the Pacific, 1897—1909*, pp.200—201;[美]哈罗德·斯普雷特、[美]玛格丽特·斯普雷特:《美国海军的崛起》,第259页。

76. 章骞:《不列颠太阳下的美国海权之路》,第271—278页;[美]乔治·贝尔:《美国海权百年:1890—1990年的美国海军》,第47—49页。

77. Gordon Carpenter O'Gara: *Theodore Roosevelt and the Rise of the Modern Navy*, pp.23—24;[美]哈罗德·斯普雷特、[美]玛格丽特·斯普雷特:《美国海军的崛起》,第254页。

78. Henry Reuterdahl, "The Needs of Our Navy", *McClure Magazine*, Vol.XXX, No.3, 1908, pp.251—263.

79. [美]哈罗德·斯普雷特、[美]玛格丽特·斯普雷特:《美国海军的崛起》,第272—273页。

80. Navy Department, *ARSN, 1909*, Washington D.C.: United States Government

Printing Office, 1909, p.20.

81. [美]哈罗德·斯普雷特、[美]玛格丽特·斯普雷特:《美国海军的崛起》,第272—273页;Elwin A. Silsby, *Naval Yearbooks*, *1920—1921*, pp.315—316。

82. Elwin A. Silsby, *Naval Yearbooks*, *1920—1921*, p.859.

83. Navy Department, *ARSN*, *1912*, Washington D.C.: United States Government Printing Office, 1912, pp.26—28.

84. Elwin A. Silsby, *Naval Yearbooks*, *1920—1921*, pp.365—366.

85. George T. Davis, *A Navy Second to None*: *The Development of Modern American Naval Policy*, p.173.

86. Walter V. Scholes and Marie V. Scholes, *The Foreign Policies of the Taft Administration*, Columbia: University of Missouri Press, 1990, pp.109—110;[美]斯蒂芬·豪沃思:《驶向阳光灿烂的大海:美国海军史(1775—1991)》,第345—348页。

87. [美]哈罗德·斯普雷特、[美]玛格丽特·斯普雷特:《美国海军的崛起》,第282—283页;Robert Greenhalgh Albion and Reed Rowena, *Makers of Naval Policy*, *1798—1947*, pp.140—141。

88. Edwin P. Hoyt, *The Lonely Ships*: *The Life and Death of the U.S. Asiatic Fleet*, New York: David McKay Company, Inc., 1976, pp.87—89; William Reynolds Braisted, *The United States Navy in the Pacific*, *1909—1922*, pp.67—95.

89. Navy Department, *ARSN*, *1909*, pp.5—10;[美]哈罗德·斯普雷特、[美]玛格丽特·斯普雷特:《美国海军的崛起》,第279—280页。

90. Navy Department, *ARSN*, *1910*, Washington D.C., United States Government Printing Office, 1910, pp.29—35.

91. Navy Department, *ARSN 1911*, Washington D.C., United States Government Printing Office, 1911, pp.24—27; Navy Department, *ARSN*, *1912*, p.43.

92. Paul E. Pedisich, *Congress Buys a Navy*: *Politics*, *Economics*, *and the Rise of American Naval Power*, 1881—1921, pp.188—191, 193—194.

93. [美]亨利·J.亨德里克斯:《西奥多·罗斯福的海军外交》,第190—192页。

94. Ronald Spector, *Professors of War*: *The Naval War College and the Development of the Naval Profession*, pp.119—121; Arthur J. Marder, *From the Dreadnought to Scapa Flow*, Vol.1: *The Road to War*, *1904—1914* Oxford: Oxford University Press, 1961, p.219.

95. Ronald Spector, *Professors of War*: *The Naval War College and the Development of the Naval Profession*, p.102.

96. Ibid., pp.117—118; John H. Russell, "A Fragment of Naval War College History," *U.S Naval Institute Proceedings*, Vol.58. No.8, 1932, pp.1164—1165.

97. Holger H. Herwig and David F. Trask, "Naval Operations Plans between Germany and the United States of America 1898—1913: A Study of Strategic Planning in the Age of Imperialism" in Paul M. Kennedy ed., *The War Plans of the Great Powers*, *1880—1914*, pp.55—58.

98. 1906年旧金山大地震后,当地的白人种族主义者攻击日本移民,当地政府也出台了歧视日本移民的政策。这引起美国和日本的外交纠纷,并导致美国政府开始着手应对日本海军可能对加利福尼亚发起的进攻。Edward S. Miller, *War Plan Orange*: *The U.S. Strategy to Defeat Japan*, *1897—1945*, pp.21—24; Steven T. Ross, *American War Plans*: *1890—1939*, p.81.

99. [美]乔治·贝尔:《美国海权百年:1890—1990年的美国海军》,第43页。

100. George T. Davis, *A Navy Second to None*: *The Development of Modern American Naval Policy*, pp.171, 193.

101. Keith Allen,"Notes on U.S. Fleet Organisation and Disposition, 1898—1941," 30 September, 2001, the World War I Document Archive, http. www.gwpda.org/naval/fdus0001.htm.

102. William Reynolds Braisted, *The United States Navy in the Pacific*, *1897—1909*, pp.200—201;[日]麻田贞雄:《从马汉到珍珠港:日本海军与美国》,朱任东译,北京:新华出版社 2015 年版,第 57—58 页。

103. 见 Budget of the US Navy: 1794 to 2014。

104. "U.S. Navy Personnel Strength, 1775 to Present."

105. Elwin A Silsby, *Naval Yearbooks*, *1913—1914*, Washington: Government Print Office, 1914, pp.832—835.

106. [美]哈罗德・斯普雷特、[美]玛格丽特・斯普雷特:《美国海军的崛起》,第 280 页。

107. Robert Greenhalgh Albion and Reed Rowena, *Makers of Naval Policy*, *1798—1947*, pp.334—337.

108. William M. McBride, *Technological Change and the United States Navy*, *1865—1945*, pp.92—106.

109. Gordon Carpenter O'Gara, *Theodore Roosevelt and the Rise of the Modern Navy*, pp.116—119.

110. [美]斯蒂芬・豪沃思:《驶向阳光灿烂的大海:美国海军史(1775—1991)》,第 349 页。

第六章

头等海军(1913—1922)

世界上没有任何一支海军像美国海军一样防御如此广阔的区域,因此,我认为它应该是世界上无可匹敌、最够用的海军力量。

——伍德罗·威尔逊　美国第26任总统

这一天终于到来了。美国不能再在和平时期徒劳地挥霍浪费。我们的海军政策必须停止由专业的海军观念主导。更理解我们国家的优势和福祉的人必须主导政府的海军政策。

——威廉·亨利·金　犹他州民主党参议员

十余年间,美国建成了仅次于英国和德国的海军力量。强大的美国海军足以保卫美国本土安全和海外利益。虽然海军军官执着于使美国海军再次超过德国海军,但是国会在继续建设海军的问题上陷入分裂。新就任的伍德罗·威尔逊总统反对战争,对海军建设不感兴趣,却也密切关注欧洲局势的进展。一战爆发后,美国的利益受到战争威胁,德国可能取得欧洲战场胜利的前景促使威尔逊总统提出规模空前的造舰计划。世界大战结束后,主要海军强国均不愿继续进行海军竞赛。在美国的召集下,海军列强在华盛顿举行限制海军军备的会议。美国基本上取得比肩于英国海军的海军地位。美国海军由此实现了崛起。

第一节　军事效能适当的美国海军

塔夫脱卸任之时,美国已经建成足以防御德国的强大舰队。在太平洋方向,美国不仅以外交手段化解日本的敌意与野心,其主力舰队在理论上也有能力反击日本的可能进攻。英国和德国的海军竞赛趋于缓和,美国海军的文官领导对于继续通过海军建设维护安全的意愿也不足。然而,一战爆发和美国利益一再受损促使美国再次将海军建设推向高潮。虽然一战使得遵照马汉学说建立的主力舰队没有用武之地,但进攻性主力舰队的战略意义却得以凸显。美国海军军政精英已经决心建造并维持一支无出其右的海军力量。

一、走向战争的海军竞赛

英国海军是英国世界霸权的军事支撑。英国是地域狭小的海岛国家,却是有着"日不落帝国"之称的殖民帝国。英国维护本土安全、开拓和维护殖民地利益均依赖其强大的海军。英国海军自从 1692 年在拉和岬海战(Battles of Cape La Hogue)中击败法国海军后,便一直掌握世界海上霸权。[1]此后,由于英国海军的卓绝地位是保卫庞大帝国的支柱性军事力量,英国总是毫不留情地摧毁敢于挑战其海权地位的国家的海军力量。海权本身需要强大的工业作为基础,那些"拥有工业的力量、发明的力量和科技的力量"的民族将能够建立一支足以支撑世界帝国的舰队,击败其他民族。[2]虽然英国起初按照超过紧随其后的法国和俄国的海军力量之和的需求,即"两强标准",进行海军建设,但是 19 世纪末和 20 世纪初,美国和德国的工业生产能力先后超过了英国。因此,从长远看,这两个国家对英国海权造成的威胁比法国和俄国更为严重。第一次委内瑞拉危机后英美实现和解,而德国为了推行世界政策,以英国为主要假想敌建设海军力量,引发了两国之间持久而激烈的海军竞赛。

为了支持世界政策,德国按照提尔皮茨提出的"风险理论"(Risikotheorie)建设海军。经过德国海军军官团内部的激烈斗争,阿尔弗雷德·冯·提尔皮茨就任德国海军办公厅秘书,成为德国海军中的实权人物。他既受皇帝信赖,又熟谙德国国内政治,成为推动德国海军扩张的关键人物。提尔皮茨指导海军扩张的海军学说就是他在马汉海权学说基础上提出的风险理论。按照提尔皮茨的主张,德国并非寻求与英国实现海军对等,也不打算主动攻击皇家海军,而是努力建成相当于英国海军三分之二的海军力量。其中，以战列舰为主力的公海舰队是德国进行海军建设的重点。英国皇家海军具有全球任务，德国海军则集中在英德之间的北海区域。虽然皇家海军虽然能够打垮德国海军，但是其在取得胜利时便已经不足以对付法国和俄国海军力量。因此，英国皇家海军不敢冒险进攻德国海军，德国不对称的海军优势可以成为其推行世界政策并迫使英国让步的有力杠杆。[3]不过，提尔皮茨也指出，在德国海军的军事效能足以实现政策目标之前需要十分低调，以免使英国皇家海军将正在建设中的德国海军"哥本哈根化"。[4]虽然提尔皮茨强调了德国海军需要低调和节制发展，但是他的设想还是存在严重的战略缺陷。[5]其中尤为重要的是，他对德国海军发展的预期是一厢情愿的。因为德国追求在英国侧翼的海军优势不仅威胁到英国的海上霸权，更威胁到了英国本土的安全，无论德国以何种方式追求对英国的非对称海上优势，对方都不可能坐视不理。

针对德国的造舰计划，英国作出了回应。野心勃勃的提尔皮茨得到了对发展海军持狂热态度的威廉二世的支持。德国全力打造在北海足以取得对英国的局部优势的主力舰队。然而，德国 1900 年的《第二海军法案》不仅引起美国的恐慌，而且引起英国海军情报部门的注意。后者预计德国将于 1906 年超过俄国的海军力量，并提醒上级英国的本土舰队必须保持强大。1901 年，英国海军部不仅关注德国海军实力的增长，而且意识到德国国民对英国的仇恨情绪，从而重新评估德国海军发展计划。[6]此后，英国的舆论和政军高层都表示不能接受德国的海军野心，有可能将对发展中的德国海军力量发动哥本哈根式的打击。[7]1904 年，英国海军部将"两强标准"的参照国由法国和俄国改为法国和德国，并于夏天制定了第一份对德国的战争计划。同年底，英国抽调地中海舰队的力量，加强本土舰队，巩固英国在北海的优势。可以说，德国不惊动英国地发展海军的计划落空了。英国的强烈反应引发了德国全社会对英国既憎恶又害怕的"哥本哈根情结"，德国海军军政精英动员全社会力量，加紧打造应对英国突然袭击的海军力量。[8]

英国和德国的海军竞赛走向僵化。英国的强烈反应、由此引发的德国国内恐慌等因素使得提尔皮茨决定放弃低调做法，公开与英国进行海军竞赛。然而，1906 年，英国具有划时代意义的"无畏舰"下水，这使得德国原有的造舰计划相形见绌。德国紧跟英国建造无畏舰的行为也暴露了其挑战英国海上霸权的野心。紧接着,英国开始建造战列巡洋舰。[9]这两种军舰代表了最新的舰船设计理念和建造工艺,重新界定了主力战舰,也表明英国依然具有世界上最先进的造舰技术。此后,英国为了保持海军领先,不仅在造船技术上继续领先于德国,而且投入更多资源建设主力舰队。[10]除了全力与德国进行以建造主力舰为内容的海军竞赛外,英国还从全球撤回海军力量,巩固对德国的海军优势。1912 年,英国从地中海撤回地中海舰队,将“帝国气管”的安全交给法国维护。1913 年 4 月,英法完成在英吉利海峡和地中海联合作战的计划。[11]其间,英德虽然进行了旨在缓和海军竞赛的谈判,德国还是建成了世界第二的海军力量,英国皇家海军主力“大舰队”(the Grand Fleet)与德国的公海舰队形成对峙。然而,英法海军的联合参谋作业不但使得“提尔皮茨计划”(Tirpitz Plan)的前提失效,即德国不能指望法国分散英国的海军压力,而且使德国海军处于英法海军夹击的不利境地。至此,英德不断激化的海军竞赛终于演变成大战前两大军事同盟对抗僵化的缩影。

二、美国安全环境的变化

虽然德国难以对美国造成现实威胁,美国却依然将其视为主要假想敌。英德海军竞赛的僵持不下客观上改变了美国面临的安全环境。随着英国对德国的军事压力加大,后者无法再抽调力量对美国构成军事威胁,并于 1906 年事实上放弃了“三号战争计划”。[12]然而,基于德国实力的增长和不时表现出的敌意,美国仍然将德国视为主要假想敌,与后者进行长达十余年的海军竞赛,并建成居于世界前列的海军力量。由于美国海军是西半球最强大的海军力量,美国的东海岸和美国倍加重视的西半球秩序并不受现实性威胁。海军部却一如既往将德国视为头号大敌,并继续进行战争准备。伍德罗·威尔逊总统本人虽然公开声明对一触即发的欧洲局势严守中立,但是却警惕地关注局势变化,并派遣他的密友和顾问爱德华·豪斯(Edward Mandell House)陆军上校访问欧洲,了解欧洲国际政治局势,并试图调停英德矛盾。[13]大战爆发后，威尔逊告诉国会，“每一个真正热爱美国的人”都应该以“不偏不倚、绝对中立”的态度对待欧洲的战事。[14]然而，豪斯了解到的德国可能取得战争胜利的前景、德国采用无限制潜艇战袭击美国船只和由此激发的美国国内对德仇恨，使总统改变了中立的立场，转而支持海军针对德国进行战争准备。

日本对美国的现实威胁不断加大，但是直到战胜德国，美国才将其作为主要假想敌。随着日本击败俄国、英国海军从太平洋撤退，“拥有11艘战列舰和30艘巡洋舰的”日本海军成为远东和西太平洋支配性的海军力量。[15]更为严重的是，日本以美国为主要假想敌，为应对美国的“橙色计划”而全力打造“八八舰队”。[16]可见，日本对美国国家利益造成的现实威胁已经超过德国。不过，由于海军在集中力量对付德国，海军战争学院直到1911年3月才向海军总委员会提交“橙色计划”，这一计划也没有得到文官领导的认可。[17]大西洋舰队的主力数次调往太平洋，但是由于缺乏国会支持，战列舰舰队无法常驻西海岸，美国海军遂行反击作战也缺乏前进基地。美国一直借助多边力量平衡抑制日本的野心，担心欧洲战争破坏了太平洋地区的力量平衡，因而寻求缓和欧洲紧张局势。第一次世界大战爆发后，英国怂恿日本对德国宣战，却无法限制日本的行动。日本攻占了德国占领的青岛、除关岛外的马里亚纳群岛和密克罗尼西亚群岛等殖民地。在此情况下，美国海军认为怎样评估日本军事扩张的威胁“都不过分”。[18]此时，虽然巴拿马运河建成，但是德国已经由假想敌变成现实的敌人，美国已经不可能调动主力舰队防范日本进攻。

由于美英有应对德国威胁的共同利益，海军实力最强的英国不是美国的威胁，而是潜在的盟友。19世纪末，英国为了应对德国的挑战，承认门罗主义，鼓励美国在远东和西太平洋地区扩张，以换取美国在国际格局剧烈变化中对自身的支持。英德海军竞赛激化后，英国将主力战舰从全球撤回本土，在太平洋地区需要通过英日同盟保护自身利益，在西半球英国更不愿意得罪世界头号工业强国美国。面对美国海军的快速崛起，本土防御压力巨大的英国选择体面撤退，撤回舰队，并在阿拉斯加边界和运河等问题上作出让步。[19]同样以德国为主要假想敌的美国也希望英国能够牵制德国的海军力量。不过，值得注意的是，虽然英美关系密切,英国已经与德国处于敌对状态,但是美国海军在参加一战前的近 20 年都在以单独应战为前提制定对德战争计划,并进行战争准备。[20]虽然英国是美国防御德国的第一道防线,威尔逊对英国也持同情态度,但是美国政府一直对欧洲局势持观望和中立态度,禁止任何现役和退役的军官对欧洲局势进行公开评价。[21]直到即将对德宣战,美国才派出海军战争学院院长西姆斯少将去伦敦建立海军联合作战机构。[22]

拉美国家,尤其是加勒比地区国家无力威胁美国,但是这些国家与地区外国家联合也会给美国造成巨大威胁。美西战争后,美国就将拉美地区视为不允许欧洲国家染指的势力范围。为此,美国在 1903 年不惜对以逼债为名酿成第二次委内瑞拉危机,进而夺取战略支撑点的德国发出战争威胁。[23]美国曾认为英国有利用拉美国家损害美国利益的打算,但是随着英国主力舰队撤出和默认美国在拉美的独占性地位,美国打消了这一顾虑。相比之下,德国虽然在拉美推行世界政策屡屡受挫,但是却一直动作不断。对此,"黑色计划"的预设情景就是德国与哥伦比亚签订收回巴拿马的协定,并寻求在卡塔赫纳建立海军基地。[24]为了防范德国与拉美国家联合使后者在西半球获得立足点,美国海军一方面持续制定战争计划,并做好在加勒比海域迎战德国主力舰队的准备,另一方面加强对拉美国家的控制,塑造对自己有利的周边安全环境。德国对此也并非无动于衷。1914 年,美国和墨西哥爆发军事冲突,德国为墨西哥军队提供了军火和其他支持。[25]1917 年 3 月,英国公布德国希望与墨西哥结盟对抗美国的"齐默尔曼电报"(Zimmermann Telegram)。这一电报允诺墨西哥收回新墨西哥州、得克萨斯州和亚利桑那三州。这不仅引起美国舆论哗然,也促使威尔逊总统向德国宣战。[26]

三、与马汉无关的战争

一战爆发前,美国以马汉学说为指导建成的海军力量处于极不平衡的状态。自海军重建以来,美国主要按照马汉的舰队决战学说建造主力舰队,新派军官建造大炮巨舰的主张也是马汉进攻型海军学说的极致形式。经过罗斯福和塔夫脱两任总统和海军精英的努力,美国终于建成仅次于英国和德国的海军力量。然而,1913 年夏天,美国海军建造与维修局局长告诉负责制定海军战争计划的海军战争学院,主力舰队处于极度不平衡状态。大西洋沿岸有 21 艘战列舰,足以应对任何"意外事件",但是却只有 4 艘巡洋舰和 21 艘驱逐舰来保护这些战列舰。更为严重的是,大西洋舰队仅有 11 艘拖船(tug)、运煤船(coaler)和其他辅助舰只。[27]主力舰队发展的极度失衡使美国海军的军事效能大打折扣。不仅如此,太平洋舰队除了一支装甲巡洋舰分舰队,其余舰只均为轻型舰只,几乎无力对太平洋地区安全形势的剧烈变化作出任何反应。总之,按照马汉舰队决战和集中使用兵力两大原则建立起来强大海军力量拙于应对第一次世界大战爆发后的国际局势变化。虽然舆论和国会要求美国海军对英国查禁美国商船与同盟国的贸易和德国潜艇攻击美国船只等破坏中立国地位的行为做出反应,但是这样一支军事效能失衡的海军还没有做好参加战争的准备。

不仅美国海军面对突然爆发的世界大战十分被动,欧洲列强按照马汉学说建造的主力战舰也不适应战局发展。从 19 世纪末开始,英国、德国、美国和法国和日本等主要海军强国均全力建造用于舰队决战的战列舰,尤其是 1906 年前后掀起建造无畏舰的军备竞赛,以在对战局起决定性作用的海战中赢得胜利。[28]然而,除了 1916 年皇家海军大舰队和与德国海军公海舰队在日德兰海域发生激战外,其他各国的主力舰队基本上均没有直接交火。[29]由于公海舰队趁着夜色逃离,从而避免了被歼灭的命运,日德兰海战也并非舰队对决。虽然主力舰分舰队或者少数战列舰、战列巡洋舰和装甲巡洋舰不时交战,但是各强国的主力舰队却留在军港和处于对峙状态,坐视地面战事发展。同海军技术突飞猛进一样,这段时期,陆军技术和陆海协同战术也在迅速发展,海军进攻陆上要塞已显得力不从心。如 1915 年协约国协同进攻达达尼尔海峡,遭到实力弱小的土耳其守军的鱼雷和岸防炮的重创,多艘英法战列舰和巡洋舰被击沉和击伤,最后不得不在付出巨大代价后选择撤退。[30]与之类似,大舰队也不敢通过密布水雷的水道进攻被封锁在军港的公海舰队。由此看来,在战役层面,以战列舰为主的主力舰队几乎无用武之地。

相较于主力战舰的无所作为,战前不被重视的潜艇和驱逐舰等轻型舰只发挥了巨大的作用。战前各国的海战理念都非常保守且趋于一致。在僵化的海战理念的指导下,各海军强国都在进行主力舰队建设。虽然随着鱼雷和推进技术的发展,有敏锐人士意识到潜艇和飞机将对海战产生根本性影响,但是决策者只是把潜艇作为水下海岸防御的舰船。1905 年费舍尔重组英国皇家海军时,潜艇位列岸防驱逐舰战舰之后,居于战舰的末位。[31]战争爆发后,德国原本打算使用巡洋舰对英国的运输线实行破交战,但是德国的战列巡洋舰和巡洋舰在英国强大的水面舰队的打击下,损失惨重却收效甚微。于是,1915 年 2 月,德国开始对英国以潜艇破交的方式封锁英国周边海域。德国的潜艇不仅击沉了英国的战列舰、战列巡洋舰和其他军用船只,而且击沉了协约国和中立国大量的民用船只,几乎使英国丧失了继续进行战争的能力。1916 年,德国停止建造主力战舰,转而新建 106 艘潜艇。[32]德国的无限制潜艇战动摇了按照马汉学说打造的主力舰舰队对海洋的统治地位,迫使英国和美国等深受其害的国家大量建造轻型舰只用来护航和反潜。此外,飞机的战争潜力也受到重视。航空母舰从而成为新的主力舰只。[33]

虽然没有发生主力舰队对决,但是战列舰舰队仍是维持战略平衡的关键力量。虽然通过主力舰队对决来决定战争胜负的情景没有出现,战列舰仍然是火力输出效能最强的海上兵器,但是主力舰队对峙却决定了海战的基本格局,如大舰队对公海舰队的有效封锁决定了英德海权竞争的命运,而等到德国海军的潜艇战被有效遏制后,它的失败就成了定局。[34]美国参战后,其战列舰分舰队加入大舰队一起训练,并执行封锁德国公海舰队的任务。这不但使美国海军在与世界上最强大的海军力量联合行动中迅速提高军事效能,而且使其认识到主力舰队仍然是未来国际关系和海战中的重要力量。因此,美国仍然执着于建立一支无出其右的战列舰舰队。当然,在战争中胜利的海军强国也正是都看到了这一点,它们在日德兰海战后竞相发展"超级无畏舰"(Post-Jutland Battleship),并且在巴黎和华盛顿的"海军之战"中为保住自己强大的主力舰队争吵不休。虽然 1922 年的《海军条约》限定了战列舰的吨位和主力舰的总吨位,但是这种限制再次被海军竞赛打破,海军强国掀起了建造战列舰的新高潮。直到第二次世界大战爆发后,航空母舰成为成熟的战略兵器,战列舰才退出历史舞台。与此同时,海上列强按照马汉的海军学说建造战列舰舰队的努力经过半个多世纪后,走向历史的终结。

四、建设头等海军的目标

在第一次世界大战的背景下,美国军政精英确立了建设头等海军的宏大目标。虽然在国会两院、行政领导上都发生了政党更迭,由民主党控制的美国政府对继续建设大海军不再感兴趣,但是海军仍然试图推动总统和国会投入大量资源,建设更为强大的海军力量。在杜威海军上将的主持下,海军总委员会在 1913 年制定了新的、对局势更为悲观的"黑色计划"。这一计划不信任英国,强调美国只能依靠自己的力量保护自身安全,却没有指出德国直接进攻美国东海岸的可能性。[35]然而,这个以"准备战争是为了阻止战争"为名、渲染德国威胁的战争计划并不符合试图缓和英德关系、避免美国两洋受敌的威尔逊总统的要求。第一次世界大战爆发后,总统一再要求国会和军队对局势不明朗的欧洲战局持中立态度,并且拒绝海陆军的备战要求。1915 年夏天以后,随着德国击败英国后进攻美国的可能性加大和德国潜艇击沉路西塔尼亚(Lusitania)号客轮引发国会和公众对战争态度的变化,威尔逊总统在军官的推动下开始积极进行战备。1916 年 2 月 3 日,威尔逊在圣路易斯大剧场发表演说,正式要求建设"世界上无敌的(incomparably)、最够用的海军",并推动国会于当年 8 月通过了规模空前的《1916 年海军法案》(The Naval Act of 1916)。[36]不过,从这个演说的内容看,威尔逊的头等海军建设要求不仅是出于备战的需要,也在为美国战后的世界地位建立海军支撑。

在美国建设无出其右的海军力量的计划中,战列舰仍然是重中之重。在战争爆发之前,美国海军的主要任务是防御德国舰队的进攻,而在太平洋方向上,美国面临的日本压力越来越大。战列舰是进攻舰队的主力。1914 年 7 月,德国有 20 艘前无畏舰、13 艘无畏舰,7 艘无畏舰在建;日本有 13 艘前无畏舰、2 艘无畏舰,4 艘无畏舰在建。此外,它们各有17艘装甲巡洋舰。然而，美国仅有20艘前无畏舰、8艘无畏舰，4艘无畏舰在建，有14艘装甲巡洋舰。[37] 1914年的“橙色计划”要求美国海军迅速调动主力舰队通过巴拿马运河反击日本，夺回菲律宾和关岛。[38]可见，即使在巴拿马运河通畅的情况下，这样一支强于日本却弱于德国的海军力量根本不可能执行两洋防御任务。因此，海军总委员会重提1903年建造48艘战列舰的计划，以建成军事效能最够用的海军力量。然而，由民主党控制的国会对于继续建造无畏舰态度冷淡，这使海军继续建造无畏舰变得十分困难。即使战争迫在眉睫，1916年，海军军官和行政领导也仅向国会要求建造10艘无畏舰。

在建设无出其右的海军力量的过程中，美国也要发展潜艇和海军航空兵等新型海军力量。以潜艇为例，美国海军是潜艇军事应用的先行者，也较为重视发展潜艇，早在独立战争期间就尝试使用原始潜艇攻击英国的军舰。1864年，南方联军用第一艘现代意义上的潜艇“亨利”(Hunley)号击沉北方联军“豪沙多尼克”(Housatonic)号单桅帆船。虽然这艘潜艇受爆炸产生的漩涡波及沉没，却开创了潜艇时代。[39]此后，法国、英国、荷兰和德国等海军强国竞相开发鱼雷和潜艇的推进技术。1874年，爱尔兰移民霍兰(John Philip Holland)向海军部推销先进的潜艇技术，但是处于“黑暗年代”的美国海军根本无暇且无力发展潜艇。重建海军后，美国海军基本上按照马汉的海军学说建造主力舰队，更是无意发展潜艇。直到注意到法国将潜艇作为对英国实施破交战的利器大量建造，美国海军才觉得这些“小玩意”(little gadget)或许对近岸拒斥敌方舰队有用，于是在1893年要求国会拨款由霍兰试造潜艇。在杜威上将的支持下，霍兰用了7年时间建造出了潜艇，并完成了验收，国会授权大量建造潜艇，并在1907年建立了潜艇制造厂。[40]随着潜艇的实战意义凸显，美国海军在战争期间和战后都持续加大对潜艇的研发力度。与潜艇类似，美国海军航空兵也经历了类似由被轻视到受重视的发展过程。

除了加强舰队建设，美国海军还需要建立适合战争需要的总参谋机构。建立独立的总参谋部一直是指挥军官团的奋斗目标，这个目标在文官领导的有限支持下也取得了缓慢进展。不过，英国、德国和日本等海军强国均有功能完善的海军总参谋部机构，而依靠杜威上将个人威望发挥作用的海军总委员会的主要职能在于推动海军建设，对于协调和指挥军事行动却既无权限，也力不从心。虽然经过不断改革，但是总统是海军总司令、由海军部长具体指挥海军军事行动的海军管理体制并没有改变。迈耶为了协调海军军事行动与后勤支持建立的“助理体系”没有得到国会的立法确认。约瑟夫·丹尼尔斯以反对海军“普鲁士化”为由，将助理们派回到舰队，也不让其他指挥官接任。[41]这个美国海军指挥体系改革的新尝试就不了了之了。然而，美国海军现有指挥体系是无法指挥海军与强大敌人对抗的。美西战争后，美国政军高层对这一点就有共识，只是重重政军矛盾阻碍海军建立高效的总参谋机构以指挥舰队行动。因此，在战争的背景下，美国海军必须建立由指挥军官负责的总参谋机构，以为可能参战做好最为关键的准备。

第二节　技术化的海军军官团

随着海军军官团的技术化，美国海军不再基于国际政治现实变化准备战争。海军战争学院制定战争计划变为技术性的参谋作业，战争计划的全局和战略意义下降。技术化使海军军官团对于海军建设的理念更加僵化。在这种情形下，海军军官团更为激进地追求主力战舰，要求重组海军部。除此之外，在美国参加第一次世界大战前后，美国海军军官团中的亲英派和仇英派观点对立。海军军官团的这种内部矛盾激化对于美国海军在战争中的作为和一战后海军的发展都起着非常关键的作用。

一、海军军官团的技术化

精通技术的指挥军官失去了战略思维能力。成长于风帆时期的老派指挥军官出于压制以工程师为主的技术军官的目的，要求年轻的指挥军官和候补军官必须学习海军新技术。不过，随着1899年工程师融入指挥军官和为了适应海军新技术发展在地方和海军研究生学院接受继续教育，年轻的指挥军官逐渐精通海军技术。这些新派指挥军官在与设计师和建造师等技术军官的辩论中占据上风，成功打破他们对舰船建造的垄断，并主导了美国海军建设的过程。然而，更为年轻的新生代海军军官在海军军官学校学习时深入学习海军技术知识,同时却忽视对海军历史、战术和战略知识的学习。这导致他们在建造军舰的时候专注于技术细节,忽视舰船设计与建造的战术与战略需要。[42]除了在建造舰船方面理念出现偏差外,新生代海军军官更像技术专家而非职业军人一样思考海军乃至美国面临的战略问题。因此,不少军官反思工程师军官是否应该与技术军官融合,抱怨他们给指挥军官带来工程师的机械思维。[43]同前辈一样,这些已经技术化的新生代军官正是未来美国海军的骨干力量。

海军军官团技术化使海军战争学院的职能出现了偏差。这是一个十分严重且关键的不良结果。在部分海军军政精英的努力下,在军官团内斗和文官的猜疑中艰难发展的海军战争学院终于迎来了大发展的机遇。1913 年夏天,海军战争学院扩大招生规模,延长课时并增加长期课程。[44]然而,海军战争学院的职能却发生了重大变化。1914 年,在大西洋舰队任职的、兼任海军战争学院教职的西姆斯在陆军指挥学院发表演说,认为"战争学院的首要职责是训练军官指挥打仗,其次才是增加他们的军事知识"。这就颠覆了鲁斯和泰勒将海军战争学院办成供军官深造、继续学习知识的高等军官学院,而非谋划战争的参谋机构的初衷。[45]此后,海军战争学院的主要职能和课程设置都发生了巨大变化。为了实现训练军官打仗的目的,从舰队回到海军战争学院担任院长的威廉·罗杰斯(William Rogers)推行他十分推崇、深受德国技术化军事思想影响的应用系统。[46]不仅如此,美国社会当时科学主义盛行,沉迷于技术的海军军官受社会思潮和德国军事思想的影响,发展出了"海战科学"。[47]1917 年,西姆斯担任海军战争学院院长,海军战争学院的技术化潮流更为流行。随着海军战争学院的技术化趋于严重,学员和参谋淡化了对海军历史尤其是海战史的学习和研究。

海军战争学院信奉技术主义使得海军战争计划更加脱离国际政治现实。海军战争学院的参谋在罗杰斯和西姆斯等偏爱应用系统的领导的指导下,按照科学和商业效率的原则,依据对方的实力增长情况而非国际政治形势变化制定战争计划。[48]这就使得美国针对德国进攻东海岸和加勒比地区的"黑色计划"和针对日本进攻远东和西太平洋的"橙色计划"同时要求美国的主力舰队做好迎敌准备。这种极端技术性思维制定出的战争计划完全没有注意到欧洲两大军事联盟正在日趋僵化，而总统正在开展外交活动，避免美国陷入两面受敌的不利境地。基于两洋防务需要加强大西洋舰队的军事效能，海军军官一再向对建设海军持态度冷淡的文官领导要求建设主力战舰。海军战争学院的行为符合追求大炮巨舰的大海军派的立场，但是却不符合文官领导的要求。在战争即将来临时，文官领导才接受海军军官的建设要求，却也对职业的海军军官没能准确预见战争形态进行了指责。职业军官的专业能力受到质疑，这不仅会影响自身前途，也将影响海军未来的发展。

在错综复杂的国内外形势下，技术化的指挥军官团被边缘化。技术化的新生代军官制定的海军战争计划与杜威领导的海军总委员会对战争形势的认识经常发生冲突。后者经常要求海军战争学院修改战争计划。不过，海军总委员会不直接制定战争，只是指导和审查海军战争学院制定的战争计划，并将其提交给海军部长或者与陆海军委员会协调制定联合战争计划。负责制定陆军战争计划的陆军战争学院的技术化问题更为严重。因此，无论是海军战争计划，还是联合战争计划，都日趋激进而僵硬。除此之外，技术化的指挥军官专注于从技术性角度为战争做准备，也不顾美国海军政军关系的变化。因此，他们不断提出与总统相违背的战争计划和海军建设计划，触犯了政军关系的底线。愤怒的威尔逊停止了联合委员会的工作，并威胁撤销它和海军总委员会。[49]虽然由于杜威享有崇高的威望，海军总委员会也肩负为舰队进行战争做好准备的重任，其工作没有受到影响，但是军官团内部反对技术化潮流的指挥军官已经开始寻求取代海军战争学院起草战争计划的职能，乃至海军总委员会的工作，即成立真正的海军总参谋部。此后，随着1915年海军作战部长的设立和1917年杜威上将的去世，脱离实际和思维僵化的指挥军官被海军政军高层疏远，海军战争学院和海军总委员会在美国海军中的作用被边缘化。前者恢复了本初的教育职能，后者逐渐沦为纯粹的顾问机构。

二、全力打造主力舰队

为了应对紧迫的外部威胁，海军军官团要求建造无出其右的主力舰队。在评估了美国面临的两洋威胁、制定相应的战争计划后,海军总委员会重提 1903 年的海军建造计划,要求建造 48 艘战列舰,并强调衡量海军实力的标准是头等战列舰。海军总委员会还指出,只有这些舰只在 1920 年以前做好战斗准备,美国海军才能与任何潜在对手的海军实力平分秋色,甚至略占上风。[50]这个造舰建议几乎是针对德国和日本海军能同时投入对美作战主力舰只的总和,但没有针对英国的海军力量。[51]这一积极备战的造舰计划严重偏离了文官领导的中立政策和对海军的预期,自然难以得到支持。"路西塔尼亚"号事件后,公众和国会纷纷指责总统应对不力,要求积极备战。1915 年 7 月,海军部长丹尼尔斯在总统的授意下致信海军总委员会,询问"将来如何使海军切实够用",并要求后者制定一个"连续而积极的建设计划"。7 月 30 日,海军总委员会答复:"美国海军应该与世界上最强大的海军力量对等"。在海军部长的指导下,海军总委员会于 10 月提交了包括 10 艘无畏舰、6 艘战列巡洋舰在内的五年造舰计划。[52]总之,海军军官利用国内要求备战的氛围,提出了超越当前实际的战争需要、超越日本与德国的海军力量、意图与英国皇家海军对等的主力舰建造计划。

然而,海军军官在紧跟假想敌发展海军力量、建造主力舰的同时,却一直忽视发展轻型和辅助性军舰。海军总委员会在 1913 年重提"48 艘主力舰计划"时虽然也要求大量建造驱逐舰、潜艇、运煤船、油轮(tanker)和勤务船(tender)等轻型和辅助舰只,但是却明确指出,这些舰只的作用在于协助战列舰发挥战斗力。事实上,海军军官基本上没有按照"两者一起发展"的要求建造非主力战舰。同其他海军强国一样,美国的海军军官只是将潜艇作为近岸防御工具。与潜艇相比,海军军官更不重视海军航空兵的发展。大多数海军军官一直认为利用空气飞行是怪诞的想法。虽然 1898 年 3 月,助理海军部长西奥多·罗斯福呈送海军部长一份极有远见的报告,认为飞行器可以执行搜索、侦察和轰炸等任务,但是海军部后来一直冷落其发展。典型地,陆军赞助飞机研究者 5 万美元,海军仅借给一条锚链。1907 年,海军总委员会第一次评估飞机的作用,认为航空科技发展还不足以影响海战。1912 年,在热心于飞机的海军人士的推动下,国会才第一次拨款建设海军航空力量,海军从而能够购买飞机。[53]此后,虽然杜威对发展海军航空力量持开放态度,美国海军军官还是就此发生了激烈争吵。当菲斯克建议在菲律宾设置航空站以防备日本海军袭击时,负责军事行动的助理理查德·温赖特(Richard Wainwright)海军少将批评他是在浪费海军总委员会的宝贵时间。[54] 正是海军军官对非主力战舰的轻视,使得美国海军对后来复杂的战争形态估计不足。

即使战争迫在眉睫,海军军官仍然没有改变重视主力舰、轻视轻型军舰和辅助军舰的既定态度。德国实施无限制潜艇战后,潜艇在破坏英国交通线和攻击英国作战舰艇方面的惊人战绩使得德国和英国都暂停了主力战舰的建造。德国全力建造潜艇,英国也抽调大舰队中护卫主力舰队的轻型舰只和武装商船,对德国进行反潜作战。[55] 然而,此时美国海军军官们却仍在以准备战争为理由、以建造无可匹敌的海军力量为目标,向国会要求建造战列舰、战列巡洋舰、潜艇和鱼雷艇等主力和非主力进攻型战舰,以求夺取战后的海军优势。[56] 然而,这种野心勃勃的造舰计划被战争进程打断。按照英国和美国达成的护航协定,美国需要提供大量驱逐舰和扫雷舰遂行护航和排除德国水雷的任务。于是,美国也不得不中止主力舰和轻型攻击型舰只的建造任务,紧急建造联合作战需要的舰只。对此,海军部长丹尼尔斯抱怨:“1916 年的时候没有人告诉我,除了战列舰以外,这个国家还需要建造 300 艘驱逐舰。”毕竟,在海军总委员会看来,多建造 10 艘战列舰更为重要。[57] 这些轻型军舰的建造要求一向是提出来与国会进行交换的。

参加第一次世界大战后,美国海军军官团的海军发展理念受到剧烈冲击。美国海军抽调大西洋舰队的战列舰加入英国皇家海军大舰队后,一直执行封锁德国公海舰队的任务,既直观感受到了战列舰对于英国海权和美国海军“实现与最强大的海军力量对等”的关键作用,也在反潜与护航的过程中理解了潜艇和驱逐舰绝不仅仅是主力战舰补充,也有可能是左右战争结果的决定性力量。毕竟,为了应对舰队决战而建造的战列舰并没有以海军学说设想的方式影响战局。因此,战争结束后,美国海军军官一方面主张建造超级无畏舰,另一方面对潜艇、海军航空力量产生了浓厚的兴趣。尤其是,海军航空兵成为舰队的新主力。海军总委员会将航空母舰列为与战列舰一样重要的主力战舰,无畏舰的狂热支持者西姆斯上将从欧洲回国后也成为发展海军航空力量的支持者。[58]不过，虽然此时随着指挥军官与技术军官的进一步融合和指挥军官技术化，两者的矛盾在淡化，但是水面舰艇指挥官与潜艇、海军航空部队军官的矛盾在激化。[59]典型地，1919 年 2 月，“空军制胜论”的提出者、威廉·米切尔(William Mitchell)陆军少将回国后，宣扬战列舰无用论，要求建立独立的空军。传统的指挥军官与新兴的海军航空部队军官矛盾不断，这最终导致第二次世界大战后空军独立成军。

三、建立海军指挥机构

在丹尼尔斯海军部长任职时期，海军军官对改变国会与海军部利益关联的意愿降低。在罗斯福和塔夫脱的任期中，海军军官一边推动建造主力战舰，一边要求改革海军部属各局及岸上设施。然而，虽然海军部进行了一些调整，但是除了迈耶部长建立的由指挥军官负责的助理体制协调海军部事务外，改革没有显著成效。新任海军部长既不熟悉海军，也不谙国会政治。丹尼尔斯以打发助理们去海上的方式瓦解前任部长对海军部的改革，而非直接废除。因此，忙于要求总统备战和趁机要求建造更多战列舰的指挥军官不希望由于要求海军部改革而使军舰建造计划在国会中受到阻挠。此外，由于军官团的进一步融合和技术化的指挥军官在军官团占有优势，指挥军官也没必要以抨击现有行政管理体制的方式打击技术军官。因此，海军军官团不再强烈要求改革海军管理体制，只是与文官领导在造船的财政安排上持不同态度。供应会计局(the Bureau of Supplies and Accounts)局长托马斯·考伊(Thomas Cowie)海军少将认为政府的造船厂花钱更多，结果丹尼尔斯在蒂尔曼参议员的要求下将他解职，并任命亲近蒂尔曼的塞缪尔·麦高恩(Samuel McGowan)海军少将担任这一海军部会计长的职位。[60]海军军官也没有冒着恶化与国会关系的风险抵制国会对行政事务的干涉。

不过，虽然海军军官团不再追求重组海军部，但是对建立独立的总参谋部的要求更为迫切。丹尼尔斯部长上任后就以反对美国海军普鲁士化为名，废除了新建立的由指挥军官负责的助理体制。然而，这个时候英国、法国、德国和日本等海军强国先后成立了具有独立指挥权的海军总参谋机构。这些国家的海军参谋机构的具体职能有所差别，但是总体职能和性质是一致的，即制定战争计划、指挥舰队行动和协调舰队与海军部的关系。自从美西战争结束后，美国海军的指挥军官就意识到美国海军缺乏完整的指挥体系，无法与强敌进行对抗，海军总委员会也只负责准备战争，无权指挥舰队行动。海军部长出于维护文官制军原则的考虑取消助理体制的做法使海军军官建立独立的参谋机构的希望破灭了。[61]一战刚爆发，海军总委员会就不顾总统的中立政策要求海军进行战争准备，而将战备同作战指挥问题联系在一起的改革派军官要求成立海军总参谋部，以统筹海军的作战和训练工作。[62]然而，这种可能使海军军事效能最大化的努力会使海军部长失去对海军的直接指挥权，不可能得到行政领导的支持。因此，海军军官团只能通过国会实现这个野心勃勃的目标。

海军军官通过与国会的非正式联系争取到了海军作战部长职位的设立。海军部长废除了新设立的准海军参谋体制，且屈服于国会的压力，更换了敢于质疑国会与岸上设施利益关系的供应会计局局长。海军部长的这些激怒军官团和不抗拒国会干涉行政事务的行为刺激了改革派军官，使这些军官试图绕过海军部，与国会联合设立海军参谋机构。早在丹尼尔斯打发助理回舰队的时候，受杜威庇护而留任的负责军事行动的助理菲斯克少将就开始与来自阿拉巴马州的众议院海军事务委员会民主党成员、大海军派议员、前海军建造师和美西战争英雄雷蒙德·P.霍布森密谋设立具有实际指挥权的海军作战部长一职。[63]菲斯克一心想要建立海军总参谋机构，不顾军官不得不经过海军部与国会私自联系的禁令，协助众议院海军事务委员会起草了设立海军作战部长职位的法案。[64]丹尼尔斯对此大为恼火，亲自起草海军作战部长设置法案，交给参议院海军事务委员会主席蒂尔曼，并得到了国会的支持。这个法案将作战部长的权力仅限于指挥舰队行动，作战部长无权染指舰船建造和维修事务。海军作战部长发出的命令经海军部长签署后才有效。不仅如此，丹尼尔斯还提请总统越过 26 位少将和 5 位高级上校，任命威廉·本森(William S. Benson)上校担任首任海军作战部长，以报复以菲斯克为首的改革派军官的“造反”。[65]虽然本森很快晋升为上将，海军作战部长的地位也不断提高，但是直到 27 年后，这一部门才拥有最初设想的权力。

式微的技术军官基本上没有卷入这场围绕设置海军作战部长发生的政军冲突。经过多年努力,技术军官追求的职级和待遇要求基本上得到了满足,他们也就没有动力与指挥军官继续进行斗争。不仅如此,随着技术化的指挥军官全面介入舰船设计和建造事务,技术军官也已经没有优势与指挥军官相抗衡,只能与指挥军官一道,为应对随时可能爆发的战争而推动主力舰队建造,并适时提出自己对舰队组成结构和建设成本等方面的专业意见。更为重要的是,技术军官与国会失去了沟通的优势。一直以来,由于长期在岸上,技术军官可以与国会保持较为紧密的联系。然而,1909 年和 1913 年,海军部先后制定的《海军准则》(Naval Regulation)原则上取消了技术军官的优势。其中,1909 年的《海军准则》设立了由指挥军官担任的军法署长(Judge Advocate General),由军法署长负责军官团与国会的正式联系渠道,而 1913 年的《海军准则》正式禁止军官绕过国防部与国会议员发生联系。[66]由此,指挥军官基本上控制了与国会沟通的正式渠道。在既没有办法阻挡,更不愿意得罪海军部长、高级指挥军官和国会任何一方的情况下,已经风光不再的技术军官团旁观了围绕设置海军作战部长发生的政军斗争。

四、亲英派和仇英派

美国海军军官有仇视英国皇家海军的传统。美国海军的发展史基本上是一部与皇家海军斗争的历史。从独立战争、1812 年战争、南北战争到委内瑞拉危机,美国海军就是在与皇家海军或者其扶持的海军力量的斗争中发展壮大的。约翰·琼斯和约翰·罗杰斯等美国海军军官的偶像人物正是在与皇家海军的斗争中建立了功勋,他们的光辉事迹也鼓舞了美国海军的一代代军官。在长期敌对和英雄人物的影响下,弱小的美国海军的军官怀有非常强烈的仇视皇家海军的情绪。不仅如此,美国海军在 1890 年确立的第一个主要假想敌也是皇家海军。虽然美英和解后,海军军官团的领军人物杜威和马汉等人开始渲染德国威胁,并推动政府针对德国海军进行海军建设,但是这是国际形势变化所致,海军军官团中根深蒂固的仇英情绪并没有得到化解。海军战争学院一直在制定应对英国进攻美国的战争计划，也不愿意去设想英美联合对抗德国的战争计划。不过，皇家海军却一直轻视美国海军，也不愿意宣扬对美国海军取得的战绩。如在两支海军之间，美国人大书特书的战斗对于这支世界上最强大的海军来说只是普通战斗。随着美国海军实力的上升，皇家海军的强大、敌对和轻视导致的美国海军军官团的仇英情绪正在影响海军的发展方向。

同时，美国海军军官团中也有浓厚的亲英情结。虽然经常与英国皇家海军交战，且遭受歧视，但是美国海军的军官确实自认为在军事效能和人员素质上均与皇家海军差距很大。美国海军的传统可以追溯到皇家海军，如琼斯本人就曾在皇家海军中服役。美国海军长期向英国派遣指挥军官和技术军官，学习海军战略战术、舰船设计建造等先进理念和技术。更为重要的是，美国海军中一直有着对英国海军"血浓于水"的亲近感情。[67]两国的海军军官共享纳尔逊和琼斯等海军英雄，也共享海军秘密，如皇家海军军官一直在向美国海军军官传授先进的技战术。较为典型的是，美国海军的杰出人士在美西战争后鼓吹将英美的舰队联合成"世界上的警察部队"，甚至建议组成"英美联盟"。不过，由于海军军官的狂想与美国孤立主义的外交原则不符，海军部长批评了这种不负责任的"无聊说法"。随着共同敌人德国的威胁增大，美国海军的亲英情结有了更为坚实的基础。然而，由于文官领导一直不愿意介入欧洲政局，美国海军的亲英情结只能私下和非正式地表达。

突然爆发的世界大战同时冲击了美国海军军官中的仇英派和亲英派。早在1910年底，西姆斯中校在伦敦市政厅的宴会上发表演说时表达"个人观点"，表示"如果大英帝王的完整性受到外敌的严重威胁"，他们可以"指望海那边同宗兄弟每一个人、每一条船和每一块美元的援助"。[68]虽然英国舆论欢迎这位亲英派海军军官的非正式表态，但是美国海军和总统却由此陷入了外交被动局面。最后，总统宽大为怀，以公开谴责的方式结束了西姆斯惹下的大麻烦。[69]此后，这位"对除英国人的意见以外的意见不屑一顾"的斗士一直带领亲英派呼吁英美联合对抗德国威胁。美国对德国宣战后，西姆斯少将抵达伦敦，商讨英美联合作战事宜。此后，他担任美国驻欧洲海军司令，指挥在欧洲战场的所有美国海军。与之形成鲜明对比的是，第一次世界大战爆发后，英国皇家海军违反《伦敦海战法规宣言》(London Declaration Concerning the Laws of Naval War)、拦截美国商船的行为让美国海军军官中的仇英派愤慨不已。他们谴责皇家海军不尊重美国的中立地位,而仇英派的领军人物海军作战部长本森上将不仅反对美国主要建造护航舰只、帮皇家海军脱困的举措,而且着眼于战后国际格局,准备与英国争夺海上霸权。[70]不过,美国参战后,亲英派和仇英派决定先赢得这场战争的胜利,而不管以后会出现什么麻烦。

亲英派和仇英派的不同立场影响了美国海军的发展方向。西姆斯中将是美国海军中让人望而生畏的斗士,但是得益于海军部长与改革派海军的冲突、迅速升迁的本森上将却是位高权重的海军作战部长。本森要在取得战争胜利后针对英国打造世界上最为强大的海军力量,除非后者同意"和平能够根据总统规定的原则加以确保"。[71]这符合希望以重启1916年海军造舰计划、逼迫英国接受"十四点原则"(Fourteen Points)的威尔逊总统的想法。于是,海军部将西姆斯排除在参加巴黎和会的美国代表名单之外,以防后者对英国的兄弟之情损害美国的国家利益。战争结束后,美国海军十余年来最强大的敌人消失。亲英派和仇英派对于美国的下一个敌人是英国还是日本莫衷一是。然而,随着罗伯特·孔茨(Robert E. Coontz)海军少将接任海军作战部长,其领导的战争计划处认为日本是"美国最可能的敌人",并建议立即制定太平洋战略,将主力舰队调往太平洋。[72]美国海军军官团内部的亲英与仇英之争没有影响对于主要假想敌的判定,由于英国的海军实力仍强于美国,且英日建立了军事同盟,美国海军军官不仅对于英国的威胁没有掉以轻心,而且在设法应对可能的英日联合行动。

第三节　剧烈变化的美国海军建设政策

威尔逊继任美国总统后,希望通过外交活动改变美国两洋受敌的不利局面,对欧洲局势则严守中立。他还严厉约束海军军官对于海军建设的激进要求。第一次世界大战爆发后,总统的对外政策和海军政策遭到公众和国会的强烈指责。在德国的无限制潜艇战屡屡击沉美国商船和国内舆论要求备战等因素的推动下,美国为可能参加战争做准备,全力建设海军力量。战争结束后,海军军官团要求将美国海军建成世界上最强大的海军力量,但是这引起国会中以小海军派为主的反对海军建设的议员的强烈不满,总统也不愿意继续建设军事效能相对过剩的海军力量,转而以限制海军军备会议的形式巩固美国海军的优势和维护美国的国家安全。

一、国会中的小海军派

由于复杂的政治和经济原因,国会中一直弥漫着反对海军建设和主张建设小海军的情绪。虽然海军难以威胁美国的根本政治制度,但是国会始终警惕海军建设,尤其是不愿意提高海军军官在政军关系结构中的地位。如,直到 1916 年美国全力备战且被海军作战部长夺走其战争计划制定的职能时,杜威领导下的海军总委员会才获得了正式的法律地位。在海军舰队建设方面,国会更是仅希望投入"尽可能少的资源",追求适度的军事效能。[73]于是,美国在战争之后或者在经过一段时期的海军建设后,便总是出于经济考虑裁撤规模庞大的舰队,或者不再支持海军建设。此外,海军通常被认为是帝国主义扩张的工具。美国不断对外扩张,不仅使得黑尔参议员由建设进攻型舰队的大力支持者,转变为主张维持海军的适度规模和建造中小型舰船。在军工复合体有充足理由并且团结一致要求国会投入海军建设资源的时候,对海军建设持消极情绪的议员只是海军建设的牵制力量。一旦海军军官团、行政领导和国会中的大海军派在海军建设问题上出现分歧,或者美国海军的军事效能严重过剩,这些对于海军建设的保守情绪就会发酵,国会对海军建设的倾向保守,严重阻碍美国海军发展。

同大海军派类似,基于选区利益的小海军派才是反对建设进攻型主力舰队的中坚力量。如同海军军工复合体,陆军、铁路和农业等部门也会与利害相关的产业一道要求其选区的国会议员争取联邦的资源投入。这些主要来自西部、内陆和南方的议员代表的利益可能与海军无关或者存在利益冲突。与海军利益无关的议员便可能受反海军或者小海军情绪影响,阻挠海军建设法案通过,而与海军利益冲突的议员则更会阻挠海军建设,争夺联邦资源。他们不仅会凭借所主导的专门委员会与海军争夺建设资源,而且会进入海军事务委员会,阻碍海军建设。[74]如,1915 年,威尔逊总统由中立转为备战后提交的庞大的海军建设法案就遭到了来自西部内陆州和南方民主党人的小海军派议员的强烈反对。[75]此外,需要指出的是,虽然海军军工复合体跨党派地联合国会议员支持海军建设,但是相较而言,民主党进行军事建设的意愿没有共和党强烈。1911 年,民主党控制了众议院,海军争取国会支持海军建设的难度加大,而在 1913 年,民主党也控制了参众两院,海军从国会争取建设资源则更为艰难。

从威尔逊就任美国总统起,国会中的小海军派就一直阻挠美国继续进行海军建设。1913 年,国会中来自南部和中西部的民粹主义者控制了海军立法工作,他们不愿意继续拨款建设以大炮巨舰为主力的进攻型舰队,而希望瓜分或取消已经规模庞大的海军订单。[76]更为严重的是,众议院筹款委员会主席、阿拉巴马州民主党人奥斯卡·安德伍德(Oscar Underwood)以经济危机为由,要求压缩海军建设计划。他认为,美国海军已经强大到足以维护国家安全的程度,故应该至少削减 1 艘战列舰的建造计划。这个观点在小海军派中非常有代表性。[77]美国政府开始全面备战后,小海军派的声音再次被国会和社会舆论中要求建设强大海军的呼声压倒,美国开始建造无可匹敌的海军力量。战争结束后,犹他州民主党参议员威廉·H.金(William Henry King)、内布拉斯加州共和党参议员威廉·G.诺里斯(William George Norris)等小海军派议员批评美国花费心血建造的主力舰队对赢得战争并没有帮助,而且现在英国不会威胁美国,日本无力威胁美国。因此,他们主张国会应该将钱财花在社会进步方面,而非徒劳地建设海军。[78]这次,他们终于掀起了全社会反对海军建设的思潮,这也迫使行政部门放弃进行军备竞赛的想法。

小海军派的努力阻止了海军继续扩大舰队规模。1913 年初,大海军派认为美国海军已经掉落到世界第三的位置,而小海军派坚持认为美国海军仍然仅次于英国皇家海军。在后者的坚持下,国会将海军部要求的 2 艘无畏舰削减为 1 艘。[79]此后,在第一次世界大战已经爆发的情形下,以及美国海军军官团、海军联盟、国会中的大海军派和美国民众的要求下,虽然国会几乎全盘接受了海军军官团和行政部门提出的海军建设计划,但是却在小海军派的坚持下将这一计划的授权从 5 年压缩为 3 年。这样一来,国会就可以根据战争形势决定是否中止海军建设法案的执行。事实上,国会也是在战后拒绝恢复执行因《1917 年海军紧急法》(the Naval Emergency Fund Act)而中断执行的《1916 年海军法案》。除此之外,孤立主义回潮的美国社会和小海军派议员呼吁停止建造海军,一直为美国主力舰队建设而奔走的参议员洛奇等大海军派也在反思美国的海军建设政策。最终,美国政府决定以召开海军军备会议的形式巩固美国的海军优势和维护国家利益,避免类似英德海军军备竞赛的恶性海权竞争再次发生。

二、工具性的头等海军政策

威尔逊总统更多是把海军作为实现个人政治理想的工具。作为一名理想主义者,威尔逊对作为帝国主义工具的海军没有好感,但是作为一名杰出的政治家,他深知海军在海权竞争时代对维护美国国家安全和海外利益的关键作用。因此,他既不像西奥多·罗斯福那样争分夺秒地建设主力舰队,也不接受民主党多数派的主张。后者要求抵制共和党每年授权建造 2 艘战列舰的主张。威尔逊总统暂时选择不主动推动海军建设。他先是在严守中立的前提下,让豪斯上校斡旋协约国与同盟国的矛盾,同时压制海陆军的备战努力。只是在外交努力失败且德国有可能击败英国的情况下,威尔逊在国会和公众的批评下转而支持建设无可匹敌的海军力量。他是在美国利益受到严重损害的时候,才接受了海军军官团的建设要求,而非像其他热爱海军的总统一样主动指导海军提出建设计划。等到协约国即将取得战争胜利,他就将强大的海军作为推行其"和平政策"的工具,而重启《1916 年海军法》也是他换取英国支持"十四点计划"的筹码。[80]可见,威尔逊对待海军的态度体现了他一贯的观点,陆军和海军是文明的工具,而非侵略的工具。[81]继任的哈定(Warren G. Harding)总统只是沿袭了威尔逊确立的海军政策。

除了总统对海军缺乏热情,丹尼尔斯更是被驯服的海军部长。丹尼尔斯是一位出版商,既不懂海军,也没有国会背景。对于这样一位海军政策新人,海军军官希望他照单全收海军建设要求,意图瓜分海军订单的国会议员更是想驯服这位海军事务的“门外汉”。身处国际海军竞赛和国内浪潮中的新任海军部长没有总统的强力支持,也不信任职业海军军官团,只能依赖国会中的民主党资深海军事务人士。于是,参众两院海军委员会的成员将这视为掌控美国海军的良机。尤其是,参议院海军事务委员会主席蒂尔曼在指导丹尼尔斯的过程中,不仅要求在造船和舰队活动中照顾效能低下的南方岸上设施,如效能低下的政府船厂,而且深度介入海军部的人事安排。[82]丹尼尔斯对民主党大海军派议员的高度依赖遭到东北部共和党议员的强烈批评,也为海军军官团的“造反”埋下了隐患。不过,丹尼尔斯对国会的顺从也得到了回报。除了1918年的造舰计划,国会批准了他在任期内的所有要求。[83]这也为威尔逊总统的海军建设政策从中立剧烈转变为备战创造了条件。其继任者艾德温·登比(Edwin Denby)就职时表示他支持现有的海军建设计划,使美国海军拥有“不输任何海军”的力量,但是国会认为继续建设海军是浪费而荒唐的。[84]美国海军只能接受将被裁减的命运。

在第一次世界大战爆发前后,美国公众舆论对海军的态度也发生了急剧变化。新海军至上主义者比倡议重建美国海军的先辈更懂得如何跟公众打交道。海军军官、海军联盟和其他民间海军组织坚持不懈地向公众“兜售”海军,美国社会形成浓厚的亲海军氛围。[85]持久的海军建设也使相当数量的普通美国人受益。可以说,美国建设海军有很稳固的社会基础。第一次世界大战爆发后,不仅海军委员会要求舰队立即做好战备,美国民间也掀起全国性的“战备运动”。美国民众认为国家处于危险之中,他们要求政府从德国的“独裁统治”和“帝国主义铁蹄”下拯救民主和自由,免得“无力自卫”的美国成为下一个牺牲者。他们不但要求建设强大海军,而且攻击小海军派。其中,特雷西和迈耶等几任海军部长联合抨击海军军事效能低下对海军战备的影响。[86]这使得坚持中立和压制海军战备的总统和国会陷入被动,迫使美国政府为即将到来的战争进行准备。然而,战争结束后,美国公众害怕政府步德国后尘,掀起新一轮海军竞赛,他们要求政府裁减规模过于庞大的海军,将精力放在发展经济上面。[87]战争前后,公众意见的剧烈变化通过国会中的大海军派和小海军派对海军政策制定产生了影响。

战争形势和民意的变化推动国会对海军建设的态度发生变化。在行政部门坚持中立政策的两年间,国会中的小海军派强烈要求削减主力舰只建造计划,而东北部的共和党大海军派和南部的民主党大海军派则在激烈地争夺海军订单。由于海军部的顺从,海军军官团争取建造进攻型舰船的需求转化为国会中的大海军派与小海军派及其代表的利益和民意之间的较量。德国的无限制潜艇战加大了英国战败的风险,也严重损害了美国的海外利益。这不仅促使威尔逊总统转而采取备战政策,几乎全盘接受了海军军官团的海军建设计划,而且使国会对美国海军的军事效能产生忧虑。威尔逊总统提出《1916 年海军法案》后,全国分裂为东西海岸全力支持法案的州与南部和中部不关心或积极反对的州,国会中的议员也分裂为这两股势力。日德兰海战后,虽然两党一致要求大规模建设海军,但是随后的总统选举中,威尔逊带领民主党却以"他使我们避免战争"的竞选口号再次获胜。[88]这表明在世界大战的背景下,反战民意和国会中的小海军派依然不可低估,小海军派在此基础上,在战后通过宣扬主力舰队无用、海军军备军竞赛花费巨大且十分危险,并迅速掀起反海军的强大舆论风潮。随后,国会决定不再支持继续建设军事效能过剩的舰队,废除造舰计划的蓝图。

三、以德国为敌的美国海军建设

威尔逊继任美国总统后采取中立、保守的海军建设政策。塔夫脱执政后期,掌握众议院的民主党人就开始阻止罗斯福确立的以无畏舰为核心的主力舰队建造路线的实施。威尔逊总统拒绝了海军军官团的"48 艘战列舰舰队"(the fleet of 48 battleships)计划,避免在海军建设问题上表态,丹尼尔斯部长则虚心接受国会中民主党海军事务权威人士的"培训"。新政府置身于国会的"海军战争"之外。1913 年底,丹尼尔斯按照蒂尔曼和田纳西州民主党人、众议院海军事务委员会主席莱缪尔·帕吉特(Lemuel Padgett)等人的安排提交了第一份年度海军报告。在这份报告中,海军部放弃了总委员会提出的建造 4 艘战列舰的要求,也没有采纳帕吉特要求建造 3 艘战列舰的建议,而是只提出建造 2 艘,并且承诺所有的战舰均在政府的造船厂建造。[89]经过激烈辩论,国会仅满足了海军部的保守要求,且要求1艘战列舰在政府造船厂建造。[90]这引起了海军军官团和国会中东北部共和党人的不满。海军军官认为政府造船厂质次价高,无法满足战备需要;共和党人抨击海军部过于偏袒民主党议员的选区。不过,国会对1913财年舰船建造的预算安排体现了民主党对海军事务极高的控制力,因为国会事实上已授权建造3艘战列舰。虽然海军部在1914财年依然谨慎地要求建造2艘战列舰,但是要求建造更多的小型舰只。[91]此时,国会在海军军官、公众和国会中的大海军派的推动下,基本上满足了海军部的造舰要求。

威尔逊的外交政策由中立转为战备后,美国突然加快海军建设速度。"路西塔尼亚"事件后,承受朝野备战压力的威尔逊总统不但看到德国没有停止损害美国的国家利益,而且有可能取得战争胜利。美国政军高层既担心日本人可能在夺取德国殖民地后,损害美国在远东和太平洋地区的利益,也不得不认真考虑同盟国征服欧洲后,德国进攻美国的暗淡前景。于是,威尔逊总统一方面指示陆军和海军扩军备战,另一方面告诉国会:"无法知道我们是否会卷入战争。我们肩上的担子很重。现在德国取胜的可能性很大。"不过,他也强调"我们武装的目的是防御,而非战争。"[92]紧接着,海军部向国会提交了甚至超出大海军派想象的五年海军建设计划。为了推动海军法案通过,威尔逊进行了全国巡回演说,并发表了建设最强大海军的演说。与此同时,海军总委员会不但制定了单独防御德国进攻的"黑色计划",而且制定了应对日本进攻的"橙色计划"。[93]不过,总统认可了对德战争计划,却否决了对日战争计划,并准备暂时牺牲在太平洋方向的殖民地。由此,美国海军全面开始准备单独对德战争工作。

然而,战争的现实情形迫使美国更改既定的海军建设计划,紧急建造轻型舰只。1917年2月1日,德国恢复无限制潜艇战,美国随即与德国断交。3月,英国将"齐默尔曼电报"转交给美国,其内容被媒体公布后,美国舆论一片哗然。4月6日,美国对德国宣战,并加入协约国。不过,美国海军此时仅有应对德国进攻加勒比地区的"黑色计划",海军军官时刻提防的德国主力舰队正被英国皇家海军囚禁在军港内,而英国在德国的打击下却可能投降。美国海军高层这才明白,舰队必须远赴欧洲战场。于是,美国海军一方面将舰队主力从加勒比海调回东海岸进行警戒，另一方面派遣亲英派西姆斯海军中将去英国协调联合作战事宜。经过激烈的争吵和协商，美国海军暂时放弃了自主权，承担护航和防护主力舰队的任务。[94]除了立即派驱逐舰执行护航和巡逻任务外，丹尼尔斯在 7 月 20 日暂停实行《1916 年海军法》，国会也紧急授权大量建造用于护航和保护大舰队的 200 艘驱逐舰，以及用于布设鱼雷、封锁德国潜艇的布雷舰和一些辅助舰只。[95]虽然在战事紧张的情况下，国会满足了海军的造舰要求，但是这场“与马汉无关的战争”也改变了国会对海军建设的态度。

除了海军建设政策急剧变化，美国海军也发生了重大却意外的变革。在蒂尔曼的建议下，试图驯服海军军官团的丹尼尔斯先是废除了协助海军部长工作的助理系统，以泄露对日战争计划的由头申斥了菲斯克海军少将。不仅如此，他还请求总统否决一切战争计划，并停止了陆海军委员会的工作。[96]海军部长听从资深议员、打击海军军官团的行为不仅恶化了他与海军高级将领的私人关系，而且促使他们不顾禁令、绕过海军部直接寻求建立独立的指挥机构。此后，虽然丹尼尔斯以确认命令的方式剥夺了海军作战部长的指挥权，并压缩其权限，但是他不懂海军，因此海军作战部长是美国海军事实上的总指挥。此后，丹尼尔斯为报复改革派将领，任命资历甚浅却极度反英的本森上将担任首任海军作战部长，这为英美联合作战带来不小的麻烦。此外，丹尼尔斯偏袒民主党人代表的效率低下的政府造船厂的行为也让海军军官十分不满。总之，这位不懂海军事务的海军部长失败地处理海军政军关系，引发了一连串意外事件。然而，这种意外却促使美国海军的管理和指挥体系开始逐渐分离。

四、重树假想敌的美国海军建设

第一次世界大战结束后，美国海军试图针对英国和日本进行海军建设。本森海军上将一直敌视英国皇家海军的强大实力和傲慢态度。随着德国战败，英美的共同敌人消失，美国海军长期的假想敌也消失了。海军建设需要重新确立目标。虽然总统将海军建设作为与英国谈判的工具，但是本森却希望其指挥的舰队的实力超过英国。为达到目的,他提醒总统,美国已经成为英国最大的商业竞争对手,为了保护商业利益,美国必须针对英国建设海军力量。[97]然而,由于英国和日本是军事同盟,本森要求战争计划处和其他部门一起制定针对英国与日本联合发动军事进攻的战争计划。[98]这就意味着美国海军把英国和日本同时树立为假想敌。随着本森离任和英美再次和解,英美展开军备竞赛的现实危险被排除。[99]然而,日本的威胁却在上升。日本不但占领了太平洋上的德国殖民地,切断了美国执行"橙色计划"的通道,而且针对美国建设实力不低于美国海军实力70%的"八八八舰队"[100]。日本的海军建设就要求美国维持一支"看起来与英国对等的舰队"。于是,丹尼尔斯在海军军官的推动下,不但要求恢复执行《1916年海军法》,而且提出包括10艘战列舰在内、为期3年的新造舰计划。然而,有求必应的国会罕见地拒绝了他的要求,仅授权将原先批准建造的1艘军舰改装为1艘航空母舰和1艘飞机勤务船(aircraft tender),1920年更是仅授权改装成1艘起重船(crane ship)。[101]

在文官领导不愿意继续建设舰队的情况下,美国海军只能通过海军部权限内的行动夺取对日本海军有限的军事效能优势。第一次世界大战结束时,虽然美国海军的员额多于英国,但是疲惫不堪的英国皇家海军军舰有42艘战列舰,总吨位和数量相当于其他国家的总和,美国海军则有16艘战列舰,相当于紧随其后的法国、意大利和日本的军舰的数量和吨位的总和。[102]英国承认国际联盟,美国也无意于用武力挑战英国的海上霸权,进而威胁英国的帝国交通体系。在英美再次和解的背景下,以海军竞赛为筹码的总统和小海军派占上风的国会虽然有限度地支持发展潜艇和航空兵等新型海军力量,却拒绝支持继续建造主力舰队。虽然英国不会威胁美国,但是以美国为主要假想敌的日本却在威胁美国在远东和西太平洋地区的利益。于是,得不到新造战列舰授权的美国海军决定打破集中使用主力舰队的原则,在东西海岸平衡部署海军力量,并启用"橙色计划",将最强大的10艘战列舰部署到太平洋。[103]然而,由于美国仍在建造已授权的战舰,日本担心遭到美国的进攻,也仍在按照"八八八舰队"计划造舰,美国并没有对日本形成计划中的压倒性优势。[104]已经不可能再大规模建设的美国海军必须解决日本继续造舰造成的威胁。

在国内外形势的推动下，美国政府抓住时机，以国际裁军会议的形式确立了美国海军的头等地位，缓和国家安全面临的威胁。虽然美国、英国、法国、意大利和日本都在继续建造战舰，但是由于财政困难和国会阻力，各国都无力掀起一场新的海军军备竞赛。英国以承认美国海军对等地位为条件，提议召开国际裁军会议；日本海军高层也表示，如果各国能达成值得信赖的国际协议，日本与英美的海军力量保持适当平衡，则不打算坚持既有的造舰计划。[105]英国和日本示好后，美国政府还没来得及做出回应，美国舆论界就对英国的表态表示欢迎，国会中的小海军派则批评正是美国继续扩建海军使得日本不愿意放弃“八八八舰队”计划，并要求政府立即与英日进行裁军谈判。[106]新上任的哈定总统只能抓住难得的机遇，提议并主持召开国际裁军会议。美国也希望通过海军军备会议取得与英国海上力量对等、压制日本海军和拆解英日同盟，便把海军当成了筹码。不过，海军部长却不是美国代表团的成员，海军人士也仅以“技术专家”的身份为美国代表团提供咨询。其间，迷恋力量优势的海军总委员会提出的“基本计划”更是遭到了国务卿的否决。唯命是从、参加裁军会议的“海军顾问”们迫使海军总委员会接受大规模裁减美国海军主力舰的决定。[107]然而，虽然哈定政府实现了预期的所有目标，取得了外交胜利，但是裁减军备对美国海军来说却是一场灾难。

在文官拒绝继续建设主力舰队的同时，美国的海军改革也停滞不前。1920年后，无论是海军总委员会、海军作战部长还是海军部长，都不敢再向国会提出可能适得其反的战舰建造要求，而是反复强调强大舰队的存在对美国国家安全和海外利益的重要意义，并敦促国会支持完成已授权军舰的建造。在这种情况下，海军的行政领导和高级将领也没有精力推动海军组织改革。除了战争计划制定、舰队作战指挥和海军发展规划的权力从海军战争学院和海军总委员会逐渐转移到海军作战部长外，美国海军的组织结构基本上没有发生改变。[108]在缩减海军预算已成定局的情况下，海军部希望通过关停岸上设施或者精简其人员等方式节省开支，并以组建美国舰队的方式尽可能地平衡两洋兵力。然而，认为舰队是为了岸上设施而存在的大海军派抛弃了海军。他们不但阻止海军部触动他们的选区利益，而且不允许海军在西太平洋强化海军基地。[109]这使得美国海军缺乏遂行“橙色计划”所需要的前进基地。由此,直到第二次世界大战爆发,美国海军都没有能力对西太平洋局势的变化迅速作出反应。

第四节 关于建设头等海军的评价

在战争迫近的时候,技术化和更加保守的海军军官团要求政府建设世界上最强大的海军力量。然而,美国总统坚持严守中立的对外政策,并压制海军军官的海军建设要求。海外利益受到德国无限制潜艇战的损害,以及德国赢得英德战争的可能迫使威尔逊总统突然转变军事政策,要求建设无可匹敌的海军力量。顺从国会的海军部长既利用与大海军派的良好关系,为海军赢得了最够用的军舰建造条件,也诱发了严重的政军冲突。与此同时,海军的建设效率有所降低。战争结束后,舆论担心美国会继德国之后与英国展开海军竞赛,总统将海军建设作为外交活动的筹码,国会中的小海军派坚决反对海军建设。美国海军无可避免地将遭到大规模裁汰。

一、技术化的海军战争计划

技术化的军官团缺乏战略视野,将激进的海军学说局限于战术层面。相较于西姆斯和菲斯克那一代海军军官,年轻的新生代海军军官虽然接受了更为完备的海军军事教育,更精通军事技术,却几乎丧失了战略思考能力。西姆斯、菲斯克被开明的马汉和鲁斯等一代海军思想家培养成掌握先进海军技术、精通海军历史、具有战略视野的海军思想家和高级将领。然而,在批判马汉一代前辈的过程中,在宽松环境中成长的“西姆斯们”却过于看重海军技术性因素,忽视了对新生代海军军官的海军历史和战略教育,仅仅把他们培养成舰队的操作性人才。可以说,这些新生代军官把美国一直领先于世界的海军学说降低到亦步亦趋、追随他国的落后水平。诚如他们的预期,这些年轻军官在以后的战争中被证明是非常优秀的作战参谋,但是思路却非常狭窄和僵硬,已经不能胜任谋划如何应对假想敌这个“战略问题”的复杂工作。[110]不过,新生代海军军官的不足被美国海军在战争中承担的辅助性工作性质、强大的国力和巨大的胜利所掩盖。直到他们成为海军骨干,美国海军需要在《五国海军条约》的限制下发展,其负面影响才暴露无遗。

海军战争学院的海军军官们脱离国际政治现实,单纯从军事角度制定主力舰队决战计划。年轻的战争计划者接受了德国军事思想、商业思想和科学管理思想的教育,不再从海军历史中汲取经验和教训,也对国际政治变化不再敏感。他们主要基于德国和日本海军实力的增长制定相应的战争计划,而不去考察显而易见的国际政治事实。尤其是,德国海军深陷与英国的海军竞赛,成为英国海军的头号打击对象。日本扩张的主要目标是中国,且一直都没有财力打造足以对抗美国的海军力量。[111]美国的海军军官也没有与英国和法国的海军有过实质性接触,更不用说联合参谋作业了。不仅如此,他们制定战争计划的指标性海军力量还是无畏舰,哪怕后者在第一次世界大战爆发后的海战中基本上没有发挥海权理论家预想的作用,而仍然对德国和英国已经高度重视的潜艇的新情况缺乏必要的关注。这种迷信主流海军理论、思维僵化的参谋作业使得美国在参战之时只有已经过时的"黑色计划",也不了解协约国海军的作战情况。可以说,战争计划能力下降使得美国海军为世界大战准备了 20 年,在战争降临时却仍然没有做好准备。

第一次世界大战后,在海军作战部长的指导下,其战争计划处主要制定针对日本的"橙色计划",同时计划应对其他假想敌的进攻。由于海军战争学院制定的战争计划无法具体指导美国海军的军事行动,1918 年,其战争计划职能正式划归海军作战部长的战争计划处。在海军作战部长孔茨的指导下,这个新部门克服了前任海军作战部长强烈反英情绪的影响,主要制定针对日本的"橙色计划",同时也着手制定针对英国的"红色计划"以及针对日本和英国联合进攻的"红色-橙色战争计划"。其中,"红色-橙色战争计划"是以英国和日本的军事同盟为背景的,而如何解决这个战略问题则超出了军方的职责范围。可见,美国必须先采用外交手段拆解英日联盟,它才有可能实现在大西洋方向有效防御、在太平洋方向具有绝对进攻优势的国家安全战略目标。同时,强大起来的美国海军协同陆军制定了针对多个假想敌或假想敌的联合进攻、美国与潜在盟友进行联合军事行动的战争计划。这种应对多个假想敌和复杂国际政治环境变化的系列战争计划最终演变成“彩虹计划”(Rainbow Plan)。[112]海军作战部长所属部门制定战争计划的水平迅速提高,海军战争学院更为技术化。前者最终成为美国海军的总参谋部,后者彻底回归了鲁斯的建校初衷,仅仅作为美国海军的高级军官学院。

二、错误准备战争的美国海军

纯军事性的战争计划要求政府建造无出其右的主力舰队。战争计划是美国海军提出舰船建造要求的基础。即便总统已经明确指示海军不得挑战行政领导的政治权威,海军总委员会还是根据总是认为战列舰不足的“黑色计划”和“橙色计划”向文官领导提出建造主力舰的要求。在总统要求备战后,海军军官更是提出了建造 10 艘战列舰的规模空前的造舰计划。驱逐舰和其他小型战舰只是以辅助舰只的形式被要求建造的。海军部长虽然不懂海军,却在文官领导中直接代表海军。丹尼尔斯利用与海军事务资深国会议员的联系,全力为海军争取主力舰建造计划的通过。结果,海军的要求虽然在大海军派的支持下得到了满足,但是这些占用巨额预算的主力战舰不但没有赶上参加战争,而且在战争形态发生剧烈变化时,其建造计划也不得不被停下来。最后,许多战列舰和战列巡洋舰在船厂就被拆解或者被改造成其他用途的船只。可以说,技术化的指挥军官占绝对主导的美国海军军官团准备战争的方向出现了错误。这不但使得美国在战争面前没有做好准备,而且降低了文管领导对他们军事专业水平的认知,使海军遭到了小海军派的猛烈抨击。

海军政军高层对新兴海军力量的重视不够,军官团内部新的纷争也影响了美国海军准备下一场的战争。虽然美国海军对潜艇和飞机感兴趣,海军部长向国会提交的年度报告也一直提及潜艇和海军航空兵的建设要求,但是除了菲斯克等慧眼独具的高级将领和对新生事物存在浓厚兴趣的军官,美国海军普遍没有认识到新兴海军力量的实战价值。例如,温莱特海军少将粗暴地拒绝了菲斯克建立海军航空站的建议。[113]美国对潜艇和飞机的发展力度也远远不如德国。虽然潜艇和飞机在美国海军中的地位大为提高，尤其是海军航空兵成为新的主要战斗力量，尤其是有新成立的航空局(the Bureau of Aeronautics)专门负责海军航空兵事务，但是潜艇和航空兵还是从属于战列舰的。战列舰指挥官一直歧视和压制海军航空兵和潜艇军官，直到珍珠港事件爆发后才有所好转。尤其是，海军飞行员军官在晋升和待遇上受到传统指挥军官的压制，两者的斗争贯穿于两次世界大战之间美国海军的发展历程。[114]这不但制约了美国海军在"海军条约"时期的军事效能的提高，而且埋下了以后军种不合的诱因。

与英国表面对等的美国海军并没有做好应对日本进攻的准备。第一次世界大战结束后，各海军强国虽然极不情愿，但还是在继续艰难地建造主力舰队。到五国《限制海军军备协定》签署前的1922年1月，英国有42艘战列舰、10艘战列巡洋舰，计419艘军舰，总吨位近179万吨；美国有31艘战列舰，计468艘军舰，总吨位约为129万吨；日本有11艘战列舰、4艘战列巡洋舰，计112艘军舰，总吨位约为58万吨。[115]美国的舰队力量虽然看起来与英国一样，远超日本，但是由于要承担两洋防务，军事效能仍显不足。在《五国海军条约》签署后，美国虽然取得了与英国对等的地位，并且拆解了英日同盟，但是美国和日本的主力舰吨位维持在10∶6的比例，即美国52.5万吨，日本31.5万吨，美国海军失去了对日本海军的绝对优势。[116]虽然在吨位不超过1万吨的战舰数量和发展能力方面，美国远超日本，但是由于夏威夷至菲律宾之间的地区缺乏大型海军基地，美国有限的主力舰难以带领众多续航能力差的轻型舰船遂行对日反击作战任务。因此，美国对日本海军的相对军事效能不足将长期困扰美国海军发展。

三、国会偏向性的资源投入

在战争威胁加剧的情况下，国会向海军投入了具有偏向性的建设资源。虽然总统对海军建设缺乏热情，但是海军部长却一直在艰难地平衡狂热的海军军官团与对建设主力舰队态度内部差别很大的国会之间的关系。丹尼尔斯顺从南方的民主党大海军派议员，利用他们抵消小海军派议员的压力，自然要将造船订单交给这些大海军派代表的政府船厂。然而，在政府造船厂中，仅有布鲁克林造船厂能够建造大型无畏舰，且一次只能造一艘。为此，丹尼尔斯不得不赞同升级和改造产能低下的政府船厂。[117]可见，国会的建设资源投入很有偏向性，主要投向民主党支持的政府船厂，其中包括改建和扩建费用，而共和党支持的产能更高的私营船厂一度由于国会政治的干扰受到冷落。直到总统要求扩充舰队时，政府和私立的船厂才都拿到了足够的订单。不过，由于国会中海军总委员会成员的来源日益多元，在两党具有不同利益和偏好的大海军派议员的斗争与合作中，美国政府和私立的船厂、其他岸上设施遍布美国的东西海岸。这也为美国海军地位的巩固打下了坚实的基础。

一战结束后，国会立即纠正了海军一贯以战列舰为主要追求的海军建设路线，发展军事效能均衡、够用的海军力量。1918 年底，海军部提出恢复建造主力舰的海军建设要求，国会不为所动，仅仅批准改建 1 艘航空母舰和 1 艘飞机勤务船。紧接着，国会授权成立了航空局，并大力支持发展潜艇。这表明，不仅西姆斯、本森和孔茨等原来坚定的战列舰派认识到新型海军力量的作用，开始大力支持发展潜艇和航空兵，国会也在通过立法扶持美国新海军力量的发展。国会一些带有倾向性的行为明白无误地显示出立法领导在纠正海军有失偏颇的、以无畏舰为主的海军发展路径。从国会对待无畏舰的态度来看，无论美国是否参与国际海军裁军谈判，国会都将裁汰庞大的主力舰队，发展更为均衡和军事效能适度的海军舰队。然而，由于国会中的大海军派、海军军官团和海军相关产业集合而成的利益共同体已经非常成熟，美国海军的力量也仅次于皇家海军，且需要防卫最为广阔的区域，国会已经不可能将其裁汰到元气大伤的水平。不过，虽然国会不允许海军部整顿岸上设施，却设立了海军作战部长一职，并支持其集中权力。此外，在国会的支持下，海军部的组织结构也在进行微调。

在小海军派的反对下，海军军官团重新建设平衡海军的努力遇挫，只能以《五国海军条约》确立的比例建造舰队。海军高级将领意识到潜艇、飞机和轻型战舰对发展强大的海军力量的重要意义，因此希望以战列舰为核心，全面重建平衡的舰队。然而，小海军派指责海军错误地准备了战争，政府在世界大战后更应该把资源投入经济发展和改善民生方面，因而敦促总统参加国际裁军谈判。海军部虽然极力维护主力舰的建造计划，美国还是按照《五国海军条约》要求，让正在服役的 15 艘战列舰报废，停止建造 11 艘战列舰，并同意 10 年内不发展海军。[118]这使包括海军部前部长丹尼尔斯在内的绝大部分海军人士感到愤怒，这不仅是让假想敌以拆毁战舰的方式撕毁美国海军发展的蓝图，而且在太平洋部署 12 艘战列舰和大西洋部署 8 艘战列舰的分散措施也使海军的军事效能显得不足。[119]不过，美国海军中也不仅仅只有悲愤的声音。威廉·富拉姆(William F. Fullam)海军少将就赞赏道："我们终于不再执行为过时战争形势而在制定的战争计划，使我们能够建立一支未来战争所需要的海军。"[120] 1922 年底，美国海军部长登比更是根据国内外形势的变化拟定了"建立、维持和运行一支无出其右的海军力量，服从条约为限制海军军备所确立的主力舰标准"的海军建设政策。这也是美国海军与国会达成应该为维护美国的世界大国地位而建设强大海军后确立的第一个海军建设政策。[121]可以说，不仅英国承认了美国海军的头等地位，文官领导对于确保海军的新地位也有了基本共识，美国海军已经实现了崛起。

四、建设头等海军的效率

美国剧烈变化的海军建设政策基本上匹配了美国海军对于建设头等海军的军事效能需求。美国政府决定备战前，与国会交好的海军部长尽力确保了海军军官团对于海军军事效能的需求能够实现，即按照以往速度建设主力舰队。美国转向全面备战后，海军军官团提出建设无出其右的主力舰队的军事效能需求。在迫在眉睫的战争压力之下，行政和立法领导基本上接受了海军军官团的造舰要求。第一次世界大战结束后，虽然国会停止了对建造主力舰队的支持，并敦促总统参加国际裁军谈判，但是文官领导也达成了维持与英国海军对等的头等海军的共识。这表明，在不到 10 年的时间里，美国的海军建设政策虽然发生了剧烈变化，却一直在配合海军军官团按照战争计划对于海军军事效能的基本需求。更难能可贵的是，不但陆军和海军的军官团中都有杰出人士强烈要求发展"空中力量"，而且美国政府"从精神上到形式上”都在钻《五国海军条约》的空子。其中,国会不仅拨款将大型舰只改造成排水量超过条约限定的航空母舰,赞助研究新飞机,而且设立航空局,扩充海军航空队。[122]这不但使美国海军保住了头等海军的地位,而且在海军航空兵力上超过了英国。因此,虽然美国海军的军事效能一度严重偏离了战争要求,但是海军建设政策在剧烈的调整中却总体上匹配了战争计划的要求。

不过,在这一时期,美国海军建设成本几乎处于失控状态。美国海军重建以来,海军部尽量压低舰船建造成本,以有效利用公共资源。然而,没有海军和国会背景的丹尼尔斯得不到总统的坚强支持,且有求于代表政府船厂的国会议员。因此,海军部的大部分订单到了生产效率低下的政府船厂的手中。为了使后者提高生产能力,海军部甚至要投资对其进行升级改造。这无疑又是对公共资源的浪费。其间,技术更为先进、生产效率更高的私营船厂却由于国会政治得不到应有的造船订单。敢于对这种不合理和浪费状况提出异议的海军军官遭到了打压,代表私营船厂利益的国会议员也无力改变现状。此后,在美国全面备战的背景下,海军建设成本考虑让位于迅速提高海军军事效能的需求。第一次世界大战结束后,海军军官团和文官领导扭转以战列舰舰队为主力的发展方向,大力发展海军航空兵、潜艇和其他新型海军力量,以改变海军军事效能失衡的状况,海军建设成本仍然不是优先考虑因素。除了扭转海军对军事效能的不当需求以外,代表海军军工复合体利益的议员们更是努力为选区带回海军建设订单,毕竟大部分大海军派支持海军建设的初衷就是为选区争取海军利益。可见,虽然国会关注海军建设成本,但是在海军部处于弱势的情况下,美国海军建设很难低成本进行。

美国海军的战列舰舰队建设处于停滞状态,但是海军军事效能和建设效率趋于平衡,且都在优化。美国确立了与英国的战列舰对等地位,在《五国海军条约》的有效期内,即 1936 年底以前,没有新建一艘战列舰。[123]不过,世界已经回不到海权竞争时代以前的状态了,各国的海军竞赛暗流涌动。具体到美国,由于海军预算充足[124],美国不但着力于发展海军航空兵、潜艇等新兴海军力量,而且大力推进海军现代化。其中,最重要的是将舰队的动力由燃煤升级为燃油。这缓解了美国海军在夏威夷以西缺少海军基地的压力,大大提高了其针对日本的军事效能。[125]此外,同“黑暗年代”政府造船厂垄断舰船建造不同,已经成熟的军工复合体内部的政府企业和私营企业之间在“海军假日”(Naval Holiday)[126]时期也在进行激烈竞争。私营造船厂在竞争中胜出,成为美国舰船建造的主要企业,这有力地表明美国海军的建设效率得到了优化。不过,与此同时,美国海军的管理和指挥体系并没有发生显著变化。这些都表明,在“海军假日”时期,美国海军的军事效能和建设效率趋于优化而平衡地发展,但是二者的均衡发展却还远未实现。

第五节　小　　结

技术化的海军军官团误判了战争形态,错误地进行了战争准备。在战争迫近美国的情况下,精通技术、忽视历史且缺乏战略视野的海军军官脱离实际,制定针对德国和日本的战争计划,并以此要求文官领导建设以战列舰为主力的强大舰队。寄希望于外交手段的总统和顺从国会的海军部长最终满足了海军军官团的要求,一起推动由南方民主党大海军派主导海军政策制定的国会投入资源建设无可匹敌的、最够用的海军力量。然而,美国海军按照“黑色计划”建设的主力舰队根本不适应德国占据主动地位的无限制潜艇战。海军部紧急要求国会授权建造大量的驱逐舰、布雷舰和其他轻型舰只,并最终与协约国一道赢得了战争胜利。然而,海军军官长期推崇的海军建设计划受到了立法机关的质疑。尤其是,国会中的小海军派强烈反对继续进行脱离实际的主力舰队建设,公众也担心美国会继德国之后与英国进行海军竞赛。于是,在国会和公众的反对下,这种全力建造战列舰的海军发展路径也走到了尽头。

美国通过海军裁军谈判获得了与英国对等的海军地位,也重新确立了美国海军的发展方向。总统一直将海军作为实现外交政策的工具。第一次世界大战结束后,威尔逊将重启海军建设作为换取英国支持“十四点计划”的筹码。美国承诺尊重英国的海上地位,两国实现和解。哈定总统继任后,美国召集无力进行海军竞赛的英国、法国、日本、意大利进行海军裁军谈判。美国通过《五国海军条约》取得了与英国海军对等、压制日本海军和拆解英日同盟的外交胜利,却付出了拆解强大舰队的巨大代价。《五国海军条约》的严格约束限制了美国继续发展战列舰,也为美国发展潜艇和航空兵等新兴海军力量提供了契机。虽然美国海军暂时再次陷入发展的低潮期,但是其毕竟已经成为与英国主力舰吨位一样的头等海军。海军和国会也首次确立了为维护美国的世界大国地位而建设和维持无出其右的海军力量的海军政策。此后,海军军事效能和建设效率也在平衡而优化地发展。最终,在日益集权的海军作战部长的指导和文官领导的支持下,实现崛起的美国海军将随着国际形势的变化,最终成为世界上最强大的海军力量。

注释

1. William Laird Clowes, *The Royal Navy: A History from the Earliest Times to the Present*, *Vol.2*, London: Sampson Low, Marston and Company, 1898, pp.346—361.

2. [英]哈·麦金德:《历史的地理枢纽》,林尔蔚、陈江译,北京:商务印书馆 2010 年版,第 13 页。

3. 参见梅然:《德意志帝国的大战略》,第 334—335 页;Rolf Hobson, *Imperialism at Sea: Naval Strategic Thought, the Ideology of Sea Power, and the Tirpitz Plan, 1875—1914*, Boston: Brill Academic Publishers, 2002, pp.254—255;顾全:《再论"提尔皮茨计划":德国海权扩张战略中的缺陷与政治理性》,载《史学集刊》2015 年第 5 期,第 120—122 页。

4. Holger Herwig, *the "Luxury" Fleet: the Imperial German Navy, 1888—1918*, London: the Ashfield Press, 1980, pp.35—38."哥本哈根化"是指 1807 年 8 月,英国皇家海军袭击依附拿破仑的丹麦首都,扣押了丹麦舰队的主力,并将舰只拖回英国。参见 William Laird Clowes, *The Royal Navy: A History from the Earliest Times to the Present*, *Vol.5*, London: Sampson Low, Marston and Company, 1900, pp.212—217。

5. [美]杰克·斯奈德:《帝国的迷思:国内政治与对外扩张》,于铁军等译,北京:北京大学出版社 2007 年版,第 38、92—95 页。

6. 徐弃郁:《脆弱的崛起:大战略与德意志帝国的命运》(修订版),第 232—233 页。

7. 同上书,第 234—235 页;Arthur J. Marder, *Fear God and Dreadnought: The Correspondence of Admiral of the Fleet Lord Fisher of Kilverstone*, *Vol.II. Years of Power, 1804—1914*, London: Jonathan Cape, 1956, pp.19—21。

8. [美]乔纳斯·斯滕伯格:《哥本哈根情结》,载吴征宇编译:《〈克劳备忘录〉与英德对抗》,南宁:广西师范大学出版社 2014 年版,第 168—198 页。

9. 徐弃郁:《脆弱的崛起:大战略与德意志帝国的命运》(修订版),第 238—240 页。

10. Holger Herwig, *The "Luxury" Fleet: the Imperial German Navy, 1888—1918*, pp.35—38; "The Dreadnought Race 1905—1914," in Robert K. Massie, *Dreadnought: Britain, Germany, and the Coming of the Great War*, pp.909—911.

11. 英国海军部要确保主力舰数量超过德国海军 60%。参见[英]保罗·肯尼迪:《英国海上主导权的兴衰》,第 232—246 页。

12. Holger H. Herwig and David F. Trask, "Naval Operations Plans between Germany and the United States of America 1898—1913: A Study of Strategic Planning in the Age of Imperialism," in Paul M. Kennedy ed., *The War Plans of the Great Powers, 1880—1914*, p.60.

13. George T. Davis, *A Navy Second to None: The Development of Modern American Naval Policy*, pp.197—198.

14. Woodrow Wilson, "Message on Neutrality," August 19, 1914. Online by Gerhard Peters and John T. Woolley, The American Presidency Project. http://www.presidency.ucsb.edu/ws/?pid=65382.

15. [英]保罗·肯尼迪:《英国海上主导权的兴衰》,第 239 页。

16. 日本海军没有能力进攻美国本土,只能选择主力舰队以逸待劳的策略。"八八舰队"是指年龄不超过 8 年的 8 艘战列舰和 8 艘装甲巡洋舰,后来装甲巡洋舰被战列巡洋舰替代,以及全部辅助舰只。[日]麻田贞雄:《从马汉到珍珠港:日本海军与美国》,第 58—60 页。

17. Steven T. Ross, *American War Plans: 1890—1939*, p.81.

18. Outten Jones Clinard, *Japan's Influence on American Naval Power, 1897—1917*, pp.119—127;[日]麻田贞雄:《从马汉到珍珠港:日本海军与美国》,第 58—60 页。

19. [英]保罗·肯尼迪:《英国海上主导权的兴衰》,第 228—229 页。

20. [美]乔治·贝尔:《美国海权百年:1890—1990 年的美国海军》,第 52—54 页;Keith T. Ressa, *U.S. vs. The World: America's Color-Coded War Plans and the Evolution of Rainbow Five*, p.40。

21. George T. Davis, *A Navy Second to None: The Development of Modern American Naval Policy*, pp.204—205;[美]罗伯特·西格:《马汉》,第 526—527 页。

22. 章骞:《不列颠太阳下的美国海权之路》,第 224—226 页;[美]内森·米勒:《美国海军史》,第 229—236 页。

23. [美]亨利·J.亨德里克斯:《西奥多·罗斯福的海军外交　美国海军与美国世纪的诞生》,第 50—70 页;Samuel Flagg Bemis, *The Latin American Policy of the United States: An Historical Interpretation*, New York: Harcourt Brace and Company, 1943, pp.146—148。

24. Steven T, Ross, *American War Plans: 1890—1939*, pp.60—61.

25. Robert Greenhalgh Albion and Reed Rowena, *Makers of Naval Policy, 1798—1947*, p.339.

26. "The Zimmermann Telegram," National Archives, November 29, 2017, https://www.archives.gov/education/lessons/Zimmermann; Thomas Boghardt, *The Zimmermann Telegram: Intelligence, Diplomacy and America's Entry into World War I*, Annapolis: Naval Institute Press, 2012, pp.9—10;王立新:《踌躇的霸权:美国崛起后的身份困惑与秩序追求(1913—1945)》,北京:中国社会科学出版社 2015 年版,第 35—37 页。

27. Steven T. Ross, *American War Plans: 1890—1939*, p.62.

28. Lisle A. Rose, *the Age of Navalism*, 1890—1918, Preface; George T. Davis, *A Navy Second to None: The Development of Modern American Naval Policy*, pp.184—185.

29. Charles London, *Jutland 1916: the Clash of Dreadnought*, Oxford: Osprey Publishing Ltd., 2000, pp.38—87;章骞:《第一次世界大战海战年表》,载章骞:《第一次世界大战海战全史》,济南:山东画报出版社 2013 年版,第 628—634 页。

30. [美]诺曼·弗里德曼:《第一次世界大战中的海上对抗:战略、战术和技术》,石健译,北京:海洋出版社 2017 年版,第 68—76 页。

31. [英]保罗·肯尼迪:《英国海上主导权的兴衰》,第 263 页;William M. McBride, *Technological change and the United States Navy, 1865—1945*, p.69。

32. 章骞:《不列颠太阳下的美国海权之路》,第 224—226 页;[美]内森·米勒:《美国海军史》,第 310—316 页。

33. William M. McBride, *Technological change and the United States Navy, 1865—1945*, pp. 137—138;[英]保罗·肯尼迪:《英国海上主导权的兴衰》,第 263、267—268 页;[美]内森·米勒:《美国海军史》,第 229—236 页。

34. [美]霍尔格·赫维希:《德国追求海权的失败(1914—1945)》,载吴征宇编译:《〈克劳备忘录〉与英德对抗》,第 252—254 页。

35. Holger H. Herwig and David F. Trask, "Naval Operations Plans between Germany and the United States of America 1898—1913: A Study of Strategic Planning in the Age of Imperialism," in Paul M. Kennedy ed., *The War Plans of the Great Powers, 1880—1914*, pp.60—63.

36. Woodrow Wilson, "Address at the St. Louis Coliseum in St. Louis, Missouri," February 3, 1916. Online by Gerhard Peters and John T. Woolley, *The American Presidency Project*. http://www.presidency.ucsb.edu/ws/?pid=117297;[美]哈罗德·斯普雷特、[美]玛格丽特·斯普雷特:《美国海军的崛起》,第 322—323 页。

37. 其中,德国有 4 艘战列巡洋舰,4 艘战列巡洋舰在建;日本有 2 艘战列巡洋舰,2 艘战列巡洋舰在建。而美国均为现役装甲巡洋舰,落后于德日两国。Elwin A Silsby, *Naval Yearbooks, 1913—1914*, pp.853—854, 856.

38. Steven T. Ross, *American War Plans: 1890—1939*, pp.84—85.

39. Clay Blair Jr., *Silent Victory: U.S. Submarines in the Pacific, 1941—45*, Annapolis: Naval Institute Press, 2001, pp.24—26.

40. Ibid., 26—31; "History of Appropriations for Submarines and Surface Boats," in Elwin A Silsby, *Naval Yearbooks, 1920—1921*, pp.869—871.

41. Robert G. Albion, "The Administration of the Navy, 1798—1945," pp.300—301.

42. 随着技术发展,海军军官学院增设了大量的理工科课程。Leland P. Lovette, *School of the Sea: the Annapolis Tradition in American Life*, pp. 202—203; Ronald Spector, *Professors of War: The Naval War College and the Development of the Naval Profession*, p.113.

43. William M. McBride, *Technological change and the United States Navy, 1865—1945*, pp.33—34; L.H. Chandler, "Is Amalgamation a Failure? Being an Examination of the So-Called Proofs that Such is the Case, and a Defense of our Present Engineering Organization by the Commissioned Personnel of the Navy," *U.S. Naval Institute Proceedings*, 1905, Vol.31, No.4, pp.823—943.

44. Ronald Spector, *Professors of War: The Naval War College and the Development of the Naval Profession*, pp.125—126.

45. Ibid., p.127.

46. William L. Rodgers, "The Field of Work to be Filled by a Naval War College," *U. S. Naval Institute Proceedings*, 1911, Vol.37, No.2, pp.370—376.关于德国军事思想去政治化和技术化的研究,参见徐弃郁:《脆弱的崛起:大战略与德意志帝国的命运》,第 229—255 页;Jehuda Lothar Wallach, *The Dogma of the Battle of Annihilation: The Theories of Clausewitz and Schlieffen and their impact on the German Conduct of Two*

World Wars, Westport: Greenwood Press, 1986, pp.36—41。

47. Ronald Spector, *Professors of War: The Naval War College and the Development of the Naval Profession*, pp.131—132.

48. Ibid., pp.131—132; William P. Cronan, "The Greatest Needs of U. S. Navy: Proper Organization for the Successful Conduct of War, An Estimate of The Situation," *U.S. Naval Institute Proceedings*, Vol.42, No.4, 1916, p.1155.马汉强调,制定一切军事计划必须正确评估国际形势,海军军官必须通晓总的国际形势。[美]艾·塞·马汉:《海军战略》,第17—21页。

49. Josephus Daniels, *The Wilson Era: Years of Peace, 1910—1917*, pp.166—167.

50. [美]哈罗德·斯普雷特、[美]玛格丽特·斯普雷特:《美国海军的崛起》,第295—295页。

51. 1914年7月,英国拥有和在建76艘战列舰。Elwin A Silsby, *Naval Yearbooks, 1913—1914*, pp.851—852.

52. George T. Davis, *A Navy Second to None: The Development of Modern American Naval Policy*, pp.213—215.

53. Robert Greenhalgh Albion and Reed Rowena, *Makers of Naval Policy, 1798—1947*, pp.359—362.

54. Bradley A. Fiske, *From Midshipman to Rear Admiral*, pp. 480—481.

55. [美]斯蒂芬·豪沃思:《驶向阳光灿烂的大海:美国海军史(1775—1991)》,第366—367页;章骞:《不列颠太阳下的美国海权之路》,第319页。

56. Navy Department, *ARSN, 1915*, Washington D.C., United States Government Printing Office, 1915, pp.80—84; Navy Department, *ARSN, 1916*, Washington D.C., United States Government Printing Office, p.82.

57. [美]乔治·贝尔:《美国海权百年:1890—1990年的美国海军》,第66页。

58. William M. McBride, *Technological change and the United States Navy, 1865—1945*, pp.131—136.

59. Ibid., p.6;[美]斯蒂芬·豪沃思:《驶向阳光灿烂的大海:美国海军史(1775—1991)》,第396—398页。

60. Paul E. Pedisich, *Congress Buys a Navy: Politics, Economics, and the Rise of American Naval Power, 1881—1921*, p.209.

61. [美]乔治·贝尔:《美国海权百年:1890—1990年的美国海军》,第55页。

62. 同上书,第59—60页;George T. Davis, *A Navy Second to None: The Development of Modern American Naval Policy*, p.201。

63. Robert Greenhalgh Albion and Reed Rowena, *Makers of Naval Policy, 1798—1947*, p.218.

64. Ibid., pp.171—173; Paul E. Pedisich, *Congress Buys a Navy: Politics, Economics, and the Rise of American Naval Power, 1881—1921*, p.216.

65. Paul E. Pedisich, *Congress Buys a Navy: Politics, Economics, and the Rise of American Naval Power, 1881—1921*, pp.216, 218;[美]内森·米勒:《美国海军史》,第212页。

66. Navy Department, *Regulations for the Government of the Navy of the United States*, Washington: Government Printing Office, 1909, p.12; Robert Greenhalgh Albion and Reed Rowena, *Makers of naval policy, 1798—1947*, pp.171—172.

67. Peter Karsten, *The Naval Aristocracy: The Golden Age of Annapolis and the Emergence of Modern American Navalism*, pp.107—116.

68. Elting E. Morison, *Admiral Sims and the Modern American Navy*, pp.178—179.

69. Ibid., pp.282—284.

70. George T. Davis, *A Navy Second to None: The Development of Modern American Naval Policy*, pp.207—208;[美]斯蒂芬·豪沃思:《驶向阳光灿烂的大海:美国海军史(1775—1991)》,第371—372页;[英]保罗·肯尼迪:《英国海上主导权的兴衰》,第283页。

71. [美]斯蒂芬·豪沃思:《驶向阳光灿烂的大海:美国海军史(1775—1991)》,第387—388页;[美]乔治·贝尔:《美国海权百年:1890—1990年的美国海军》,第94—97页。

72. Edward S. Miller, *War Plan Orange: The U.S. Strategy to Defeat Japan, 1897—1945*, pp.82—83.

73. Robert Greenhalgh Albion and Reed Rowena, *Makers of Naval Policy, 1798—1947*, p.115.

74. Ibid., p.141.

75. Ibid., pp.222—223.

76. Paul E. Pedisich, *Congress Buys a Navy: Politics, Economics, and the Rise of American Naval Power, 1881—1921*, p.199.

77. Ibid., p.214;[美]哈罗德·斯普雷特、[美]玛格丽特·斯普雷特:《美国海军的崛起》,第297—298页。

78. George T. Davis, *A Navy Second to None: The Development of Modern American Naval Policy*, pp.264—267.

79. Ibid., pp.199—120; Elwin A. Silsby, *Naval Yearbooks, 1920—1921*, p.860.

80. 章骞:《不列颠太阳下的美国海权之路》,第333—338页;Robert Greenhalgh Albion and Reed Rowena, *Makers of Naval Policy, 1798—1947*, p.339。

81. Harley A. Notter, *The Origins of the Foreign Policy of Woodrow Wilson*, New York: Russell & Russell, 1965, p.303.

82. Paul E. Pedisich, *Congress Buys a Navy: Politics, Economics, and the Rise of American Naval Power, 1881—1921*, pp.205—207.

83. Paolo E. Coletta, "Josephus Daniels: 5 March 1913—5 March 1921", in Paolo E. Coletta, *American Secretaries of the Navy-Volume II, 1913—1972*, Annapolis: Naval Institute Press, 1980, p.530.

84. Gerald Wheeler, "Edwin Denby: 6 March 1921—10 March 1924", in Paolo E. Coletta, *American Secretaries of the Navy-Volume II, 1913—1972*, pp.584—585.

85. Peter Karsten, *The Naval Aristocracy: The Golden Age of Annapolis and the Emergence of Modern American Navalism*, pp.366—370.

86. [美]哈罗德·斯普雷特、[美]玛格丽特·斯普雷特:《美国海军的崛起》,第306—308页;George T. Davis, *A Navy Second to None: The Development of Modern American Naval Policy*, p.210。

87. George T. Davis, *A Navy Second to None: The Development of Modern American Naval Policy*, pp.270—272.

88. [美]斯蒂芬·豪沃思:《驶向阳光灿烂的大海:美国海军史(1775—1991)》,第360—363页。

89. Navy Department, *ARSN, 1913*, Washington D.C., United States Government Printing Office, 1913, pp.10—16.

90. Elwin A. Silsby, *Naval Yearbooks, 1913—1914*, p.787;[美]哈罗德·斯普雷

特、[美]玛格丽特・斯普雷特:《美国海军的崛起》,第 298 页。

91. Navy Department, *ARSN*, *1914*, Washington D.C., United States Government Printing Office, 1914, p.8.

92. George T. Davis, *A Navy Second to None: The Development of Modern American Naval Policy*, pp.213—214.

93. Steven T. Ross, *American War Plans: 1890—1939*, pp.63—65, 67—68.

94. Ibid., pp.56—60; Josephus Daniels, *Our navy at War*, Washington, D.C.: Pictorial Bureau, 1922, pp.46—52.

95. [美]乔治・贝尔:《美国海权百年:1890—1990 年的美国海军》,第 80 页;Elwin A. Silsby, *Naval Yearbooks, 1920—1921*, pp.863—868。

96. Paul E. Pedisich, *Congress Buys a Navy: Politics, Economics, and the Rise of American Naval Power, 1881—1921*, pp.204—205.

97. William Reynolds Braisted, *The United States Navy in the Pacific, 1909—1922*, pp.420—421; Robert Greenhalgh Albion and Reed Rowena, *Makers of Naval Policy, 1798—1947*, pp.225—226.

98. Robert William Love, *The Chiefs of Naval Operations*, Annapolis: Naval Institute Press, 1980, pp.13—14; Steven T. Ross, *American War Plans: 1919—1941*, New York: Garland and Publishing, INC, 1992, pp.3—6.

99. [美]乔治・贝尔:《美国海权百年:1890—1990 年的美国海军》,第 95—98 页;*Arthur J. Marder, From the Dreadnought to Scapa Flow, Volume 5: Victory and Aftermaths, 1918—1919*, Oxford: Oxford University Press, 1970, pp.228—231。

100. "八八八舰队"就是在"八八舰队"的基础上新增 8 艘舰龄均不超过 8 年的战列舰或战列巡洋舰。[日]麻田贞雄:《从马汉到珍珠港:日本海军与美国》,第 63—64 页;[美]乔治・贝尔:《美国海权百年:1890—1990 年的美国海军》,第 92 页。

101. Navy Department, *ARSN*, *1918*, Washington D.C., United States Government Printing Office, 1918, pp.32—33; Elwin A. Silsby, *Naval Yearbooks, 1920—1921*, p.869.

102. Arthur J. Marder, *From the Dreadnought to Scapa Flow, Volume 5: Victory and Aftermaths, 1918—1919*, pp.224—225.

103. William Reynolds Braisted, *The United States Navy in the Pacific, 1909—1922*, pp.545—548;[美]乔治・贝尔:《美国海权百年:1890—1990 年的美国海军》,第 92 页。

104. [美]斯蒂芬・豪沃思:《驶向阳光灿烂的大海:美国海军史(1775—1991)》,第 400—401 页;[美]内森・米勒:《美国海军史》,第 224—225 页。

105. George T. Davis, *A Navy Second to None: The Development of Modern American Naval Policy*, pp.273—274;[日]麻田贞雄:《从马汉到珍珠港:日本海军与美国》,第 68 页。

106. George T. Davis, *A Navy Second to None: The Development of Modern American Naval Policy*, pp.273—274; Harold and Margaret Sprout, *Toward a New Order of Sea Power: American Naval Policy and The World Scene, 1918—1922*, pp.115—117.

107. 美国的正式代表为国务卿查尔斯・休斯(Charles Evans Hughes),代表团其他成员有参议员亨利・卡波特・洛奇、参议员奥斯卡・安德伍德(Oscar Underwood)、参议员伊莱休・鲁特(Elihu Root)。"技术专家"有助理海军部长小西奥多・罗斯福(Theodore Roosevelt II)、海军作战部长孔茨海军上将和总委员会成员威廉・普拉特

(William V. Pratt)海军少将。海军总委员会提出的"基本计划"为保持美国和日本的主力战舰比为 10∶5。参见 George T. Davis, *A Navy Second to None: The Development of Modern American Naval Policy*, p.276; Robert Greenhalgh Albion and Reed Rowena, *Makers of Naval Policy, 1798—1947*, pp.229—231。

108. 虽然海军部在 1921 年增设了航空局(Bureau of Aeronautics),但是海军作战部长权力有限,海军管理制度仍然稳定。Robert William Love, *The Chiefs of Naval Operations*, pp.15—16, 31—32; Robert Greenhalgh Albion and Reed Rowena, *Makers of Naval Policy, 1798—1947*, pp.89—92.

109. Navy Department, ARSN, *1921*, Washington D.C., United States Government Printing Office, 1921, pp.7—8; Edward S. Miller, *War Plan Orange: The U.S. Strategy to Defeat Japan, 1897—1945*, pp.82—83.

110. David F. Trask, *Captains & Cabinets: Anglo-American Naval Relations, 1917—1918, Columbia: University of Missouri Press, 1972*, pp.165—168; Ronald Spector, *Professors of War: The Naval War College and the Development of the Naval Profession*, pp.144—147.

111. [日]麻田贞雄:《从马汉到珍珠港:日本海军与美国》,第 42—42 页;[美]约翰·查尔斯·史乐文:《"兴风作浪":政治、宣传与日本帝国的海军的崛起》,刘旭东译,北京:人民出版社 2016 年版,第 226、229—230 页。

112. Keith T. Ressa, *U.S. vs. The World: America's Color Coded War Plans and the Evolution of Rainbow Five*, Introduction.

113. [美]斯蒂芬·豪沃思:《驶向阳光灿烂的大海:美国海军史(1775—1991)》,第 376—377 页;Robert William Love, *The Chiefs of Naval Operations*, p.31。

114. William M. McBride, *Technological change and the United States Navy, 1865—1945*, pp.136—137.

115. Elwin A. Silsby, *Naval Yearbooks: 1920—1921*, p.898.

116. "Limitation of Naval Armament(Five-Power Treaty or Washington Treaty)," Library of Congress, http://www.loc.gov/law/help/us-treaties/bevans/m-ust000002-0351.pdf.

117. Paul E. Pedisich, *Congress Buys a Navy: Politics, Economics, and the Rise of American Naval Power, 1881—1921*, pp.222, 225.

118. [美]乔治·贝尔:《美国海权百年:1890—1990 年的美国海军》,第 109—110 页。

119. Josephus Daniels, *the Wilson Era: Years of Peace, 1910—1917*, p.587;[美]乔治·贝尔:《美国海权百年:1890—1990 年的美国海军》,第 117—118 页。

120. [美]斯蒂芬·豪沃思:《驶向阳光灿烂的大海:美国海军史(1775—1991)》,第 408 页。

121. Navy Department, *ARSN, 1922*, Washington D.C., United States Government Printing Office, 1922, pp.1—2.

122. Tami Davis Biddle, *Rhetoric and Reality in Air Warfare: The Evolution of British and American Ideas about Strategic Bombing, 1914—1945*, Princeton: Princeton University Press, 2002, pp.128—135;[美]斯蒂芬·豪沃思:《驶向阳光灿烂的大海:美国海军史(1775—1991)》,第 409—411 页。

123. [美]乔治·贝尔:《美国海权百年:1890—1990 年的美国海军》,第 153 页。

124. 美国海军在 1922—1936 年的预算水平相当于第一次世界大战前的 2—3 倍。参见 Budget of the US Navy: 1794 to 2014。

125. Kenneth J. Hagan, *In Peace and War: Interpretations of American Naval History, 1775—1978*, Westport: Greenwood Press, 1978, pp.223—225.

126. “海军假日”是指五国在《限制海军军备条约》的生效期(1923—1936年)内发展主力舰舰队受限，只能发展“条约型海军”的时期。参见，George T. Davis, *A Navy Second to None: The Development of Modern American Naval Policy*, p.341; Robert L. O'Connell, *Sacred Vessels: The Cult of the Battleship and the Rise of the U.S. Navy*, p.287。

第七章 结论

这个国家历史上第一次海军和国会有了一项明确的海军政策以及可供参考的海军军备标准。这一标准与我们作为世界大国的地位相称。

——埃德温·登比 美国第42任海军部长

美利坚合众国面对的每一个军事威胁都可以在她领土之外的海上解决。

——阿尔弗雷德·塞耶·马汉 美国海军少将、海权之父

通过对美国在重建海军(1882—1893)、建设新海军(1893—1901)、建设次等海军(1901—1913)和建设头等海军(1913—1922)等四个阶段海军军政精英围绕海军建设进行复杂互动的分析,本书为美国在1882—1922年间实现海军崛起的历程提供了新的解释。这项多案例研究不仅验证了以美国海军政军关系为基础提出的三个解释性推论,也具体化了双重文官领导下美国海军建设的基本模式。为了进一步增进对美国海军崛起历史的理解,便于实现知识的积累,本书将比较研究案例,总结这40年美国海军建设的历史特征和规律,继而提出美国海军建设有关的历史经验和理论启示。最后,本书将对整个研究进行简单评价,并探讨未来可以研究的议程。

第一节 比较美国海军建设的过程

在海权竞争趋于激烈的国际形势下,美国面临来自大西洋和太平洋两个方向的威胁。在双重文官领导的海军政军关系结构下,海军军

官团一直不遗余力地推动政府，尤其是国会，为应对外部威胁而建设强大的海军力量，在海军建设过程中一直起着首要作用。随着国际、国内环境变化，美国海军建设具有显著的阶段性特征。不过，作为一个连续的、海军军政精英共同参与的历史过程，美国海军建设有其明显的总体历史特征。

一、美国海军建设的背景

大国实力增长不平衡，全球性的权力竞争加剧是美国海军建设的国际背景。19 世纪 80 年代开始，工业革命不同程度地促进了主要大国的经济发展和社会进步，也显著却并非均衡地提升了这些国家的综合国力。新兴的德国、日本和美国不满英国和法国占有面积广大的殖民地和势力范围，要求重新确立世界秩序。国际权力格局出现震荡。与此同时，召开国际会议解决大国争端的冲突解决机制逐渐失灵。努力推行海外扩张政策的帝国主义列强开始由军事对峙转向军事对抗。在当时的军事水平下，海军这个具有国际性和战略性的军种既是海外扩张的有力工具，也是强国军事对抗的关键性力量。因此，德国和英国等主要海军强国掀起了一轮轮海军军备竞赛，直到第一次世界大战爆发。于是，随着国际海权竞争愈加激烈，美国的海外利益和本土安全均面临着来自大西洋和太平洋越来越严重的威胁。除了外部威胁实力增强的因素，美国的对外扩张也加大了自身的安全压力。

随着经济发展和社会进步，美国走上帝国主义扩张之路，并最终成为一个世界大国。这是美国进行海军建设的国内背景。经历了“镀金时代”的大发展，美国成为世界头号工业国家，但是工业和农业都出现了严重剩余。生产过剩引发了社会动荡。美国迫切需要为过剩的产能寻找国际市场，为持续发展寻找出路。于是，美国在 19 世纪 90 年代初开始大规模海外扩张。海外扩张使美国走出孤立，变成了需要保护殖民地和势力范围的帝国。同时，随着英国确保海洋秩序的“廉价海权”时代结束，美国原先担负保护海岸安全责任的存在舰队和保护海外商业利益的巡航舰队无力保护其在西半球的主导地位和在远东与太平洋地区的巨大利益。因此，面对英国、德国和日本等强大对手美国本土和海外利益的威胁,美国政府出于应对外部安全威胁的考虑,不得不认真回应国际海军竞争,提升美国海军的军事效能。即便第一次世界大战后,国会决意裁汰军事效能过剩的美国海军,海军部长登比依然表示海军和国会有了维持足以确保美国世界大国地位的基本海军建设政策共识。[1]这是因为此时美国已经成为利益遍布全球的世界大国,足够支持美国的世界大国政策,保护海外商业利益、大陆和海外财产的头等海军显然是美国海军军备的下限。

在国际海权竞争趋于激烈和美国海外利益不断扩大的背景下,美国海军建设本质上是海军军政精英为应对外部威胁而共同参与的国内政治过程。由于对手的实力消长和威胁美国的程度不一,海军军官团协助行政领导预设假想敌,并推动美国政府参照主要假想敌的实力变化进行海军建设。于是,美国建设海军的历史过程可以明显地被分为重建海军、建设新海军、建设次等海军和建设头等海军等目标不同的四个阶段。以美国海军军政精英互动的基本模式为分析框架,检验前文提出的解释性推论,这项研究既可以突出美国海军建设的阶段性特征,也可以呈现其中蕴含的在美国海军崛起过程中海军建设的共同历史性特征。

二、海军建设的阶段特征

在美国海军建设的四个阶段,海军建设目标并非完全实现。美国政府受到海军过于落后的刺激开始重建海军,然而,美国海军建设的目标却是模糊的。在海军重建的过程中,舰队发展由近岸防御-远洋巡航舰队向进攻性舰队转变,舰队力量得到更新,海军战争学院也开始预设假想敌并进行战争准备。美国海军初具强大海军的特征。不过,由于国会不情愿投入公共资源,海军重建只是确定了美国海军建设的方向。相比之下,美国在开始建设新海军之初就明确了海军要为对外政策提供支撑的总体目标,并着力打造进攻型舰队。结果,这支赶上国际海军发展潮流的海军力量不但足以为对外扩张提供支持,而且打赢了与西班牙的战争。针对日益强大的德国海军,美国确立了建设强于德国海军、弱于英国皇家海军的次等海军目标,并一度实现了这个目标。然而,受国内政治影响,美国海军被德国海军反超。在第一次世界大战爆发、美国利益受到侵犯的情况下,美国提出建设头等海军的宏大目标。然而,美国最后虽然实现了这个目标,但是这是通过国际海军军备谈判而非海军建设实现的。此后,大量裁军对美国海军来说也是一场灾难。

同海军建设目标的实现情况类似,美国海军的军事效能与海军建设效率的平衡发展状况不一。在努力实现海军建设目标的各个阶段,美国海军舰队实力和军事效能都迅速提高,然而,海军建设效率并没有随之稳定提高。在建设新海军和次等海军的阶段,从海军目标与军事效能的匹配情况、海军建设成本和海军建设的结果来看,海军军事效能与海军建设效率都趋于平衡发展。不过,在重建海军时期和建设头等海军时期,美国海军建设的浪费现象严重,效率低下,尤其是产能低下的政府船厂受到不应有的订单照顾,海军组织改革和指挥体系建设更是举步维艰、进展缓慢。这表明,同为应对外部威胁的海军军事效能不同,海军建设效率更受国内政治,尤其是国会政治影响,不仅很难迅速而稳定地提高,而且容易出现反复。因此,美国海军军事效能与海军建设效率的平衡发展虽然一直都是美国海军建设追求的理想目标,却从没有实现过。即便到了"海军条约"时期,美国海军也只是呈现出军事效能与建设效率趋于平衡发展的良好势头。

美国海军军政精英对海军的态度、在海军建设各阶段的偏好及其力量对比也是不同的。海军军官团一直在克服内部矛盾,推进海军建设,文官领导在海军建设中的作用则有很大差异。在海军重建和建设新海军时期,海军军官团中有思想家,却没有文官领导倚重的领军人物;国会中的大海军派在壮大,却不足以压倒国会中的小海军派,美国海军建设政策的制定和实施更多依赖行政领导,海军军官团联合文官领导,尤其是海军部长和国会中的大海军派,因而海军建设经常出现反复。在建设次等海军时期,海军至上主义者和海军权威西奥多·罗斯福事实上长期统筹美国海军建设,并带领海军军官团和国会实现海军建设目标。威廉·塔夫脱及其海军部长也在尽量延续罗斯福的海军建设政策。由于军工复合体的发展,国会中的大海军派也能够排除干扰,制定积极的海军建设政策,美国海军建设取得了突飞猛进的进展。与之对比,伍德罗·威尔逊仅仅将海军作为外交政策工具,国会中的大海军派议员也更多希望通过海军建设为选区赢得好处。他们都不惜为了实现各自目标牺牲海军的发展利益。尤其是,文官领导对海军部的改革态度不一,行政领导可能出于提高海军军事效能和海军建设效率的考虑,积极推动改革,而国会的态度总体上相对保守。这不仅是美国海军建设呈现出阶段性差异的重要原因,也使得美国海军建设在总体上呈现出鲜明的总体性特征。

三、海军建设的总体特征

在美国海军崛起时期,海军建设最为显著的特征是舰队的军事效能迅速急剧提升。在海权竞争时代,舰队是美国与假想敌进行军事对抗的基本力量,也是海军军官追求海军荣耀和职业发展的希望所在。因此,海军军官团和文官领导有不断建设更为强大的舰队的共同需求。此外,国会中的大海军派也需要通过支持造舰和建设为舰队活动提供支持的岸上设施来实现选区利益。一般情况下,国会中的小海军派很难阻止国会中的海军事务资深议员出于提高海军军事效能和瓜分"猪肉桶"而制定舰队扩张政策。因此,从海军重建伊始的1882年到实现与英国主力舰吨位对等的1922年,国会提供给海军的预算增长了约20倍。在充足的公共资源的支持下,美国海军逐渐实现了重建海军、建设新海军、建设次等海军和建设头等海军的目标,其实力从世界第12名跃居到与英国并驾齐驱的地位,并且在航空母舰发展上领先于英国。此后,美国仍然利用充足的预算对舰队进行现代化改造。由于舰队的卓越实力,美国海军终于在第二次世界大战结束时取代英国,成为新的海上霸主。[2]

与舰队力量突飞猛进形成鲜明对比的是,美国海军的管理与指挥体系改革则进展缓慢。美国海军部的管理是以分别负责军事行动与提供支持的事务局为基础的。从美国海军重建之初,分工不同的事务局不仅是指挥军官与技术军官之间斗争的平台,也是国会影响乃至干涉海军部行政管理工作的重要途径。因此,事务局的数量在40年间虽然有所增减,但是海军部的事务局管理体制并没有得到根本性改变。无论是助理海军部长、海军总委员会和海军作战部长都无法取得凌驾于事务局之上的法定权力，顶多由于个人威望或者在海军部长的首肯下取得暂时性的海军建设和军事行动的领导权。与海军管理体制改革相比，建立独立的海军指挥机构取得的进展更为缓慢。出于文官统制的考虑，行政和立法部门对海军军官团获得独立的指挥权十分警惕，技术军官不愿意指挥军官取得卓越地位，也阻挠后者实现建立海军指挥机构的要求。因此，指挥问题一直是美国海军建设的短板。事实上，管理与指挥体制改革相对滞后也严重影响了美国海军军事效能的提升。

作为应对外部威胁的关键，美国海军的舰队结构和部署也长期发展不均衡。首先，舰队发展处于结构失衡的状态。抛弃了“进攻—防御”均衡的海军建设理念后，美国很快就着手努力打造进攻型舰队，并取得了首场帝国主义战争的胜利。此后，随着主要假想敌实力增强，海军军官团和文官领导都将打造进攻型舰队作为美国海军建设的核心目标。于是，战列舰和装甲巡洋舰等主力战舰不断得到扩充，轻型战舰和辅助舰只的发展长期受到忽视。甚至在第一次世界大战已经爆发的情况下，美国海军依然没有对飞机和潜艇给予足够的重视。直到海军军政精英发现强大但结构失衡的舰队的军事效能并不适用于世界大战，才在战后大力发展新型海军力量、建造轻型水面舰只，弥补舰队结构失衡的状况。其次，美国舰队的力量部署也是失衡的。东海岸一直是美国防御的重点，也是国会海军建设利益的核心地带，美国长期将包括所有战列舰在内的主力舰队部署在大西洋方向，而在太平洋方向没有一艘战列舰。第一次世界大战后，美国确立了在大西洋方向有效防御、在太平洋方向掌握绝对优势的新理念，舰队经过重新部署才基本实现平衡。不过，由于国会中海军利益代表的阻挠，美国在夏威夷以西的太平洋上一直没有可以保障战列舰和航空母舰等大型舰只航行的大型海军基地。

总之，美国是在总体有利于海军建设的国际国内背景下提升海军军事效能的。为了应对外部威胁，海军军官团不遗余力地推动政府，尤其是国会，建设强大的海军力量。虽然经过约 40 年发展，美国成为与英国对等的头等海军强国，但是无论从舰队的军事效能来看，还是海军军事效能与海军建设效率的发展来看，美国海军都仍然处于失衡状态。

第二节　美国海军建设的机制与启示

美国政府不断进行海军建设,使之成为美国扩张海外利益乃至维护世界大国地位的有力工具。不过,美国海军的不均衡发展也表明,美国海军军政精英在海军建设中的偏好和自身诉求是不同的。进一步说,美国海军建设所呈现出的特征是美国海军建设规律的外在体现。考察这些一般性规律,可以揭示美国海军建设的内在机制。以理解美国海军建设的机制为基础,梳理美国海军崛起的历史对于理解分析美国海军建设的基本框架、海军如何准备战争和海军建设对权力转移的影响都有较强的启示性。

一、美国海军建设的历史规律

自我更新的海军军官团一直在不遗余力地推动美国政府进行海军建设。海军军官以海军为业,是美国海军的实际管理者和指挥者。无论是在"黑暗年代",还是在美国海军崛起的各个时期,海军军官团都是推动海军建设最积极的力量之一。他们为了海军事业和职业发展,秉持海军至上主义,动员一切社会力量,争取海军建设所需要的公共资源,在海军建设过程中起着最为积极的首要作用。对此,曾先后担任美国国务卿和陆军部长的史汀生(Henry Lewis Stimson)评价道:"海神是上帝,马汉是先知,美国海军则是他们唯一真正的神殿。"[3]海军至上主义形成于美国海军崛起时期,逐渐成为整个海军军官团的共同价值观。另外,在本书研究的这一段时期内,美国的海军军官几乎全部毕业于安纳波利斯海军军官学院。这种"兄弟连"式的海军军官团在新老军官、指挥军官与技术军官的代际更迭和斗争合作中实现了融合和现代化,并实现了海军理念和人才的更新。虽然此后海军军官团的来源逐渐多元化,但是毕业于安纳波利斯海军军官学院的候补军官仍然是其中的骨干。与时俱进的海军军官亲近媒体和公众,熟悉推动海军建设的政治操作,也同前辈一样,为实现海军事业和职业发展不遗余力地推动海军建设。

海军的行政领导通常愿意带领海军军官团推进美国海军建设。作为政府的行政分支，海军的行政部门负责制定海军运用政策，也是海军建设要求的提出者和沟通海军军官团和国会的主要渠道。美国总统是海军的总司令，海军部长代表海军行政部门领导海军，是海军建设的首要责任者。因此，为了使海军足以应对外部威胁，从包括切斯特·阿瑟到伍德罗·威尔逊在内的所有总统都对海军建设给予了不同程度的支持。事实上，总统的支持对于海军建设是必不可少的。且不说，西奥多·罗斯福总统带领海军军官团实现了美国海军建设的飞速发展，伍德罗·威尔逊总统对海军建设态度的改变也使得海军建设从缓慢推进到全速进行。不过，当总统无暇或者不愿意关注海军建设时，海军部长对海军建设的推动作用就非常明显且至关重要。幸运的是，在美国海军崛起过程中，海军部长都热心推动海军建设，并且各有所长。总之，总统和海军部长带领海军军官团推动海军建设的力度直接关乎美国海军建设政策的制定情况。

国会更多是出于议员的选区利益而非军事效能需求制定海军建设政策。作为政府的立法分支，国会是美国海军的组织者和赞助者，也是海军建设政策的制定者。国会虽然愿意为提高海军的军事效能支持海军军官团和行政部门的海军建设要求，但是国会议员却经常将选区利益置于海军发展利益至上。在美国海军的"黑暗时代"，国会拨付给了海军巨额的预算，但是这些钱财大多流入了混乱低效、腐败浪费的政府造船厂和修船厂等岸上设施。美国开始重建海军后，无论是国会中的大海军派和小海军派大多是基于选区利益来选择对于海军建设的立场和态度。小海军派多基于与海军发展存在竞争关系的国会利益反对海军建设，大海军派则努力为自己的选区争取海军建设的联邦公共资源。尤其是，大海军派议员在势必削减海军预算时，经常牺牲海军军事效能，维护选区海军岸上设施的正常运转，更不用说这些议员坚决反对海军部关停并转海军部所属的岸上设施。不过，海军军官团和行政部门正是抓住了国会议员的利益偏好，才得以最大限度联合了亲海军议员，有效推动国会制定积极进取的海军建设政策。

二、美国海军建设的内在机制

美国海军军政精英为对付外部威胁而提高海军军事效能。海军重建之初,美国尚缺乏假想敌意识,海军建设只是基于对海军落后状况的不满,而没有明确的针对对象。在海军崛起的过程中,从 1890 年开始,美国先后以英国(1890—1898)、德国(1898—1918)和日本(1918—1922)为主要假想敌,有针对性地进行海军建设。具体来说,对付主要假想敌的需要确立了美国海军军事效能的基本需求。美国海军军官协助行政领导根据外部威胁的程度和实力强弱,确立主要假想敌。然后,海军军官会在行政领导的授意和认可之下,制定针对主要假想敌的战争计划。继而,海军行政领导据此向国会提出海军建设要求。此外,除非次要假想敌与主要假想敌联合威胁美国,美国都不急于应对次要假想敌的威胁。不过,主次假想敌位序的变化将会使美国海军建设的方向发生根本性改变。需要指出的是,由于安全困境和认知局限,假想敌的威胁程度难以被察觉,主要假想敌的威胁甚至也可能是不真实的,如 1906 年后的德国对美国的威胁。因而,在实际操作中,美国主要依据主要假想敌的实力变化来推进海军建设。

美国政府对海军建设的态度因海军军政精英的立场和利益不同而发生变化。海军军官团出于海军事业和个人职业发展考虑,不仅希望针对所有假想敌进行海军建设,也希望使海军军事效能超出应对主要假想敌的需要。这样,海军就可以最大限度地获取公共资源。与之不同,以总统为首的行政领导虽然也需要提高海军军事效能,使海军足以应对外部威胁,但是行政部门需要用有限的公共资源实现多个政策目标,而海军建设仅是应对假想敌威胁的一种方式。于是,总统会审核海军军官团的海军建设要求,并适度地将其提交国会,争取满足一定海军军事效能需要的公共资源。作为联邦立法机构和海军建设政策的制定者,国会注重海军建设效率,即投入尽可能少的公共资源,建设足以应对主要假想敌威胁的海军力量。[4] 海军军官团、文官领导与立法领导即国会对于海军建设的立场、利益差异及变化导致美国政府对海军建设的态度变化,并塑造了美国在海军崛起时期不同阶段进行海军建设的历史效果。

具体来说，美国海军建设是一个平衡海军军政精英利益的国内政策过程。立场是利益的外在表现。虽然海军军官为了最大限度获取公共资源推动海军建设，但是海军军官团内部的利益并不统一。老派军官与新派军官、指挥军官与技术军官为职业发展和个人待遇而不断争斗，甚至不惜牺牲海军整体利益，阻挠海军建设进程。在老派军官退出历史舞台、技术军官融合进指挥军官后，这种争斗依然存在于水面舰艇指挥官与新兴的海军航空部队和潜艇的指挥官之间。行政部门既是海军的文官领导之一，也是美国海军的使用者。总统和海军部长是沟通海军军官团与国会的主要桥梁，其利益也游离于两者之间。因此，海军军官团若想推动海军建设，必须赢得行政领导支持。作为地方利益的集合体，国会主要出于议员们的选区利益而非军事效能需要制定海军建设政策。为此，既斗争又合作的海军军官团和希望适度提高海军军事效能的行政领导若要推动国会制定积极进取的海军建设政策，必须尽量扩大与位高权重的海军事务资深议员的共同利益，并减少国会中海军建设的阻力。可以说，美国的海军建设政策基本上是海军建设利益平衡的产物。由于需要平衡海军军政各方，尤其是国会议员的利益，海军建设效率自然难以得到稳步提高。

三、有关美国海军建设的启示

双重文官领导的政军关系结构下的海军军政精英利益互动是分析美国海军建设的基本框架。虽然美国海军建设的目标是应对外部威胁，但是海军建设政策制定却是由海军军政精英互动产生的。这本质上是一个国内政治过程。海军军官团、行政领导、立法领导和其他政治与社会精英出于海军情结、价值偏好和利益需求支持海军发展。不过，只有直接参与海军政策制定过程的海军军官、海军部长、总统和位高权重的海军事务资深议员等有限的海军军政精英才能对海军政策的制定产生直接而重大的影响，甚至可以决定海军政策，追求共同的海军利益则是他们合作的稳固基础。其他社会力量只能通过这些海军军政精英表达自己的利益诉求，而历史证明海军情结和偏好很难持久推动海军发展。通常情况下，在海军发展问题上不同的价值和立场也是特定利益的表达。比如,国会中的大海军派和小海军派议员的区别在于他们对海军建设的态度,这种态度差别更多源于其选区海军利益的多寡。根据1947年《国家安全法》,美国海军部被置于国防部的领导之下,参众两院的海军事务委员会也不再单独存在。[5]然而,海军仍然是一个独立的军种,以总统为首的行政部门、国会及议员们和海军军官团仍然有独立的海军建设利益。因此,双重文官领导下的海军军政精英基于自身利益的互动仍然应该是分析美国海军建设的基本框架。

高效率地进行海军建设是海军准备未来战争的基础。海军建设是海军力量运用的基础,海军建设符合未来战争要求则需要具有针对性。从美国海军崛起的历史看,美国采用预设假想敌的方式推进海军建设后,海军军官团制定并更新针对主要假想敌的战争计划,并据此协助行政领导向国会要求提高海军军事效能所需要的公共资源。这就使得美国海军建设的针对性加强,海军建设进程加快。然而,美国海军的舰队力量一直是失衡的,海军建设效能与军事效率也没有平衡发展。海军军官团是海军建设的发起者,国会是海军建设政策的制定者。一些海军军官和国会议员的不良互动对美国海军建设效率的提高产生了负面影响。技术化的海军军官团不顾国际形势变化,只针对主要假想敌的主力舰队实力而非威胁状况制定战争计划,并轻视非主力舰的发展,使美国海军建设逐渐偏离了未来战争的需要。国会议员竞相为选区争取"猪肉桶",甚至不惜牺牲海军利益,从而使海军建设政策偏离国会对海军建设效率的一贯关注。因此,准确预想未来战争情景的高水平的海军军官团和立足于国家利益的海军建设、政策才是高效率进行海军建设、有效提高海军军事效能的关键所在。

海军建设体现崛起国在权力转移过程中对于"崛起困境"的不同战略选择。[6]权力转移是否会引起霸权战争是国际关系研究经久不息的话题。[7]虽然权力转移是否会引发霸权战争尚无定论,但是崛起国在海军建设上的选择典型地体现出其对与霸权国关系的态度。具体来说,德国和美国同时在英国的霸权之下崛起,都面临着崛起困境。德国不仅推行世界政策,而且以英国为主要假想敌建设"公海舰队",并将其部署在英国侧翼。于是,意识到海上霸权甚至本土安全受到威胁的英国在全球实行战略收缩,专心应对德国的海军挑战。与德国不同,美国在坚决捍卫门罗主义的同时，在海外利益上尽量同英国达成妥协，且不以坚决捍卫海上霸权的英国为海军建设目标。美国和英国之间这种互相尊重核心利益的做法不但促成英美屡次实现和解，而且也为两国联合应对德国威胁创造了条件。英国和德国两败俱伤后，美国仍然避免强行推动权力转移，继续努力与英国和解，而非进行新的海军军备竞赛。最终，英美之间实现了权力和平转移；美国的成功经验，也就是德国的失败教训。德国和美国海军建设的不同结果表明，崛起国能否实现和平崛起，更多是战略抉择的结果。

可见，从政军关系角度分析美国海军崛起的历史，不但可以发现美国海军建设的一般性规律，而且可以揭示美国海军建设的内在机制。这些规律和机制支持本书提出的解释性推论，为理解美国海军崛起的历史提供了新的思路。以此为基础的一些启示更是可以为人们理解此后乃至当前的美国海军建设提供基本分析框架，也促使人们继续思考海军如何准备未来的战争和海军建设在权力转移过程中的作用等具有战略重要性的命题。

第三节　创新、不足与未来的研究

本书是运用前沿的政军关系理论分析美国海军崛起过程的历史解释性研究。这项前沿理论与经典历史相结合的研究有一些创新之处，也存在诸多难以克服的不足。在总结创新和不足之后，本书将探讨值得未来研究的议题。这些评估和探讨也很有可能有助于进一步地知识生产、批判和积累。

一、创新之处

第一，运用政军关系理论的科学分析框架对美国海军崛起进行案例研究。首先，提出以政军关系理论为基础的科学分析框架。政军关系理论一直因同义重复原则性主张、选择性获取案例和数据、过于关注文官统制军队、无法提供科学分析框架而受到批评。[8]因而，政军关系研究的科学化一直无法超越亨廷顿构建的“规范性理论”的范畴。本书以提供政军关系科学分析框架的既有学术努力为基础，界定了军事效能和建设效率等概念，继而以文官统制军队、军事效能和建设效率为基本概念，提出了政军关系的分析框架。这个科学分析框架不但有助于理顺文官制军、军队的军事效能和政府建设军队的效率之间的逻辑关系，而且也能够作为具体的案例研究的工具。其次，运用政军关系框架分析美国海军崛起的历史。由于美国海军介入国内政治事务的能力不足，美国政府不担心海军颠覆政治社会秩序。这使得海军军官团相较于陆军军官团有可能较为自主地追求独立的海军发展和个人升迁利益。不仅如此，政府也愿意建设海军，以维护国家安全和海外利益。因此，在文官统制军队成为海军建设的静态背景的情况下，本书运用军政关系分析框架，重点研究了海军军官团、行政部门和立法部门在海军建设方面围绕军事效能与建设效率的系统性互动。本书重点考察假想敌预设、战争计划和军事效能需求等稳定的因素，尽量避免选择性获取案例和数据的问题。

第二，系统地探究了海军军官团在美国海军崛起中的作用。以海军为业的美国海军军官团是海军建设的发起者和最积极的支持者之一。虽然既有学术研究大多肯定海军军官团特别是其领军人物在海军建设中的巨大作用，但是学术界对这一群体发挥的具体作用缺乏系统性研究。本书全面、细致地研究了美国现代海军军官团的演变历程，尤其是不同海军军官群体的特征、诉求与争斗，以及军官团的代际更迭情况。以此为基础，本书进一步探究了海军军官团在美国海军建设中的立场、利益和作用，特别是海军军官团在推动文官领导建设美国海军方面的不懈努力。从海军军官团角度切入并以之为主线探究美国海军崛起过程的研究在美国海军崛起历史的研究中具有首创性。同时，本研究也较为系统和令人信服地揭示了美国海军建设的若干历史特征、规律和内在机制。美国海军具有很强的发展传统。把握美国海军军官团的发展情况，认真探究其在海军建设中的作用对于研究整个美国海军发展史、理解当前美国海军的活动和建设情况也均有助益。

第三，重新解释美国海军崛起的历史。本书以政军关系理论为框架，以美国海军军官团为主线，有侧重地分析海军军官团、行政领导和立法领导围绕海军建设进行的互动，重新解释了美国海军崛起的历史过程。首先,避免了过度关注海军力量的运用政策。本项研究避免过度探讨海权、海战和海军战术等有关海军力量运用的政策,而是重点研究美国海军的预算、舰队建设、组织管理改革和指挥机构设置情况。海军建设是海军运用的基础,研究海军建设有助于深层次地理解美国海军的崛起。海军建设是美国国内政治精英应对外部因素变化的重要方面,此研究也有利于理解美国对外政策的变化。其次,重点分析了海军军官团与国会之间的互动。海军军官团是海军建设的发起者,国会是海军建设政策的制定者。重点分析两者的复杂互动使得本书能够清晰呈现美国海军建设一些新的基本特点和规律。不过,由于在美国的政军关系框架下,海军军官团一般要通过行政领导向立法领导表达海军建设需求,因此本书只能有侧重地分析海军军官团、行政领导与立法领导三者之间的密切互动。

二、研究不足

第一,缺少研究材料。政军关系研究一直受研究材料短缺所限,美国海军研究更是如此。有关海军军官团、战争计划制定和海军军工复合体的可靠研究成果和资料均十分稀缺。国会内部瓜分海军预算"猪肉桶"的情形在浩如烟海的国会文件中也记录较少。海军军官一般需要通过行政领导与国会打交道,他们违规进行的私下沟通更不可能留下文字记录。因此,阿尔比恩教授这样能够接触到海军政策制定当事人的海军部专家的研究成果才会被视为圭臬。为了克服资料不足的问题,本书尽量搜集时间跨度达百年以上的美国海军史资料,并参考既有可靠的研究成果,力求为历史解释性研究提供丰富的客观材料。其中,若干关键性文献和海军行政领导作用的研究为本项研究提供了支撑性材料。因此,研究资料不足使得本书存在研究主题耗散、海军军官团与国会的利益互动没有得到应有的充足研究的问题。不过,过多分析总统领导下的行政部门的作用,一方面是由于既有材料中关于海军建设的内容丰富,另一方面也是由于行政领导是沟通海军军官团与国会的主要渠道。

第二,缺乏研究背景。美国海军研究基本上由美国学者垄断,这主要是因为他们不仅接近历史事件,也有接近事件当事人的便利。因此,本项研究也存在非美国学者面临的远离美国历史和社会而产生的种种不便,尤其是本人对美国海军的传统及在社会生活中的地位和作用缺乏直观了解。这也加剧了研究资料不足的问题。本研究涉及的事件基本上发生在100年前,涉及的当事人均已不在人世,研究所需要的史实更无法还原。不过,相较于当代美国问题研究,这既是研究的不利条件,也是便利条件。历史不会改变,可以通过尽可能获得材料来了解历史。一些军事机密,如战争计划,早已解密,既有学术成果和传记对敏感历史事件和位高权重的当事人的述评也更为客观。即便努力克服学习和生活背景缺乏产生的问题,本书仍然难以克服文化背景缺乏的不足。这项研究并非产生于美国的文化环境之中,缺乏对美国海军的人文和社会感知。因此,虽然本书的主题是社会科学研究,但是其中一些观察难免发生不易察觉的偏颇。这些由于研究背景缺乏导致的不足,只能在后续研究中通过积累学术知识和社会经验来改进。

第三,研究结论尚不成熟。研究结论的不成熟主要是由时间有限和知识不足造成的。作为博士学位论文,本书从确定研究主题到研究基本完成只花费了不到3年的时间。虽然这对于完成一个具体研究时间较为充裕,但是对于钻研一个需要大量知识积累的专门领域是远远不够的。海军建设研究不仅涉及海军历史,而且涉及海军政策、海权学说和海军技术等诸多内容。政军关系也是一个需要细致钻研的精深领域。这些均需要经年累月的学习和研究才可能初窥门径,为了避免在有限的时间内,由于知识积累不足而难以实现研究目的,本书基本上采用以海军史为基础、以海军军政精英互动为框架来研究海军建设的路径,基本上不涉及具体的海战和海军技术分析。虽然在有限的时间内,尽力系统而客观地分析研究对象,并提出了有关美国海军崛起历史的新解释,但是在继续深化研究之前,本书的研究结论仍然是初步的、不成熟的。比如,由于缺乏经济学背景,本书无法对海军建设效率进行量化分析,而是依据历史数据和海军建设成果进行描述性衡量。

三、未来的研究

第一,继续历史性的海军研究。海军是具有历史传统的国际战略军种。进行历史性的海军研究不仅有助于了解海军发展的历史特点和规律,也有助于从源头探究现代海军的问题。首先,继续研究美国海军的建设问题。美国海军是当今世界上最强大的海军力量,其许多行为方式形成于海军崛起时期,如预设假想敌并进行海军建设。因此,美国海军史,尤其是海军崛起的历史,仍值得深入挖掘。其次,研究美国海军崛起时期其他国家海军发展的历史。在海权竞争时代,主要海军强国都在进行主力舰队建设。比如,各国海军军官团都不遗余力地推动海军建设。[9]由于海军军官团是海军的直接管理者和指挥者,比较海军军官团在海军建设中的推动作用,不仅是可能的,而且十分必要。再次,研究海军列强不同的海军建设政策。不同的海军建设政策不仅使得大国在海权竞争中成败各异,而且直接影响它们在国际权力格局调整中的战略选择,因而有必要继续对 19 世纪末 20 世纪初的海军建设情况进行深入的国别研究和比较研究。

第二,深入进行海军政军关系相关研究。本项研究证明,政军关系理论是分析海军发展的有效理论框架,因此可以使用这一理论框架深入进行美国和其他国家的海军政军关系研究。首先,继续进行美国的海军政军关系研究。美国海军双重文官领导的基本政军关系结构一直比较稳定。当前,美国海军建设仍然是由海军军官团发起,主要通过行政领导推动,在立法机构的公共资源支持下进行的。因此,有必要改进基于双重文官领导的分析框架,并运用其分析当前的美国海军建设。其次,深入分析海权竞争时代海上强国的海军建设决策情况。同德国海军元帅提尔皮茨一样,美国海军上将、海军作战部长本森也是极度仇视英国的人物,后者在一战后仍要求美国与英国进行海军竞赛。为何提尔皮茨能够使德国几乎倾社会之力与英国展开争夺海洋霸权的海军竞赛,而本森的要求只能停留在个人愿望阶段?对德国和美国的海军政军关系尤其是政军关系结构进行深入研究,不仅有助于回答这个问题,也有助于解释德国和美国崛起带来的不同结果。再次,拓展海军政军关系研究的适用范围。在研究海军政军关系的基础上,修改理论框架并将其应用于分析陆军、空军和其他军种的建设也是未来可进一步研究的方向。

总之,本项研究有一定创新性,也存在不足,未来的研究仍需继续创新,以弥补现有研究的不足,并开拓新的研究议题。本书运用政军关系分析框架解释美国海军崛起,以得出符合历史事实的结论。接下来,进一步完善的政军关系理论及框架也可以为更广泛的海军建设和其他军事建设提供分析框架。随着材料和知识积累,美国海军史、其他海军强国的海军建设情况和中美海上安全等相关内容都将是本书后续研究的重要议题。

注释

1. Naval Department, *ARSN*, *1922*, p.2.

2. Thomas B. Buell, *Master of Sea Power: A Biography of Fleet Admiral Ernest J. King*, New York: Little, Brown & Company, 1980, pp.505—506.

3. Henry Lewis Stimson, *On Active Service in Peace and War*, New York: Harper & Brothers, 1948, p.505.

4. 陈永:《假想敌与美国海军建设》,第 58—59 页。

5. 左希迎:《美国军事制度变迁的逻辑》,第 77—79 页;Robert Greenhalgh Albion and Reed Rowena, *Makers of Naval Policy*, *1798—1947*, p.30。

6. "崛起困境"是指崛起过程中,崛起国既要保证综合实力上升、影响力扩展,又要尽可能降低外部安全压力的两难局面。孙学峰:《中国崛起困境:理论思考与战略选择》(第2版),北京:社会科学文献出版社 2013 年版,第 24 页。

7. 对于权力转移引发霸权国与崛起国之间战争的代表性论述,参见孙学峰:《战略选择与崛起国战略透支》,载《战略决策研究》2017 年第 3 期,第 32—33 页;[美]斯蒂芬·范·埃弗拉:《战争的原因:权力与冲突的根源》,何曜译,上海:上海人民出版社 2014 年版,第 88—101 页;[美]约翰·米尔斯海默:《大国政治的悲剧》(修订版),王义桅、唐小松译,上海:上海人民出版社 2014 年版,第 34—35 页;Robert Gilpin, *War and Change in World Politics*, Cambridge: Cambridge University Press, 1981, Chapter 5。

8. Thomas C. Bruneau, "Impediments to conceptualizing civil-military relations," in Thomas C. Bruneau and Florina Cristiana Matei, eds., *The Routledge Handbook of Civil-Military Relations*, pp.15—18.

9. 代表性的研究成果有[美]约翰·查尔斯·史乐文:《"兴风作浪":政治、宣传与日本帝国的海军的崛起》;Holger H. Herwig, *German Naval Officer Corps: A Social and Political History*, *1890—1918*, Oxford: Oxford University Press, 1973; Lawrence Sondhaus, "The Spirit of the Army at Sea: The Prussian-German Naval Officer Corps, 1847—1897," *The International History Review*, Vol.17, No.3, 1995, pp.459—484; Lawrence Sondhaus, "The Austro-Hungarian Naval Officer Corps, 1867—1918," *Austrian History Yearbook*, Vol.XXIV, 1993, pp.51—78。

附　录

附录一　美国总统、海军部长任职表(1861—1924年)

总　　统	党　派	任　期	海军部长	任　期
亚伯拉罕·林肯	共和党	1861.3.4—1865.4.15	吉迪恩·韦尔斯	1861.3.7—1865.4.15
安德鲁·约翰逊	共和党	1865.4.15—1869.3.4	吉迪恩·韦尔斯	1865.4.15—1869.3.3
尤利西斯·S.格兰特	共和党	1869.3.4—1877.3.4	阿道夫·E.博里	1869.3.9—1869.6.25
尤利西斯·S.格兰特	共和党	1869.3.4—1877.3.4	乔治·E.罗伯逊	1869.6.26—1877.3.12
拉瑟福德·B.海斯	共和党	1877.3.4—1881.3.4	理查德·W.汤普森	1877.3.13—1880.12.20
拉瑟福德·B.海斯	共和党	1877.3.4—1881.3.4	小内森·戈夫	1881.1.7—1881.3.6
詹姆斯·A.加菲尔德	共和党	1881.3.4—1881.9.19	威廉·H.亨特	1881.3.7—1882.4.16
切斯特·A.阿瑟	共和党	1881.9.19 1885.3.4	威廉·E.钱德勒	1882.4.16—1885.3.6
格罗弗·克利夫兰	民主党	1885.3.4—1889.3.4	威廉·C.惠特尼	1885.3.7—1889.3.5
本杰明·哈里森	共和党	1889.3.4—1893.3.4	本杰明·F.特雷西	1889.3.6—1893.3.6
格罗弗·克利夫兰	民主党	1893.3.4—1897.3.4	希拉里·A.赫伯特	1893.3.7—1897.3.5
威廉·麦金莱	共和党	1897.3.4—1901.9.14	约翰·D.朗	1897.3.5—1901.9.14

(续表)

总　　统	党　派	任　期	海军部长	任　期
西奥多·罗斯福	共和党	1901.9.14—1909.3.4	约翰·D.朗	1901.9.14—1902.4.30
			威廉·H.穆迪	1902.5.1—1904.6.30
			保罗·莫顿	1904.7.1—1905.6.30
			查尔斯·J.波拿巴	1905.7.1—1906.12.16
			维克托·H.梅特卡夫	1906.12.17—1908.11.30
			杜鲁门·H.纽伯里	1908.12.1—1909.3.5
威廉·塔夫脱	共和党	1909.3.4—1913.3.4	乔治·冯·L.迈耶	1909.3.6—1913.3.4
伍德罗·威尔逊	民主党	1913.3.4—1921.3.4	约瑟夫·丹尼尔斯	1913.3.5—1921.3.5
沃伦·哈定	共和党	1921.3.4—1923.8.2	埃德温·登比	1921.3.6—1923.8.2
卡尔文·柯立芝	共和党	1923.8.2—1929.3.4	埃德温·登比	1923.8.2—1924.3.10

资料来源:作者自制。

附录二 美国国会海军事务委员会主席任职表(1861—1924 年)

参议院海军事务委员会(SNAC)主席一览表(1861—1924 年)

年份	国会届别	SNAC 主席	党派	州	进SNAC前任参议员年数	主席前任委员年数	任主席年数	在SNAC总年数	任参议员总年数
1861—1864 年	37—38	约翰·P.黑尔	共和党	新罕布什尔州	8	4	4	8	16
1865—1869 年	39—41	詹姆斯·W.格兰姆斯	共和党	爱荷华州	2	3	6	8	10
1870—1876 年	41—44	阿隆·H.克拉金	共和党	新罕布什尔州	—	5	7	12	12
1877—1878 年	45	阿隆·H.萨金特	共和党	加利福尼亚州	—	4	2	6	6
1879—1880 年	46	约翰·R.麦克弗森	民主党	新泽西州	—	2	4	18	18
1881—1890 年	47—51	J.唐纳德·卡梅伦	共和党	宾夕法尼亚州	—	—	14	20	20
1891—1892 年	52	约翰·R.麦克弗森	民主党	新泽西州	—	2	4	18	18
1893—1896 年	53—54	J.唐纳德·卡梅伦	共和党	宾夕法尼亚州	—	—	14	20	20
1897—1908 年	55—60	尤金·黑尔	共和党	缅因州	2	14	12	27	30
1909—1912 年	61—62	乔治·C.珀金斯	共和党	加利福尼亚州	—	16	4	22	22
1913—1917 年	63—65	本杰明·R.蒂尔曼	民主党	南卡来罗纳州	—	18	5	23	23
1918 年	65	克劳德·A.斯旺森	民主党	弗吉尼亚州	1	7	1	22	23
1919—1922 年	66—67	卡罗·佩奇	共和党	佛蒙特州	3	8	4	12	15
1923—1924 年	68	弗雷德里克·黑尔	共和党	缅因州	—	6	9	24	24

众议院海军事务委员会(HNAC)主席一览表(1861—1924年)

年份	国会届别	HNAC主席	党　派	州	进HNAC前任众议员年数	主席前任委员年数	任HNAC主席年数	在HNAC总年数	任众议员总年数
1861—1862年	37	查斯·B.塞奇威克	共和党	纽约州	—	2	2	4	6
1863—1866年	38—39	亚历山大·H.赖斯	共和党	马萨诸塞州	2	2	4	6	8
1867—1868年	40	弗雷德里克·A.派克	共和党	缅因州	—	6	2	8	8
1869—1874年	41—43	格伦尼·W.斯科菲尔德	共和党	宾夕法尼亚州	6	1	7	8	12
1875—1880年	44—46	沃什·C.惠特霍恩	民主党	田纳西州	—	4	6	14	16
1881年	47	本杰明·W.哈里斯	共和党	马萨诸塞州	2	6	2	8	10
1882年	47	本杰明·W.哈里斯	共和党	马萨诸塞州	2	6	2	8	10
1883—1884年	48	塞缪尔·S.考克斯	民主党	纽约州	25	—	2	2	27
1885—1888年	49—50	希拉里·A.赫伯特	民主党	亚拉巴马州	8	—	6	8	16
1889—1900年	51—56	查斯·A.鲍特尔	共和党	缅因州	—	6	8	18	18
1901—1910年	57—61	乔治·E.福斯	共和党	伊利诺伊州	—	6	10	18	22
1911—1918年	62—65	莱缪尔·帕吉特	民主党	田纳西州	4	6	8	17	21
1919—1924年	66—68	汤姆斯·S.巴特勒	共和党	宾夕法尼亚州	—	22	9	31	31

资料来源：Robert Greenhalgh Albion and Reed Rowena, *Makers of Naval Policy*: *1798—1947*, Naval Institute Press, 1980, pp.635—637.

附录三　美国最高军事指挥官任职表(1862—1927年)

姓　　名	职　　位	任　　期	军衔
查尔斯·H.戴维斯	航海局局长	1862.7—1865.4	少将
珀西瓦尔·德雷顿	航海局局长	1865.4—1865.8	上校
戴维·D.波特	航海局局长	1865.8	少将
索顿·A.詹金斯	航海局局长	1865.8—1869.4	准将
詹姆斯·奥尔登	航海局局长	1869.4—1871.10	少将
丹尼尔·阿门	航海局局长	1871.10—1878.6	准将
威廉·D.怀廷	航海局局长	1878.6—1889.10	准将
约翰·D.沃克	航海局局长	1889.10—1889.11	上校
弗朗西斯·M.拉姆齐	航海局局长	1889.11—1897.4	准将
阿伦特·克劳宁希尔德	航海局局长	1897.4—1902.4	准将
亨利·C.泰勒	航海局局长	1902.4—1904.8	准将
乔治·A.康弗斯	航海局局长	1904.8—1907.5	少将
威廉·H.布朗森	航海局局长	1907.5—1908.1	少将
约翰·E.皮尔斯伯里	航海局局长	1908.1—1909.7	少将
威廉·P.波特	航海局局长	1909.7—1909.12	少将
雷金纳德·F.尼科尔森	航海局局长	1909.12　1912.1	少将
菲利普·安德鲁斯	航海局局长	1912.1—1913.3	少将
布拉德利·A.菲斯克	海军作战助理	1913.2—1915.4	少将
威廉·S.本森	海军作战部长①	1915.5—1919.9	上将
罗伯特·E.孔茨	海军作战部长	1919.11—1923.7	上将
爱德华·W.埃伯利	海军作战部长	1923.7—1927.11	上将

资料来源:作者自制。

① 1915年5月,威廉·本森被晋升为海军少将,担任首任海军作战部长。1916年8月,国会通过法案,规定海军作战部长必须由海军上将担任。随即,本森被晋升为海军上将。1919年11月,罗伯特·孔茨接替本森为海军作战部长,被晋升为海军上将。1923年7月,爱德华·埃伯利上将接替孔茨出任海军作战部长。以后,这一美国海军的最高军事指挥均由海军上将以上将领直接担任。Robert William Love, *The Chiefs of Naval Operations*, pp.6—7, 27, 39.

附录四 美国海军预算流程(1861—1947年)

1861—1921年	1922—1947年
1. 海军部各局主官准备本部门预算条目,并提交海军部长。	1. 海军部长要求以海军作战部长准备的作战部队计划为基础评估预算。
2. 部长办公室评估并报请部长决定海军总预算需求。	2. 海军部预算官员与各局的主官、预算官协商预算评估。
3. 海军部长将海军预算评估提交给负责联邦政府预算的财政部长。财政部长与总统商定“预算评估书”。	3. 按照预算局的建议修改预算评估,报请海军部长批准。
4. 总统将预算评估书提交给众议院议长。	4. 海军部长将预算评估提交白宫预算局局长。
5. 海军预算评估被交给众议院海军事务委员会(1861—1864年,筹款委员会;1865—1884年、1921年,拨款委员会)。	5. 预算审查官就预算项目的正当性举行非正式听证会,然后提出建议。
6. 负责委员会传唤海军部官员和海军军官,听证具体海军预算需求的正当性。	6. 预算局局长听取审查委员会建议,并与总统商讨后决定最终的预算建议。
7. 负责委员会起草海军拨款法案。	7. 总统在国会开幕时向国会提交国家预算。
8. 众议院将经讨论后通过的海军拨款法案交给参议院。	8. 海军预算需求被交给众议院拨款委员会下属的海军分委员会。
9. (1) 参议院议长将众议院的海军拨款法案交给参议院海军事务委员会(1861—1867年,财政委员会;1868—1898年、1923—1947年,拨款委员会);	9. 海军分委员会组织听证会。
9. (2) 参议院议长就众议院海军拨款法案征询海军部长意见。	10. 海军分委员会起草海军预算法案,拨款委员会进行修改。
10. 参议院负责委员会就拨款法案简单举行听证会。	11. 众议院讨论和通过海军预算法案,交给参议院。

(续表)

1861—1921 年	1922—1947 年
11. 参议院讨论、修改并通过海军拨款法案。	12. 参议院将众议院的海军预算法案交给拨款委员会的海军分委员会(1922年,海军委员会)并征求海军部长意见。
12. 参众两院制定协商委员会就拨款法案达成一致。	13. 负责(分)委员会举行听证会。
13. 众议院和参议院先后通过达成折中的海军拨款法案。	14—17. 与 1885—1921 年程序的 10—13 相同。
14. 总统签署海军拨款法案。法案生效,财政部设立会计账目,拨付款项。	18. 预算局在总统根据总统的建议审查国会通过的预算。总统签署生效,财政部设立会计账目,拨付款项。
15. 海军新财年开始。	19. 海军新财年开始。

资料来源:Robert Greenhalgh Albion and Reed Rowena, *Makers of Naval Policy: 1798—1947*, Naval Institute Press, 1980, pp.629—630.

附录五　美国海军、美国陆军和英国海军的平均年度军费(1861—1939 年)

	总计(单位:百万美元)			年度平均数(单位:百万美元)		
时　　期	美国海军	美国陆军	英国海军	美国海军	美国陆军	英国海军
1861—1865 年	326.65	2 737.85	295.11	65.33	547.57	59.02
1866—1897 年	714.82	1 516.53	1 984.96	22.34	47.39	62.03
1898—1899 年	224.59	284.97	224.59	61.38	142.49	112.30
1900—1916 年	1 875.91	1 924.03	3 871.57	110.35	113.18	227.74
1917—1919 年	3 520.78	14 108.81	3 761.94	1 173.59	4 702.94	1 253.98
1920—1939 年	8 725.04	8 287.32	7 164.40	436.25	414.37	358.22

资料来源：Robert Greenhalgh Albion and Reed Rowena，*Makers of Naval Policy：1798—1947*，Naval Institute Press，1980，p.628.

参考文献

一、中文文献

列宁:《帝国主义是资本主义的最高阶段》,中共中央编译局编译,北京:人民出版社2014年版。

[美]阿伦·米利特、彼得·马斯洛斯基和威廉·费斯:《美国军事史(1607—2012)》,张淑静等译,北京:解放军出版社2014年版。

[美]A.T.马汉:《海权对历史的影响(1660—1783)》,安常容、成忠勤译,张志云、卜允德校,北京:解放军出版社2014年版。

[美]艾·塞·马汉:《海军战略》,蔡鸿幹、田常吉译,北京:商务印书馆2017年版。

[美]艾伦·布林克利:《美国史》,邵旭东译,海口:海南出版社2014年版。

[英]保罗·肯尼迪:《英国海上主导权的兴衰》,北京:人民出版社2014年版。

[意大利]贝奈戴托·克罗齐:《历史的理论与实际》,傅任敢译,北京:商务印书馆1982年版。

陈永:《假想敌与美国海军建设》,载《世界经济与政治》2017年第12期。

丁则民:《"新"、"旧"资本主义交替时期的美国——〈内战与镀金时代的美国〉序》,载《东北师大学报》(哲学社会科学版)1989年第4期。

董问樵:《国防经济论》,北京:北京理工大学出版社2007年版。

高民政等:《军事政治学导论》,北京:时事出版社2010年版。

顾全:《再论"提尔皮茨计划":德国海权扩张战略中的缺陷与政治理性》,载《史学集刊》2015年第5期。

[英]哈·麦金德:《历史的地理枢纽》,林尔蔚、陈江译,北京:商务印书馆2010年版。

[美]哈罗德·斯普雷特、[美]玛格丽特·斯普雷特:《美国海军的崛起》,

王忠奎、曹菁译,上海:上海交通大学出版社 2015 年版。

[美]亨利·J.罗德里克斯:《西奥多·罗斯福的海军外交——美国世纪与美国外交的诞生》,王小可、章放维、郝晨璞译,北京:海军出版社 2015 年版。

洪陆训、段复初主编:《军队与社会关系》,台北:时英出版社 2002 年版。

胡波:《2049 年的中国海上权力:海洋强国的崛起之路》,北京:中国发展出版社 2015 年版。

[美]加里·金、罗伯特·基欧汉、悉尼·维巴:《社会科学中的研究设计》,陈硕译,上海:格致出版社 2014 年版。

[美]杰克·斯奈德:《帝国的迷思:国内政治与对外扩张》,于铁军等译,北京:北京大学出版社 2007 年版。

[美]凯文·乔恩·费尔南德伦:《美国例外论或大西洋共同体——特纳与美国史研究中的一个恒久议题》,载《史学理论研究》2004 年第 2 期。

[英]柯林伍德著,扬·冯·德·杜森编:《历史的观念》,何兆武、张文杰和陈新译,北京:北京大学出版社 2010 年版。

[美]劳伦斯·桑德豪斯:《德国海军的崛起:走向海上霸权》,Naval+译,北京:艺术与科学电子出版社 2013 年版。

刘永涛:《美国国会和总统的关系》,上海:上海人民出版社 2010 年版。

[美]罗伯特·杰维斯:《系统效应:政治与社会生活中的复杂性》,李少军、杨少华、宫志雄译,上海:上海人民出版社 2008 年版。

[美]罗伯特·卡根:《危险的国家:美国从起源到 20 世纪初的地位》,袁胜育等译,北京:社科文献出版社 2016 年版。

[美]罗伯特·西格:《马汉》,刘学成等译,北京:解放军出版社 1998 年版。

[英]罗恩·史密斯:《军事经济学:力量与金钱的相互作用》,孙建中译,北京:新华出版社 2010 年版。

[美]罗杰·H.戴维森等:《美国国会:代议制政治与议员行为》(第 14 版),刁大明译,北京:社会科学文献出版社 2016 年版。

吕德宏:《从思想到行动:美军战略研究》,北京:长征出版社 2012 年版。

[日]麻田贞雄:《从马汉到珍珠港:日本海军与美国》,朱任东译,北京:新华出版社 2015 年版。

梅然:《德意志帝国的大战略》,北京:北京大学出版社 2016 年版。

[美]内森·米勒:《美国海军史》,卢如春译,北京:海洋出版社 1985 年版。

[美]诺曼·弗里德曼:《第一次世界大战中的海上对抗:战略、战术和技

术》,石健译,北京:海洋出版社 2017 年版。

[美]乔治・贝尔:《美国海权百年:1890—1990 年的美国海军》,吴征宇译,北京:人民出版社 2014 年版。

[美]塞缪尔・亨廷顿:《军人与国家:政军关系的理论与政治》,李晟译,北京:中国政法大学出版社 2017 年版。

[美]斯蒂芬・范・埃弗拉:《政治学研究方法指南》,陈琪译,北京:北京大学出版社 2006 年版。

[美]斯蒂芬・范・埃弗拉:《战争的原因:权力与冲突的根源》,何曜译,上海:上海人民出版社 2014 年版。

[美]斯蒂芬・豪沃思:《驶向阳光灿烂的大海:美国海军史(1775—1991)》,王启明译,北京:世界知识出版社 1997 年版。

孙学峰:《中国崛起困境:理论思考与战略选择》(第 2 版),北京:社会科学文献出版社 2013 年版,第 24 页。

孙学峰:《战略选择与崛起国战略透支》,载《战略决策研究》2017 年第 3 期。

王华:《萨摩亚争端与大国外交:1871—1900》,北京:中国社会科学出版社 2008 年版。

王立新:《踌躇的霸权:美国崛起后的身份困惑与秩序追求(1913—1945)》,北京:中国社会科学出版社 2015 年版。

王绳祖主编:《国际关系史》第 3 卷(1871—1918),北京:世界知识出版社 1995 年版。

吴征宇编译:《〈克劳备忘录〉与英德对抗》,南宁:广西师范大学出版社 2014 年版。

徐弃郁:《脆弱的崛起:大战略与德意志帝国的命运》(修订版),北京:新华出版社 2014 年版。

徐弃郁:《帝国定型:美国的 1880—1890》,南宁:广西师范大学出版社 2014 年版。

袁明主编:《国际关系史》,北京:北京大学出版社 2005 年版。

袁鹏:《论镀金时代美国社会思潮之主流》,载《北方论丛》1997 年第 2 期。

[美]约翰・米尔斯海默:《大国政治的悲剧》(修订版),王义桅、唐小松译,上海:上海人民出版社 2014 年版。

[美]约翰・查尔斯・史乐文:《"兴风作浪":政治、宣传与日本帝国的海军

的崛起》,刘旭东译,北京:人民出版社 2016 年版。

[美]詹姆斯·布拉德利:《1905 年帝国巡游:美国塑造亚太格局的伏笔》,刘建波译,北京:北京联合出版公司 2016 年版。

章骞:《第一次世界大战海战全史》,济南:山东画报出版社 2013 年版。

章骞:《不列颠太阳下的美国海权之路》,上海:上海交通大学出版社 2016 年版。

赵学功:《第一次委内瑞拉危机与美英关系》,载《历史教学》2003 年第 4 期。

朱本源:《历史学理论与方法》(修订本),北京:人民出版社 2012 年版。

二、英 文 文 献

——(1998) *The Declaration of Independence & The Constitution of the United States*, New York: Bantam Dell.

Ahmadypour, Zahra Mohammad Reza Hafeznia and Reza Juneidi(2010) "Representing Imaginary Enemy: A Geopolitical Discourse," *Geopolitics Quarterly*, Vol.6, No 4.

Albion, Robert G.(1945) "The Administration of the Navy, 1798—1945," *Public Administration Review*, Vol.5, No.4.

——(1952) "The Naval Affairs Committees, 1816—1947," *U.S. Naval Institute Proceedings*, Vol.78, No.11.

Albion Robert Greenhalgh and Reed Rowena(1980) *Makers of Naval Policy: 1798—1947*, Naval Institute Press.

Apt, Benjamin L.(1997) "Mahan's Forebears: The Debate over Maritime Strategy, 1868—1883," *Naval War College Review*, Vol.50, No.3.

Art, Robert A.(1965) *The Great White Fleet: Its Voyage Around the World, 1907—1909*, Boston: Little Brown.

Bailey, Thomas A.(1939) "Dewey and the Germans at Manila Bay," *The American Historical Review*, Vol.45, No.1.

Banks, William C. and Stephen Dycus(2016) *Soldiers on the Home Front The Domestic Role of the American Military*, Cambridge: Harvard University Press.

Barker, Rodney(2007) *Making Enemies*, New York: Palgrave Macmillan.

Bartlett, Laurence Wood Ⅲ(2011) *Not Merely for Defense: The Creation of the New American Navy, 1865—1914*, Ph.D. dissertation, Texas Christian University.

Beach, Derek and Rasmus Brun Pedersen(2013) *Process-Tracing Methods: Foundations and Guidelines*, Ann Arbor: University of Michigan Press.

Beckley, Michael(2010) Economic Development and Military Effectiveness, *Journal of Strategic Studies*, Vol.33, No.1.

——(2017) "The Emerging Military Balance in East Asia: How China's Neighbors Can Check Chinese Naval Expansion," *International Security*, Vol.42, No.2.

Beers, Henry P.(1943.) "The Bureau of Navigation, 1862—1942," *The American Archivist*, Vol.6, No.4.

Bemis, Samuel Flagg(1943) *The Latin American policy of the United States: An Historical Interpretation*, New York: Harcourt Brace and Company.

——(1998) *Beneath the United States: A History of U.S. Policy toward Latin America*, New York: Bemis Harcourt, Brace and Company.

Bennett, Andrew(2010) "Process Tracing and Causal Inference," in Henry Brady and David Collier, eds, *Rethinking Social Inquiry: Diverse Tools, Shared Standards*, Lanham: Rowman and Littlefield.

Biddle, Tami Davis(2002) *Rhetoric and Reality in Air Warfare: The Evolution of British and American Ideas about Strategic Bombing, 1914—1945*, Princeton: Princeton University Press,

Blair, Clay Jr.(2001) *Silent Victory: U.S. Submarines in the Pacific, 1941—45*, Annapolis: Naval Institute Press.

Boghardt, Thomas(2012) *The Zimmermann Telegram: Intelligence, Diplomacy and America's Entry into World War I*, Annapolis: Naval Institute Press.

Bönker, Dirk(2001) "Admiration Enmity and Cooperation: U. S. Navalism and the British and German Empires before the Great War," *Journal of Colonialism and Colonial History*, Vol.2, No.1.

Bradford,(1990) James C. *Admirals of the New Steel Navy: Makers of the American Naval Tradition, 1880—1930*, Annapolis: Naval Institute Press.

Braisted, William Reynolds(1958) *The United States Navy in the*

Pacific, 1897—1909, Austin: University of Texas Press.

——(1971) *The United States Navy in the Pacific, 1909—1922*, Austin: University of Texas Press.

Brien, Phillips O.(1998) *British and American Naval Power: Politics and Policy, 1900—1936*, Santa Barbara: ABC-CLIO.

Brooks, Linton F.(1986) "Naval Power and National Security: The Case for the Maritime Strategy," *International Security*, Vol.11, No.2.

Brooks, Risa A. and Elizabeth S. Stanley, eds.(2007) *Creating Military Power: The Sources of Military Effectiveness*, Palo Alto: Stanford University Press.

Bruneau, Thomas C. and Florina Cristiana Matei(2013) *The Routledge Handbook of Civil-Military Relations*, London & New York: Routledge.

Buell, Thomas B(1980) *Master of Sea Power: A Biography of Fleet Admiral Ernest J. King*, New York: Little, Brown & Company.

Burk, James(2002) "Theories of Democratic Civil-Military Relations," *Armed Forces & Society*, Vol.29, No.1.

Calvert, Monte(1967) *The Mechanical Engineer in America, 1830—1910: Professional Cultures in Conflict*, Baltimore: Johns Hopkins University Press.

Campbell Charles Jr(1957) *Anglo-American Understanding: 1898—1903*, Baltimore: the Hopkins Press, 1957.

Campbell, Colton C. and David P. Auerswald, eds.(2015) *Congress and Civil-Military Relations*, Washington, DC: Georgetown University Press.

Chandler, L.H.(1905) "Is Amalgamation a Failure? Being an Examination of the So-Called Proofs that Such is the Case, and a Defense of our Present Engineering Organization by the Commissioned Personnel of the Navy," *U.S. Naval Institute Proceedings*, Vol.31, No.4.

Chisholm, Donald(2001) *Waiting for Dead Men's Shoes: Origins and Development of the U.S. Navy's Officer Personnel System, 1793—1941*, Stanford: Stanford University Press.

Clinard, Outten Jones(1947) *Japan's Influence on American Naval Power, 1897—1917*, Berkeley and Los Angeles: University of California Press.

Clowes, William Laird(1898) *The Royal Navy: A History from the Earliest Times to the Present*, *Vol.2*, London: Sampson Low, Marston and Company.

——(1900) *The Royal Navy: A History from the Earliest Times to the Present*, *Vol.5*, London: Sampson Low, Marston and Company.

Clark, William Bell ed.(1966) *Naval Documents of the American Revolution*, Vol.2, Washington, D.C.: Government Printing Office.

Clymer, Kenton J.(1975) *John Hay*, *The Gentleman as Diplomat*, Ann Arbor The University of Michigan Press.

Coletta, Paolo E.(1980) *American Secretaries of the Navy: Volume* Ⅰ *1775—1913*, Annapolis: Naval Institute Press.

——(1980) *American Secretaries of the Navy-Volume* Ⅱ, *1913—1972*, Annapolis: Naval Institute Press.

——(1987) *A Survey of U.S. Naval Affairs*, *1865—1917*, Lanham: University Press of America.

Collier, David(2011) "Understanding Process Tracing," *Political Science & Politics*, Vol.44, No.4.

Cooling, Benjamin Franklin(1979) *Gray Steel and Blue Water Navy: Formative Years of America's Military-industrial Complex*, *1881—1917*, Hamden: Archon Books.

Cronan, William P.(1916) "The Greatest Needs of U. S. Navy: Proper Organization for the Successful Conduct of War, An Estimate of The Situation," *U.S. Naval Institute Proceedings*, Vol.42, No.4.

Curry, Roy(1968) Watson *Woodrow Wilson and Far Eastern Policy*, *1913—1921*, New York: Octagon Books. Inc.

Daniels, Josephus(1922) *Our Navy at War*, Washington, D.C.: Pictorial Bureau.

——(1944) *The Wilson Era: Years of Peace*, *1910—1917*, Chapel Hill: University of North Carolina Press.

Davis, George T.(1940) *A Navy Second to None*, *The Development of Modern American Naval Policy*, New York: Harcourt, Brace and Company.

Davis, Vincent(1967) *The Admirals Lobby*, Chapel Hill: University of North Carolina Press.

Department of Defense (2018), *Summary of 2018 National Defense Strategy*, Washington DC, January.

Desch, Michael C. (1999) *Civilian Control of the Military: The Changing Security Environment*, Baltimore: The Johns Hopkins University Press.

Doorn, Jacques Van(1965) "The Officer Corps: A Fusion of Profession and Organization," *European Journal of Sociology*, Vol.6, No.2.

Earle, Ralph(1917) *Life at the U.S. Naval Academy: The Making of the American Naval Officer*, The Nickerbocker Press.

Ekirch, Arthur A. Jr(2010) *The Civilian and the Military: A History of the American Anti-Militarist Tradition*, Oakland: Independent Institute.

Esthus, Raymond A. (1970) *Theodore Roosevelt and the International Rivalries*, Waltham: Ginn-Blaisdell, A Xerox Company.

Feaver, Peter D. and Richard H. Kohn, eds.,(2001) *Soldiers and Civilians: The Civil-Military Gap and American National Security*, Cambridge: MIT Press.

——(2003) *Armed Servants: Agency, Oversight, and Civil-Military Relations*, Cambridge: Harvard university press.

Finer, Samuel E. (2002) *The Man on Horseback: The Role of the Military in Politics*, New Brunswick: Transaction Publishers.

Fiske, Bradley A. (1905) "Torpedo Tubes in Battleships," *U.S. Naval Institute Proceedings*, Vol.31, No.1.

——(1905) "Torpedo Tubes in Battleships," *U.S. Naval Institute Proceedings*, 1905, Vol.31, No.4.

——(1919) From Midshipman to Rear Admiral. New York: Century Co.

Garraty, John A.(1953) *Henry Cabot Lodge: A Biography*, New York: Alfred A. Knopf.

Gibson, Christopher P.(2008) *Securing the State, Reforming the National Security Decisionmaking Process at the Civil-Military Nexus*, Burlington: Ashgate Publishing Company.

Gilpin, Robert(1981) *War and Change in World Politics*, Cambridge: Cambridge University Press.

Grenville, J. A. S.(1961) "Diplomacy and War Plans in the United States, 1890—1917," *Transactions of the Royal Historical Society*, Vol.11.

Grove, Eric J. (2015) *The Royal Navy since 1815: A New Short History*, Palgrave Macmillan.

Hackember, Hobson Kurt(2001) *the U.S. Navy and the Origins of the Military-Industrial Complex, 1847—1883*, Annapolis: Naval Institute Press.

Hagan, Kenneth J.(1978) *In Peace and War: Interpretations of American Naval History, 1775—1978*, Westport: Greenwood Press.

——(1992) *This People's Navy: The Making of American Sea Power*, New York: The Free Press.

Herwig, Holger H.(1973) *German Naval Officer Corps: A Social and Political History, 1890—1918*, Oxford: Oxford University Press

——(1976) *Politics of Frustration: The United States in German naval planning, 1889—1941*, Boston: Little, Brown and Company.

——(1980) *the "Luxury" Fleet: the Imperial German Navy, 1888—1918*, London: the Ashfield Press.

Hobson, J. A.(2005) *Imperialism: A Study*, New York: Cosimo, Inc.

Hobson, Rolf(2002) *Imperialism at Sea: Naval Strategic Thought, the Ideology of Sea Power, and the Tirpitz Plan, 1875—1914*, Boston: Brill Academic Publishers, 2002.

Hoyt, Edwin P.(1976) The Lonely Ships: The Life and Death of the U.S. Asiatic Fleet, New York: David McKay Company, Inc.

Karsten, Peter(2008) *The Naval Aristocracy: The Golden Age of Annapolis and the Emergence of Modern American Navalism*, Annapolis: Naval Institute Press.

Kennedy, Paul(1988) *The Rise and Fall of the Great Powers: Economic Change and Military Conflict from 1500 to 2000*, London: Unwin Hyman.

—— ed.(2014) *The War Plans of the Great Powers, 1880—1914*, New York: Routledge.

Kuehn, John T.(2010) "Revive the General Board of the Navy," *U.S. Naval Institute Proceedings*, Vol.136 No.10.

——(2014) *America's First General Staff: A Short History of the Rise and Fall of the General Board of the U.S. Navy, 1900—1950*, Annapolis: Naval Institute Press.

Lambi, Ivo Nikolai (1984) *The Navy and German Power Politics, 1862—1914*, Winchester: Allen & Unwin, Inc.

Lasswell, Harold D. (1941) "The Garrison State," *The American Journal of Sociology*, Vol.46, No.4.

Linz, Juan J. (1978) *The breakdown of democratic regimes: Crisis, breakdown, and reequilibration*, Baltimore: Johns Hopkins University Press.

Livermore, Seward W. (1944) "American Naval-Base Policy in the Far East 1850—1914," *The Pacific Historical Review*, Vol.13, No.2.

London, Charles(2000) *Jutland 1916: The Clash of Dreadnought*, Oxford: Osprey Publishing Ltd.

Lovette, Leland P.(1941) *School of the Sea: the Annapolis Tradition in American Life*, New York: Frederick A. Stokes Company.

Love, Robert (1980) William *The Chiefs of Naval Operations*, Annapolis: Naval Institute Press.

Luce, S. B.(1888) "Naval Administration," *U.S. Naval Institute Proceedings*, Vol.14, No.3.

Mahan, A. T. (1890) "The United States Looking Outward," *The Atlantic Monthly*, Vol.66, No.12.

——(1906) "Reflections, Historic and Others" U.S. Naval Institute Proceedings, Vol.32, No.2.

——(1912) "The Naval War College," The North American Review, Vol.196, No.680, 1912.

Marder, Arthur J.(1956) *Fear God and Dreadnought: The Correspondence of Admiral of the Fleet Lord Fisher of Kilverstone. Vol.Ⅱ. Years of Power, 1804—1914*, London: Jonathan Cape.

——(1961) *From the Dreadnought to Scapa Flow, Volume 1: The Road to War, 1904—1914*, Oxford: Oxford University Press.

——(1970) *From the Dreadnought to Scapa Flow, Volume 5: Victory and Aftermaths, 1918—1919*, Oxford: Oxford University Press.

Massi Robert K. (1991), *Dreadnought: Britain, Germany, and the*

Coming of the Great War, New York: Random Housem.

McBride, William M.(2000) *Technological Change and the United States Navy, 1865—1945*, Baltimore: the John Hopkins University Press.

McCann, W.P.(1890) "Report of Policy Board," *U.S. Naval Institute Proceedings*, Vol.16, No.2.

Miller, Edward S.(1991) *War Plan Orange: The U.S. Strategy to Defeat Japan, 1897—1945*, Annapolis: Naval Institutive Press.

Morgan, H. Wayne(1963) *William McKinley and his America*, Syracuse: Syracuse University Press.

——(1967) *America's Road to Empire: The War with Spain and Overseas Expansion*, New York: John Wiley and Sons, Inc.

Morison, Elting E.(1942) *Admiral Sims and the Modern American Navy*, Boston: Houghton Mifflin Company.

——(1946) "Naval Administration in the United States," *U.S. Naval Institute Proceedings*, Vol.72, No.10.

——ed.,(1951) *The Letters of Theodore Roosevelt*, Vol.1, Cambridge: Harvard University Press.

——ed.,(1951) *The Letters of Theodore Roosevelt*, Vol.4, Cambridge: Harvard University Press.

——ed.,(1952) *The Letters of Theodore Roosevelt*, Vol.6, Cambridge: Harvard University Press.

Moser, John E. Twisting(1999) *The Lion's Tail: Anglophobia in the United States, 1921—48*, London: Palgrave Macmillan.

Murdock, J.B.(1903) "Torpedo Tubes in Battleships," U.S. Naval Institute Proceedings, Vol.29, No.3.

Murray, Williamson Kenneth H. Watman, Allan R. Millett(1986) "The Effectiveness of Military Organizations," *International Security*.

Navy Department(1870) Regulations for the Government of the United States Navy, 1870, United States Government Printing Office, March 31.

——(1878) *Annual Reports of the Navy Department. Report of Secretary of the Navy*(ARSN), 1878, Washington D.C., United States Government Printing Office.

——(1889) *ARSN 1889*, Washington D.C.: United States Government Printing Office.

——(1893) *ARSN*, *1893*, Washington D.C.: United States Government Printing Office.

——(1894) *ARSN*, *1894*, Washington D.C.: United States Government Printing Office.

——(1900) *ARSN*, *1900*, Washington D.C.: United States Government Printing Office.

——(1901) *ARSN*, *1901*, Washington D.C.: United States Government Printing Office.

——(1907) *ARSN*, *1907*, Washington D.C.: United States Government Printing Office.

——(1909) *Regulations for the Government of the Navy of the United States*, Washington: Government Printing Office.

——(1909) *ARSN*, *1909*, Washington D.C.: United States Government Printing Office.

——(1910) *ARSN*, *1910*, Washington D.C.: United States Government Printing Office.

——(1911) *ARSN*, *1911*, Washington D.C.: United States Government Printing Office.

——(1912) *ARSN*, *1912*, Washington D.C.: United States Government Printing Office.

——(1913) *ARSN*, *1913*, Washington D.C.: United States Government Printing Office.

——(1914) *ARSN*, *1914*, Washington D.C.: United States Government Printing Office.

——(1915) *ARSN*, *1915*, Washington D.C.: United States Government Printing Office.

——(1916) *ARSN*, *1916*, Washington D.C.: United States Government Printing Office.

——(1918) *ARSN*, *1918*, Washington D.C.: United States Government Printing Office.

——(1921) *ARSN, 1921*, Washington D.C.: United States Government Printing Office.

——(1922) *ARSN, 1922*, Washington D.C.: United States Government Printing Office.

Neeser, Robert W.(1917) "The Department of the Navy," *The American Political Science Review*, Vol.11, No.1.

Niblack, A.P.(1902) "The Tactics of the Gun," U.S. Naval Institute Proceedings, Vol.28, No.4.

Nielsen, Suzanne C. and Don M. Snider(2009) *American Civil-Military Relations: The Soldier and the State in a New Era*, Baltimore: The Johns Hopkins University Press.

Notter, Harley A.(1965) The Origins of the Foreign Policy of Woodrow Wilson, New York: Russell & Russell.

O'Connell, Robert L.(1991) *Sacred Vessels: The Cult of the Battleship and the Rise of the U.S. Navy*, Boulder: Westview Press.

O'Gara, Gordon Carpenter(1943) *Theodore Roosevelt and the Rise of the Modern Navy*, New York: Greenwood Press.

Owens, Mackubin Thomas(2011) *US Civil-Military Relations after 911, Renegotiating the Civil-Military Bargain*, New York: The Continuum International Publishing Group.

Pedisich, Paul E.(2016) *Congress Buys a Navy: Politics, Economics, and the Rise of American Naval Power, 1881—1921*, Annapolis: Naval Institute Press.

Peterson, William S.(1988) "Congressional Politics: Building the New Navy 1876—1886," *Armed Force and Society*, Vol.14, No.4.

Pollack, Kenneth M.(2004) *Arabs at War: Military Effectiveness, 1948—1991*, Lincoln: University of Nebraska Press.

Pratt, Julius William(1959) *Expansionists of 1898: The Acquisition of Hawaii and the Spanish Islands*, Gloucester: Peter Smith.

Puleston, W. D.(1943) *Annapolis: Gangway to the Quarterdeck*, New York: D. Appleton-Century Company.

Ressa, Keith T.(2010) *U.S. vs. The World: America's Color Coded War*

Plans and the Evolution of Rainbow Five, M.A. Dissertation, Liberty University.

Reuterdahl, Henry(1908) "The Needs of Our Navy," McClure Magazine, Vol. XXX, No.3.

Ridge, Martin ed. (1986) *Frederick Jackson Turner: Wisconsin's Historian of the Frontier*, Madison: State Historical Society of Wisconsin.

Rodgers, William L.(1911) "The Field of Work to be Filled by a Naval War College," *U.S. Naval Institute Proceedings*, Vol.37, No.2.

Roosevelt, Franklin D. (1942) "Reorganization of the Navy Department and the Naval Service Affecting the Office of the Chief of Naval Operations and the Commander in Chief, United States Fleet (Executive Order 9096)," Federal Register, Tuesday, March 17.

Roosevelt, Theodore (1902) *the Naval War of 1812*, New York. P. Putnam's Sons.

Rose, Lisle A. (2007) *the Age of Navalism, 1890—1918*, Columbia: University of Missouri Press.

Rosen, Stephen Peter(1995) "Military Effectiveness: Why Society Matters," *International Security*, Vol.19, No.4.

Ross, Steven T. (1992) *American War Plans: 1919—1941*, New York: Garland and Publishing, INC.

——(2002) *American War Plans: 1890—1939*, Portland: Frank Cass.

Ruger, Jan(2007) *The Great Naval Game: Britain and Germany in the Age of Empire*, Cambridge: Cambridge University Press.

Russell, John H. (1932) "A Fragment of Naval War College History," *U.S. Naval Institute Proceedings*, Vol.58. No.8.

Schmidt, Carl H. (1933) "The Navy: Its Contact with Congress," *U.S. Naval Institute Proceedings*, Vol.59, No.2.

Schurman, D.M. (1965) *The Education of a Navy: The Development of British Naval Strategic Thought, 1867—1914*, London: Cassell.

Seager Robert Ⅱ (1953) "Ten Years Before Mahan: The Unofficial Case for the New Navy, 1880—1890," *The Mississippi Valley Historical Review*, Vol.40, No.3.

——(1977) *Alfred Thayer Mahan: The Man and His Letters*, Annapolis: Naval Institute Press, 1977.

Scholes, Walter V. and Marie V. Scholes, (1990) *The Foreign Policies of the Taft Administration*, Columbia: University of Missouri Press.

Shulman, Mark Russell (1992) "The Influence of History Upon Sea Power: The Navalist Reinterpretation of the War of 1812," *The Journal of Military History*, Vol.56, No.2.

——(1993) "The Rise and Fall of American Naval Intelligence, 1882—1917," *Intelligence and National Security*, Vol.8, No, 2.

——(1995) *Navalism and the Emergence of American Sea Power: 1882—1893*, Annapolis: Naval Institute Press.

Silsby, Elwin(1914) *Naval Yearbooks, 1913—1914*, Washington: Government Print Office.

——(1922) *Naval Yearbooks: 1920—1921*, Washington: Government Print Office.

Silverstone, Paul(1970) *U.S. Warships of World War I, London: Ian Allan.*

Sloan, Jennie A. (1938) "Anglo-American Relations and the Venezuelan Boundary Dispute," *The Hispanic American Historical Review*, Vol.18, No.4.

Soley, J.C. (1878) "On a Proposed Type of Cruiser for the United States Navy," *U.S. Naval Institute Proceedings*, Vol.4, No.2.

Sondhaus, Lawrence(1993) "The Austro-Hungarian Naval Officer Corps, 1867—1918," *Austrian History Yearbook*, Vol. XXIV.

——(1995), "The Spirit of the Army' at Sea: The Prussian-German Naval Officer Corps, 1847—1897," *The International History Review*, Vol.17, No.3.

——(2001), *Naval Warfare, 1815—1914*, London: Routledge.

Soodalter, Ron(2009) "To the Brink in CUBA 1873," *Military History*, Vol.26, No.4.

Spears, John Randolph(1907) *A Short History of the American Navy*, New York: Charles Scribner's Sons.

Spector, Ronald(1974) *Admiral of the New Empire, The Life and Career of George Dewey*, Columbia: University of South Carolina Press,

——(1977) *Professors of War: The Naval War College and the Development of the Naval Profession*, Newport: Naval War College Press.

Sprout, Harold and Margaret(1940), *Toward a New Order of Sea Power: American Naval Policy and The World Scene, 1918—1922*, Princeton: Princeton University Press.

Steinberg, Jonathan(1965) *Yesterday's Deterrent Tirpitz and the Birth of the German Battle Fleet*, New York: The Macmillan Company.

Stillson, Albert C.(1961) "Military Policy Without Political Guidance: Theodore Roosevelt's Navy," *Military Affairs*, Vol.25, No.1.

Stimson, Henry Lewis(1948) *On Active Service in Peace and War*, New York: Harper & Brothers.

Symonds, Craig L.(2015) *The U.S. Navy: A Concise History*, Oxford: Oxford University Press.

Trask, David F.(1972) *Captains & Cabinets: Anglo-American Naval Relations, 1917—1918*, Columbia: University of Missouri Press.

Travis, Donald S.(2017) "Saving Samuel Huntington and the Need for Pragmatic Civil-Military Relations," *Armed Forces & Society*, Vol.43, No.3.

Wainwright, Richard(1922) "The General Board"*U.S. Naval Institute Proceedings*, Vol.48, No.2.

Walker, Asa(1900) "With Reference to the Size of Fighting Ships," *U.S. Naval Institute Proceedings*, Vol.26, No.3.

Wallach, Jehuda Lothar(1986) *The Dogma of the Battle of Annihilation: The Theories of Clausewitz and Schlieffen and their impact on the German Conduct of Two World Wars*, Westport: Greenwood Press.

Wicks, Daniel(1977) *New Navy and New Empire: The Life and Times of James Grimes Walker*, Ph.D. dissertation, University of California.

Wolters, Timothy S.(2011) "Recapitalizing the Fleet: A Material Analysis of Late-Nineteenth-Century U.S. Naval Power," *Technology and Culture*, Vol.52, No.1.

Yener, Emir(2010) *From the Sail to the Steam, Naval Modernization in the Ottoman, Russian, Chinese and Japanese Empires 1830—1905*, Saarbrucken: Lambert Academic Publishing.

三、网 站 资 料

—— "ATLANTIC FLEET, January 1, 1907," FLEET ORGANIZATION WEB SITE, http://www.fleetorganization.com/1907atlantic.html.

—— "Budget of the US Navy: 1794 to 2014," Naval History and Heritage Command, https://www. history. navy. mil/research/library/online-reading-room/title-list-alphabetically/b/budget-of-the-us-navy-1794-to-2004.html.

—— "CANNON, Joseph Gurney,(1836—1926)," Biographical Directory of the United States Congress, http://bioguide. congress. gov/scripts/biodisplay. pl?index=C000121.

—— "Chiefs of Bureaus," Naval History and Heritage Command, https://www. history. navy. mil/browse-by-topic/organization-and-administration/historical-leadership/bureaus.html.

—— "Establishment of Office of Intelligence," General Order No.292, Naval History and Heritage Command, https://www. history. navy. mil/research/library/online-reading-room/title-list-alphabetically/g/general-orders/general-order-no-292.html.

—— "Forces Afloat, Major Stations, January 1, 1899," FLEET ORGANIZATIONWEB SITE, http://www.fleetorganization.com/1899stations.html.

—— "HALE, Eugene, (1836—1918)," Biographical Directory of the United States Congress, http://bioguide. congress. gov/scripts/biodisplay. pl?index=H000029.

—— "Limitation of Naval Armament(Five-Power Treaty or Washington Treaty)," Library of Congress, http://www.loc.gov/law/help/us-treaties/bevans/m-ust000002-0351.pdf.

—— "Naval Appropriations Act(1896)," *U.S. Statutes at Large*, https://www.loc.gov/law/help/statutes-at-large/54th-congress/session-1/c54s1ch399.pdf.

—— "Shore Stations, January 1, 1899," FLEET ORGANIZATIONWEB SITE, http://www.fleetorganization.com/1899bases.html.

—— "The oath of enlistment and oath for commissioned officers," U.S. Army Center of Military History, http://www.history.army.mil/html/faq/oaths.html.

—— "The Zimmermann Telegram," National Archives, November 29, 2017, https://www.archives.gov/education/lessons/Zimmermann.

—— "US Color Coded War Plans(1904—1939)," 12 February 2009, Alternate Wars, http://www.alternatewars.com/Interwar/American_Color_Codes.htm.

—— "U.S. Navy Personnel Strength, 1775 to Present," Naval History and Heritage Command, August 2, 2016, https://www.history.navy.mil/research/library/online-reading-room/title-list-alphabetically/u/usn-personnel-strength.html.

Allen, Keith(2001) "Notes on U.S. Fleet Organisation and Disposition, 1898—1941," 30 September, the World War Ⅰ Document Archive, http.www.gwpda.org/naval/fdus0001.htm.

Long, John D.(1823) "Establishment of the General Board," General Order No.544, Navy Department, 13, March, https://www.history.navy.mil/research/library/online-reading-room/title-list-alphabetically/g/general-orders/general-order-no-544-1900-establishment-general-board.html.

McKinley, William (1897) "First Annual Message," December 6, The American Presidency Project, http://www.presidency.ucsb.edu/ws/?pid=29538.

Monroe, James(1823) "Seventh Annual Message," December 2, Online by Gerhard Peters and John T. Woolley, The American Presidency Project, http://www.presidency.ucsb.edu/ws/?pid=29465.

Roosevelt, Theodore (1901) "First Annual Message," December 3, Online by Gerhard Peters and John T. Woolley, *The American Presidency Project*, http://www.presidency.ucsb.edu/ws/?pid=29542.

Wilson, Woodrow(1914) "Message on Neutrality," August 19, Online by Gerhard Peters and John T. Woolley, The American Presidency Project, http://www.presidency.ucsb.edu/ws/?pid=65382.

——(1916) "Address at the St. Louis Coliseum in St. Louis, Missouri," February 3, Online by Gerhard Peters and John T. Woolley, *The American Presidency Project*, http://www.presidency.ucsb.edu/ws/?pid=117297.

后 记

本书是由我的博士论文修改而成。博士论文选择了一个偏冷的题目，写作过程中也遇到了不少困难。好在有众多师友帮助，我基本完成了博士论文的写作任务。毕业 3 年来，我的研究方向有些改变，不过，博士论文的写作和相关积累无疑为现在和今后的研究打下了基础。作为对博士研究生阶段最重要工作的总结，本书仅对博士论文进行必要的技术性修订。在我学术生涯的第一本专著即将付梓之际，回想读博的点滴，颇为感慨。

我是在追寻学术梦想穷途末路的窘境下，孤注一掷地报考了北京大学的国际关系专业。足够幸运，燕园收留了我。我的学术命运出现转机，自然十分珍惜来之不易的读书机会。于是，我在有可能是全国学术最为自由、资源最为丰富和人才最为荟萃的园子里度过了一段充实而愉快的时光。四年间，我不光收获了一篇较为扎实的博士论文和几篇拿得出手的学术习作，还收获了知识、经验和友谊等难以尽述的宝贵财富。博士论文答辩完成后，我离开燕园，走向人生的下一个站点。现在回首生活，我的内心满是感恩。

我首先感谢我的导师张小明教授和尊敬的王逸舟教授。张老师和王老师都是国际关系领域的顶尖学者。我从本科开始就不断从阅读他们的著述中汲取营养。不过，在考取北京大学的博士研究生之前，我都没想过有机会成为他们的学生。张老师性格淡然、笃志于学，专精于自己的研究领域，也鼓励学生按照自己的兴趣做研究。他不但鼓励我研究国内很少有人钻研的美国海军史，而且一直在学业上为我把关。王老师平易近人、名满天下，一直热情地奖掖后学。他不仅邀请我主持学院博士生论坛工作，鼓励我勇于在工作和学术上发表自己的观点，也在我浮躁的时候委婉地指出来。更为幸运的是，张老师和王老师共同见证和指导了我博士论文的定题、开题、预答辩和正式答辩。我从二位先生的为人和治学上学到了诸多终身受益的知识和品行。

除了张老师和王老师外，许多老师也慷慨地对我进行指导，特别是热情地对我的博士论文写作给出具体的意见。于铁军教授、王栋教授、梅然副教授、陈长伟副教授、节大磊副教授、庄俊举副编审、雷少华副教授不但在不同阶段参加了我博士论文的答辩，而且在平时也不时遭到我“骚扰”。尤其是，梅然老师数次邀我就博士论文内容进行畅谈，指出其中的不足和提出修改意见。对此，我既感激，又汗颜。中国社会科学院世界经济与政治研究所袁正清研究员和外交学院陈志瑞教授不辞辛苦参加我的博士论文答辩，严格细致地指导论文修改，我对两位老师也是感激不尽。王缉思教授、唐士其教授、王正毅教授、牛军教授、王浦劬教授、王立新教授、胡波研究员、陈绍峰副教授、祁昊天助理教授、潘荣英老师、中国人民大学尹继武教授、火箭军指挥学院褚福海教授、中山大学王学东副教授、外交学院吴文成副教授、上海政法大学杨震副研究员、山东师范大学马建英副教授和北京语言大学张善鹏博士也以不同形式对我的学业和博士论文进行了指导。对于各位老师的关爱，我一并致谢。

我能够踏实而快乐地生活，多亏了一众好友的扶持。首先，特别感谢对外经济贸易大学管传靖副教授。传靖跟我亦师亦友、无话不说，相互见证了彼此的艰难时刻，也经常相互第一时间分享荣耀时刻。希望与传靖在以后的学术和生活中继续相互鼓励，共同进步。其次，非常感谢清华大学刘丰教授、兰州大学陈小鼎教授、上海交通大学黄琪轩教授、复旦大学陈拯研究员、美国内华达大学蒲晓宇副教授、中国人民大学左希迎副教授、李晨副教授、上海社会科学院顾炜副研究员、暨南大学贺喜副教授、南开大学张发林副教授、中国政法大学戚凯副教授、对外经济贸易大学刘若楠副教授、山东政法学院杨吉平博士、清华大学陈冲博士。师兄师姐们和若楠、陈冲的鼓励、鞭策和帮助无论在学术上、生活上和事业上都使我受益匪浅，也使我不感到孤独。再次，非常感谢曹德军、孙冰岩、贺梦真、陈晓晨、杨晨桢、戴元杰、韩鑫、刘舒天、吴昊昙、邓涵、童宇韬、陆芊雨、杜哲元、杨超越、热伊丁、王瑜贺、李坤、谢能宗、刘舒杨、毛克疾、上海社会科学院汤伟副研究员、中国海洋大学王泉伟副教授、中国海洋大学王舒鸿副教授、兰州大学高婉妮副教授、北京师范大学张梓辰博士、中国政法大学迟永博士、天津大学徐菁忆博士、西北工业大学李倩瑗博士、赵岩、李雪、单纬、李金潼和王鹏等众多友人。你们不仅总是热情提供各种帮助,也为我单调的读书生活增加了许多乐趣。此外,还有更多师友也关心我的学业,在学习和生活等方面提供了宝贵的关怀和帮助,在此难以一一尽述。

攻取博士学位对于我的学术生涯而言是继往开来的关口。未来可期,实不敢展望;过去难忘,应常怀感恩。我本科学习国际政治,毕业于安徽财经大学。感谢母校让我度过了四年快乐时光,感谢母校的各位老师培养了我的国际政治思维。我硕士毕业于南开大学。硕士论文指导老师张睿壮教授学识渊博,治学严谨,对学生更是要求严格。为了达到老师的要求,我拼命学习,丝毫不敢犯错误。如今,张老师当年的严格要求让我时时回味,也将一直鞭策我做好自己。吴志成教授、赵龙跃教授、王翠文副教授和徐振伟副教授也一直鼓励我坚持走学术道路。尤其是,"翠姐"不但肯定我对于学术的狂热,而且不厌其烦地为我写推荐信。在此,十分感谢南开大学和老师们的培养教育。

结束博士研究生阶段的学习,我有幸进入上海社会科学院国际问题研究所工作。国际所学术氛围浓厚,科研活动和学术交流很多,工作和生活氛围融洽。我也时时受到领导和同事们的关爱和帮助。我的博士论文得以出版,就是得益于所里的项目资助。在此,我满怀感激之情对各位领导和同事诚挚致谢,并努力为国际所的发展尽绵薄之力。此外,我还特别感谢上海人民出版社的史美林和史桢菁等老师,她们的辛勤细致工作才使拙作顺利出版。

最后,我把最深沉、最真挚的感谢献给我的家人。爷爷辛劳一生,直到去世也没能见到我成家立业。我以后在人生中取得的任何进展都只能寄托哀思。奶奶已经年逾八旬,知道我在外面忙,怕耽误我时间,也希望我常回家看看。每次见面、每次电话,她都被这个矛盾纠结着。爸爸妈妈都已经六十有余,却仍在为支撑家庭而终年奔波,人前人后坚强地忙碌着。姐姐和弟弟已经成家,各自经营着温馨的小家庭。不过,我们的大家庭依然温暖如故,姐姐和弟弟的孝敬也多少弥补了我对于老人的不足和愧疚。少小离家,家人的各种牵挂和嘱托一直萦绕耳边。唯愿稳定之后,我能有更多时间陪陪家人、弥补过去的不足,也希望自己好好的,让家人少一些担心。

人生是光阴的故事。光阴流逝,生活继续。我将感恩前行,感谢每一位帮助我的人。

陈　永

2021 年 6 月于馨逸公寓

图书在版编目(CIP)数据

军官团与海军建设:美国海军崛起的过程研究:
1882—1922/陈永著.—上海:上海人民出版社,
2021
(中国与世界丛书)
ISBN 978-7-208-17207-4

Ⅰ.①军… Ⅱ.①陈… Ⅲ.①海军-军事史-研究-
美国-1882-1922 Ⅳ.①E712.53

中国版本图书馆 CIP 数据核字(2021)第 132798 号

责任编辑 史桢菁
封面设计 王小阳

中国与世界丛书
军官团与海军建设:美国海军崛起的过程研究(1882—1922)
陈永 著

出　　版 上海人民出版社
(200001 上海福建中路 193 号)
发　　行 上海人民出版社发行中心
印　　刷 上海商务联西印刷有限公司
开　　本 635×965 1/16
印　　张 19
插　　页 4
字　　数 279,000
版　　次 2021 年 8 月第 1 版
印　　次 2021 年 8 月第 1 次印刷
ISBN 978-7-208-17207-4/E·77
定　　价 79.00 元

中国与世界丛书

中国跨国行政合作研究	吴泽林　著
中国海洋治理研究	胡志勇　著
环境安全:理论争辩与大国路径	汤　伟　著
军官团与海军建设:美国海军崛起的过程研究(1882—1922)	陈　永　著